一流本科专业一流本科课程建设系列教材
高等教育土建类专业新形态教材

工程经济学

主　编　李　敏　孙佳秋
参　编　王邵臻　邵　丽　崔朦朦
主　审　王金安

本书从工程经济学的基本知识入手，系统、全面地介绍了工程经济学的基本理论及工程经济分析的基本原理和方法。全书共分为11章，具体内容包括：工程经济学概述、工程经济要素、现金流量与资金时间价值、工程项目经济评价指标、工程项目多方案经济性评价、不确定性分析与风险分析、设备更新经济分析、价值工程、工程项目财务评价、工程项目国民经济评价、工程项目后评价。本书坚持将理论教学与案例教学相结合，在各个章节编入丰富的例题及应用案例，帮助学生强化理论知识学习，突出实用性和可读性。

本书主要作为高等院校工程管理、工程造价及土木工程等相关专业的本科教材，也可供从事相关工作的专业人员学习参考。

图书在版编目（CIP）数据

工程经济学 / 李敏, 孙佳秋主编. -- 北京：机械工业出版社, 2025.2. -- (一流本科专业一流本科课程建设系列教材)(高等教育土建类专业新形态教材).
ISBN 978-7-111-77345-0

I. F062.4

中国国家版本馆 CIP 数据核字第 2025M3C239 号

机械工业出版社（北京市百万庄大街22号　邮政编码100037）
策划编辑：冷　彬　　　　责任编辑：冷　彬　赵晓峰
责任校对：张爱妮　刘雅娜　封面设计：张　静
责任印制：刘　媛
北京中科印刷有限公司印刷
2025年3月第1版第1次印刷
184mm×260mm・16.5印张・386千字
标准书号：ISBN 978-7-111-77345-0
定价：49.00元

电话服务　　　　　　　　网络服务
客服电话：010-88361066　机 工 官 网：www.cmpbook.com
　　　　　010-88379833　机 工 官 博：weibo.com/cmp1952
　　　　　010-68326294　金 书 网：www.golden-book.com
封底无防伪标均为盗版　　机工教育服务网：www.cmpedu.com

前　言

工程经济学是高等学校土建类相关专业的一门重要专业基础课程，具有理论面宽、政策性要求高等特点。通过本课程的学习，学生能够了解工程经济学的基本理论，掌握工程经济分析的基本原理和方法，从而运用工程经济的基本知识、基本理论和基本技能，以市场为前提、以经济为目的、以技术为手段，对多种投资方案进行经济评价、比较、选择，从而具备初步的经济分析能力和评价能力。

本书以工程与经济的关系为逻辑起点，围绕工程-经济系统展开介绍，力求使读者增强对工程有效性的理解，提高对工程经济学的系统认知能力，构建科学的工程经济分析逻辑，培养科学规范的工程经济分析素养。全书理论结合实际，理论简明、案例丰富、内容新颖，知识点虽以碎片化的形式给出，但不乏系统性，便于理解掌握。在详尽阐述传统工程经济学理论与方法的同时，根据学科发展及工程实践，书中还适当加强了对新理论、新方法及其应用的介绍。

当前教学实践中，工程经济学课程的教学应立足育才先育人，坚持立德树人根本。本书的编写将相关课程思政元素与专业教学有机融合，方便教师通过思政教学，帮助学生塑造正确的三观及职业精神、职业道德等非技术能力，通过课程教学培养学生复杂工程的经济性评价与选择的技术能力。

为满足当前数字化教学的需求，本书配套了丰富的辅助教学资源，任课教师可登录机工教育服务网（www.cmpedu.com）免费下载，读者可扫描书中二维码观看重点授课视频。

本书除作为高校工程类、管理类、经济类相关专业本科教材，也可供从事工程建造与运营的专业人员参考，并根据具体情况开展个性化的工程经济学知识学习及应用。

本书由李敏、孙佳秋、王邵臻、邵丽、崔朦朦编写，具体写作分工如下：孙佳秋编写 1~4 章，李敏编写 5~8 章，王邵臻、邵丽、崔朦朦共同编写 9~11 章。全书由李敏负责统稿，王金安担任主审。本书在编写的过程中，参考了一些学者的教材或著作，已在参考文献中列出，在此向各位作者致以谢意。

本书由北京科技大学天津学院资助出版，在此表示感谢。

本书虽几经修改，但由于编者水平有限，书中难免有不足和疏漏，敬请读者不吝指教。

编　者

目　录

前言

第 1 章　工程经济学概述／1

1.1　工程与经济／1
1.2　工程经济学原理／2
1.3　工程经济学的基本作用／6
本章小结／7
习题／7

第 2 章　工程经济要素／8

2.1　工程项目总投资／9
2.2　工程项目总成本费用／15
2.3　营业收入与税费／25
2.4　利润／28
本章小结／31
习题／32

第 3 章　现金流量与资金时间价值／33

3.1　现金流量／33
3.2　资金时间价值／38
3.3　资金的等值计算／42
3.4　名义利率与实际利率／46
本章小结／50
习题／50

第 4 章　工程项目经济评价指标／51

4.1　工程项目经济评价概述／51

目 录

4.2 工程项目经济评价指标分类/ 53
4.3 静态评价指标/ 55
4.4 动态评价指标/ 66
本章小结/ 74
习题/ 74

第5章 | 工程项目多方案经济性评价/ 76

5.1 工程项目多方案经济性评价概述/ 76
5.2 独立型方案经济评价/ 81
5.3 互斥型方案经济评价/ 83
5.4 混合型方案经济评价/ 92
5.5 其他类型方案经济评价/ 93
本章小结/ 96
习题/ 97

第6章 | 不确定性分析与风险分析/ 99

6.1 不确定性分析概述/ 100
6.2 盈亏平衡分析/ 100
6.3 敏感性分析/ 109
6.4 风险分析/ 114
本章小结/ 123
习题/ 123

第7章 | 设备更新经济分析/ 124

7.1 设备更新概述/ 124
7.2 设备寿命/ 127
7.3 原型设备更新与新型设备更新/ 129
7.4 设备租赁与购置经济分析/ 135
本章小结/ 139
习题/ 139

第8章 | 价值工程/ 141

8.1 价值工程概述/ 141
8.2 价值工程对象的选择/ 147
8.3 信息资料的收集/ 153
8.4 功能分析与评价/ 155

8.5 价值计算与方案创造 / 162

8.6 价值工程应用案例 / 164

本章小结 / 167

习题 / 168

第9章 工程项目财务评价 / 171

9.1 工程项目财务评价概述 / 171

9.2 财务费用与效益估算 / 177

9.3 财务评价指标与报表 / 180

9.4 工程项目盈利能力分析 / 182

9.5 工程项目偿债能力分析 / 189

9.6 财务评价案例——新建工业项目财务评价 / 192

本章小结 / 199

习题 / 200

第10章 工程项目国民经济评价 / 203

10.1 国民经济评价概述 / 203

10.2 国民经济费用与效益识别 / 206

10.3 国民经济评价参数 / 210

10.4 国民经济评价指标 / 214

10.5 国民经济评价报表 / 216

10.6 国民经济评价案例 / 216

本章小结 / 220

习题 / 221

第11章 工程项目后评价 / 222

11.1 工程项目后评价概述 / 222

11.2 项目后评价内容与程序 / 228

11.3 项目后评价方法 / 231

11.4 项目后评价报告的编写 / 236

本章小结 / 241

习题 / 241

附录 资金时间价值系数表 / 242

附录A 复利终值系数表（$F/P, i, n$）/ 242

附录B 复利现值系数表（$P/F, i, n$）/ 244

附录 C　年金终值系数表（$F/A, i, n$）／247

附录 D　年金现值系数表（$P/A, i, n$）／250

附录 E　资金回收系数表（$A/P, i, n$）／253

附录 F　偿债基金系数表（$A/F, i, n$）／254

参考文献 ／256

第 1 章
工程经济学概述

本章概要
1. 工程与经济的关系
2. 工程经济学原理
3. 工程经济学的基本作用

重点提示
工程经济学的概念、方法和分析过程。

学习目标
了解工程经济学的概念，熟悉工程经济学的方法和基本原则，理解工程与经济的关系及工程经济的分析过程。

相关知识
工程经济学是工程学与经济学的交叉学科。该学科基于工程要素特征，运用经济分析、管理决策的基本原则与方法，从经济角度对工程项目、方案的设计及实施进行系统科学的决策研究。

学习工程经济学的目的，一方面是掌握工程投资决策论证的正确方法，以确保工程项目建成后收到预期的经济效益与社会效果；另一方面是在各类工程投资中游刃有余地使用工程经济分析方法为工程建造及运维的各方面管理决策提供科学依据。本章主要内容包括工程与经济、工程经济学原理、工程经济学的基本作用。

1.1 工程与经济

1.1.1 工程

工程是指人们综合运用科学的理论和技术手段，有组织、系统化地去改造客观世界的具体实践活动，以及所取得的实际成果。

工程技术的含义具有广义性，它是人类利用和改造自然的手段。它不仅包含劳动者技艺，还包括部分取代这些技艺的物质手段。因此，工程技术包括劳动工具、劳动对象等一切劳动的物质手段和体现为工艺、方法、程序、信息、经验、技巧和管理能力的非物质手段。

1.1.2 经济

经济有多种含义，具体含义随语言环境的不同而不同，大到一国的国民经济，小到一家的收入支出，有时候用来表示财政状态，有时候又会用来表示生产状态。经济归纳起来大体有四个方面的含义。

1. 社会生产关系

经济在社会生产关系方面的含义是指人类社会发展到一定阶段的社会经济制度，是政治和思想等上层建筑赖以存在的基础。

2. 国民经济的总称

经济可以是指国民经济的各个部门，如工业经济、农业经济、运输经济等。

3. 人类的经济活动

经济在人类经济活动方面的含义是指人们物质资料的生产、交换、分配和消费活动。

4. 节约或节省

经济还有节约或节省这方面的含义，是指人们在日常工作与生活中的节约，既包括了对社会资源的合理利用与节省，也包括了个人家庭生活开支的节约。工程经济学主要应用了经济学中节约的含义。

1.1.3 工程与经济的关系

工程与经济两者关系密切，相辅相成。工程是实现人们理想的手段，经济是人们所追求、期待的目标，两者之间存在手段和目的的逻辑关系。一方面，工程中包含着经济，工程技术进步是经济发展的必要条件，经济的发展离不开各种技术手段的应用；另一方面，经济必须依附于工程，经济发展是工程技术进步的动力和方向，决定工程技术的先进性，而工程的产生与建设具有明显的经济目的性。

1.2 工程经济学原理

1.2.1 工程经济学的概念

工程经济学是在工程经济分析的基础上形成的，是对工程技术问题进行经济分析的系统理论与方法，是在工程复杂性决策基础上的系统科学总结。就学科性质而言，工程经济学是一门技术学与经济学交叉的学科，是应用经济学的分支。就应用实践而言，工程经济学是在资源有限条件下，运用工程经济学分析方法，对工程技术（项目）各种可行方案进行分析比较，选择并确定最佳方案的科学。工程经济学具有服务对象明确、学科体系完整、实施主体责任清晰、现实作用显著的特点，具体介绍如下。

1. 服务对象明确

工程经济学主要服务于工程方案的投资决策，也就是说任何工程方案的投资决策都需要应用工程经济学的理论与方法，开展方案的经济分析，并将结果作为决策的重要依据。

2. 学科体系完整

工程经济学的理论、方法、手段、工具构成了连续而协调的分析系统，是多学科知识的交叉应用，特别涉及工程学、经济学和数据科学等学科领域的知识，既利用主观世界的知识经验，也体现数据驱动的投资决策思想。

3. 实施主体责任清晰

工程师可按照工程经济学的内容要求完成工程经济分析活动，完成工程经济分析的基本内容，并提供分析结论，形成投资方案的决策依据，为各方利益相关者提供决策支持。

4. 现实作用显著

微观上，工程经济学所提供的工程经济分析结果是工程投资决策的基本依据，为工程建造、运营、资金回收提供科学依据；宏观上，工程经济学的标准化分析有助于测算国家经济发展能力，为国家宏观经济投资决策、资源分配等提供基础性数据。

1.2.2 工程经济学的基本原则

与工程活动特征相适应，工程经济学应遵循以下原则：

1. 资金的时间价值原则

对寿命期不同的投资方案进行比较时，应采用相同的计算期。而投资方案在不同时期内发生的收益与费用不可直接相加，必须考虑时间因素，即资金的时间价值。

2. 现金流量原则

衡量投资收益用的是现金流量而不是会计利润。现金流量是项目发生的实际现金的净得，而利润是会计账面数字，按"权责发生制"核算，并非手头可用的现金。

3. 增量分析原则

增量分析符合人们对不同事物进行选择的思维逻辑。对不同方案进行选择和比较时，应从增量角度进行分析，即考查增加投资的方案是否值得，将两个方案的比较转化为单个方案的评价问题，使问题得到简化并易于解决。

4. 机会成本原则

机会成本原则是指排除沉没成本，计入机会成本。沉没成本是决策前已支出的费用或已承诺将来必须支付的费用，这些成本不因决策而变化，是与决策无关的成本。

5. 有无对比和前后对比原则

有无对比是指将有这个项目和没有这个项目的现金流量情况进行对比。前后对比是指将某一项目实现以前和实现以后所出现的各种效益费用情况进行对比。

6. 可比性原则

对每个投资方案的评价与比选都要通过评价指标来实现。因此，指标上的可比性，就是要求设置评价指标体系，其内容要统一，计算的方法、规则要一致等。

7. 风险收益的权衡原则

投资任何项目都是存在风险的，因此必须考虑方案的风险和不确定性。不同项目的风险和收益是不同的，对风险和收益的权衡取决于人们对待风险的态度。但有一点是肯定的，选高风险的项目，必须有较高的收益。

1.2.3 工程经济学的方法

1. 定性与定量预测方法

工程经济分析是在项目建设之前的一个虚拟现实的场景中开展的，定性预测方法如专家访谈法、焦点访谈、德尔菲法等，可用于预估项目场景的基本条件资料，定量预测方法可用于项目场景下工程经济要素的数量估算等，如线性回归预测等。

2. 经济评价指标方法

工程经济学的绩效测量方法采用经济评价指标方法。经济评价指标需要通过科学的数据模型计算完成，同时反映工程方案的不同经济属性或社会属性的需要。工程经济评价指标有投资收益率等。

3. 数据驱动的决策方法

工程建造及运营活动涉及诸多复杂因素，需要综合考虑环境、市场、资金、时间等约束。尽管工程经济学原理相同，但由于没有完全相同的工程，用于工程投资决策分析的数据具有独特性，需要采用数据驱动的决策方法，如决策树、效用函数等，建立工程各自的经济决策分析过程。

4. 虚拟仿真模拟方法

利用工程经济学方法进行项目经济分析的过程，可以利用计算机辅助的仿真模拟系统来完成。依据工程经济的系统分析流程，通过工程与经济数据的输入、模型、输出三个模块来仿真工程项目在不同建造及运营场景的条件，得出计算机仿真的工程经济分析结论，可极大提高工程决策的现实性，同时规避风险。工程经济虚拟仿真模拟方法有蒙特卡洛模拟、决策树、人工神经网络等。

5. 多属性综合评价方法

工程方案评价总体而言采用相对指标评价方法，在对多个方案、多个指标进行相对比较后做出决策，如对方案盈利水平、还款水平的指标进行测定，从管理科学角度具有多属性决策的特点。经济与社会发展要求的提高，要求工程方案达成多个目标，因此需要采用多属性综合评价方法，评估项目方案对多个目标的综合达成度，然后给出投资决策依据。

1.2.4 工程经济分析过程

工程经济分析是工程经济学的核心内容，主要工作包括对各种技术方案、工程项目进行综合分析、计算、比较和评价，全面估算经济效益，预测面临的风险，做出最佳选择，为项目决策提供科学依据。工程经济分析过程一般程序介绍如下。

工程经济分析过程和基本原则

1. 确定经济目标与评审标准

首先识别方案的决策目标，然后根据该目标分解设计方案评价的标准。任何一项技术方案都有一个经济目标，这个目标有的是实现技术目标的最小成本，有的是工程项目的投资收益，也有的是项目的投资回收期、项目的风险最小，还有的是追求环境保护、社会效益明显等。工程经济分析的目的在于追求各方案之间优劣比较后的最优方案，其中方案比较是以项目经济目标为导向的评判。目标确定以后，评价指标也能够明确、具体化，为随后开展的具体方案比较提供了比较评价的标准。

2. 寻找关键要素

关键要素就是目标实现的制约因素，确定关键要素是工程经济分析的重要一环，也是构思实现目标方案的前提。没有足够的技术和经济的关键要素，也就无法思考出更多的实施方案。

寻找关键要素实际上是一个系统分析的过程，需要树立系统思想方法，综合运用各种相关学科的知识和技能。比如，对于一个设备更新的技术方案，首先必须收集现有新设备的关键要素，包括设备的性能、设备的价格、设备的质量、设备的使用费用、设备的寿命期、设备的配套性与维修性、设备的先进性、设备订购的可能性等。只有收集、了解和明确了这些关键要素后，工程师和管理人员才能设想各种可行的方案。实践证明，关键要素收集的数量、质量、全面性、及时性在很大程度上决定了备选方案的数量和质量。

3. 拟订备选方案

工程经济分析的重要内容是方案比较。方案比较的前提是有足够的比较对象——备选方案。通过调查研究并收集关键要素后，要对这些关键要素进行归类整理、鉴别筛选、研究分析，在对能够实现既定目标的各种途径进行充分挖掘的基础上，工程师和管理人员就可以着手构思许多不同的备选方案。例如，降低人工费可采用新设备，也可采用简化操作的办法；降低产品废品率可通过更新设备实现，也可通过质量控制方法实现。

通常，一个技术项目或工程项目最好拟订5~7个方案，以供人们比较和选择。如果遇到资料信息十分有限的情况，也应该拟订2个以上方案以供比较和选择。

4. 比较评价方案

比较评价主要包括技术评价和经济评价。从工程技术角度提出的方案往往是技术上可行的，但在效果一定时，只有费用和损失最低的方案才能成为最佳方案，这就需要对备选方案进行经济效果评价。

技术方案的经济评价有两项内容：一是考查各个方案是否满足项目经济目标的评价标准，如内部收益率、投资回收期、净现值等的要求，这是合格性检验，即所有备选方案必须达到的参与比较的基础条件；二是在满足前述要求的方案中，比较选择最优方案，即指标最优的方案。

由于各方案的指标和参数不同，有时往往难以直接比较。因此，需要对一些不能直接比较的指标进行处理，使方案在使用价值上等同化，将不同的数量和质量指标尽可能转化为统一的具有可比性的指标。这一工作是方案比较的基础工作，常见的等同处理有时间的等同化、效用的等同化、价格的等同化。

5. 方案决策

方案决策是在若干方案中确定最优的实施方案的过程。它对工程项目建设的效果有决定性的影响。在决策时，工程技术人员、经济分析人员和决策人员应特别注重信息交流和沟通，减少由于信息不对称产生的分歧，使各方人员充分了解各方案的工程经济特点和各方面的效果，提高决策的科学性和有效性。同时采用科学的决策方法帮助实现定量决策。

6. 方案实施

最后将选定的方案与预定的所有目标进行比较，对符合要求的方案予以采纳，并按照工程计划内容付诸实施，以达到方案预期效果。

7. 方案后评价

在方案实施的过程中，要对方案实施效果进行动态跟踪分析，对比项目实际效果与预期效果之间的差异，并给出下一步方案实施的方向。

工程经济分析的一般程序如图1-1所示。

当然，在现实工程投资决策中，工程的经济分析过程可根据项目具体特点进行适当调整。

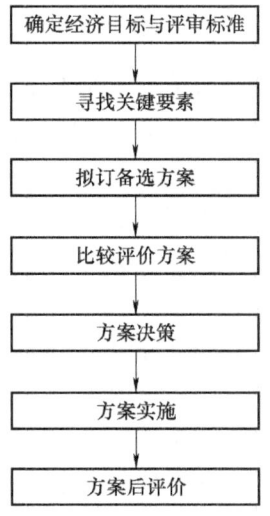

图1-1　工程经济分析的一般程序

1.3　工程经济学的基本作用

工程经济学的基本作用是为企业、事业单位和政府等部门工作中的各类工程项目（技术方案）的行动路线提供一种行之有效的决策指导。其具体作用主要体现在以下方面：

1. 提高企业生产经营决策的科学性

投资是企业经济发展的基本动力之一。企业在完成项目方案的基础上，采用科学的分析方法，对拟建项目的财务可行性、可接受性和经济合理性进行科学的分析论证，做出全面、正确的经济评价结论，为企业投资者及其他利益相关者提供科学的决策依据。

2. 增加公共项目决策的合理性

工程项目活动是整个社会经济活动的一个组成部分，而且要与整个社会的经济活动相融，符合行业和地区发展规划要求，因此，经济评价一般都要对项目行业发展规划进行阐述。国家明确规定，对属于核准制和备案制的企业投资项目，都要在行业规划的范围内进行评审，这是国家宏观调控的重要措施之一。

3. 实现社会资源最优配置

项目前期研究阶段要进行技术的、经济的、环境的、社会的、生态影响的分析论证，每一类分析都是全社会资源消耗的不同形式，都可能影响投资决策。工程经济分析可以把上述资源消耗要素统一为现金流的形式进行测算，同时考虑多种影响因素和多个目标的选择，并把这些影响因素和目标相互协调起来，作为投资决策的依据，实现资源在各工程实体中的分配决策。

4. 促进工程决策的数据能力

工程经济学采用定量分析方法，分析过程使用了工程数据、市场经济数据、管理组织的数据等，数据量丰富，同时也使用了定性及定量的数据分析方法，实现了从数据到模型再到决策的转变，完成了工程数据收集、数据分析及数据运用的全过程，形成了工程经济分析系统及工程经济指标。在此基础上，随着工程经济数据的积累及云计算的发展，工程经济学所提供的数据价值也将在与其他领域的共享中得到更充分的挖掘。

延伸思考

工程经济学的教学目标是使学生了解工程技术与经济效果之间的关系，熟悉工程技术方案选优的基本过程，掌握工程经济学基本原理和方法，具备进行工程经济分析的基本能力。工程经济学是一门提升经济效益的学科，运用工程经济学方法解决工程项目的实际问题，不但可以节约资金，避免浪费，而且可以有效控制风险，减少损失。工程管理人员可以运用经济分析方法，对拟建项目计算期（寿命期）内的投入、产出诸多因素进行调查、分析、研究、计算和论证，并利用资金时间价值概念、价值工程原理、成本-效益分析等技术经济分析方法，进行投资方案的比较与选择，在达到产品必要使用功能的前提下，有效地控制工程项目投资；可以运用风险分析方法，及时识别项目的风险并进行风险评价，制定相应的风险对策，控制风险对项目的影响程度。因此，学好工程经济学课程，树立正确的价值观，有助于提升国家、企业、家庭和个人的经济效益。反之，如果价值观扭曲，投资规模无限度扩张，风险管控不到位，将会给个人、企业甚至国家造成无法估量的损失。

本章小结

工程经济学作为一门交叉学科，在工程项目及方案的投资决策中扮演着重要的角色，其内容可以满足各类工程方案投资决策的需要。针对各类型工程活动规律，在工程投资实践的基础上，经过长期的理论及实践发展，工程经济学已形成体系科学、方法完备、目标明确的课程内容，主要包括工程经济要素分析、工程经济评价与比选的指标体系、设备更新、价值工程、财务评价、国民经济评价、项目后评价等方面的理论方法及实际应用，以上内容对提高工程方案决策的科学性提供了有力支撑。同时，工程经济学本身是工程领域中数据应用科学的良好典范，提供数据收集及应用的思维及方法；伴随着数据科学的发展，工程经济学将展现新的应用方式及价值。

习题

1. 工程经济学的基本原则是什么？
2. 工程经济学的方法有哪些？
3. 工程经济分析的过程是什么？
4. 举例说明一个工程经济分析活动的过程。

第2章 工程经济要素

本章概要

1. 工程项目总投资
2. 工程项目总成本费用
3. 营业收入与税费
4. 利润

重点提示

总成本费用的构成，利润及利润的分配。

学习目标

熟悉投资、总成本费用的基本构成；了解成本的分类及含义，营业收入与税费的基本概念；掌握建设期（贷款）利息的计算方法和固定资产折旧的计算方法。

相关知识

工程经济要素是工程学与经济学之间的桥梁，是工程经济领域的特有名词。工程经济要素是将工程项目中投入的生产要素及产出要素货币化后的统称，是从工程要素到经济分析的纽带，是实现方案比较选择、项目经济评价、工程决策管理的源头和基础。

本章介绍的工程经济要素主要包括：工程项目总投资、工程项目总成本费用、营业收入与税费、利润。工程经济要素分为费用成本型的工程经济要素和收益型的工程经济要素。费用成本型的工程经济要素按照所存在的项目阶段分为两种类型：首先是工程建造阶段的工程项目总投资；其次是工程运营阶段的工程项目成本与费用。工程项目总投资包括建设投资、建设期利息及流动资金三个部分。工程项目成本与费用包括经营成本和非经营成本两个部分。收益型的工程经济要素主要是指发生在工程运营阶段的工程项目收入和利润。

2.1 工程项目总投资

工程项目总投资

2.1.1 总投资的含义

工程项目总投资是指某项工程从筹建开始到全部竣工投产为止所需要的全部资金投入。总投资属于项目建设期的费用，由建设投资、建设期利息、流动资金三部分构成。具体构成见表2-1。

$$总投资 = 建设投资 + 建设期利息 + 流动资金 \tag{2-1}$$

表 2-1　工程项目总投资构成

		工程费用
工程项目总投资	建设投资	工程建设其他费用
		预备费
	建设期利息	
	流动资金	

2.1.2 建设投资

建设投资是项目建设所需要的投资费用，分为工程费用、工程建设其他费用和预备费。建设投资构成方法包括概算法的建设投资及形成资产法的建设投资两种形式。

1. 概算法的建设投资

概算法的建设投资由工程费用、工程建设其他费用、预备费三部分构成。

$$建设投资 = 工程费用 + 工程建设其他费用 + 预备费 \tag{2-2}$$

（1）工程费用

工程费用由工程项目的各单项工程，如厂房、库房、电力等的建筑工程、安装工程费用和设备购置费的合计构成。工程项目通常由若干个单项工程组成，每个单项工程的建筑工程费用累计就是工程项目的建筑工程费用，同理可以累计安装工程费及设备费。

建筑工程费用是针对建筑工程的全部花费。建筑工程是指通过对各类房屋建筑及其附属设施的建造，以及与建筑工程配套的线路、管道、设备的安装活动所形成的工程实体。

安装工程费用是针对安装工程的全部花费。安装工程是指各种设备、装置的安装，包括电气、通风、给排水及设备安装等工作内容，工业设备及其管道、电缆、照明线路等也属于安装工程的范围。

设备购置费包括设备购置费、工器具购置费及生产家具购置费。为使工程项目发挥独立使用的生产或生活功能，应购置设备、工器具和生产家具。设备购置费是指设备到达项目所在地的全部费用，不仅单指设备出厂的价格，还应包括设备出厂到项目所在地的运杂费，一般计算式如下：

$$设备购置费 = 设备原值 + 设备运杂费 \tag{2-3}$$

工器具及生产家具购置费是指新建项目或扩建项目初步设计规定必须购置的，不够固定

资产标准的设备、仪器、工卡模具、器具、生产家具和备品备件的费用,该费用一般在设备购置的基础上计取,计算公式如下:

$$工器具及生产家具购置费 = 设备购置费 \times 定额费率 \tag{2-4}$$

(2) 工程建设其他费用

工程建设其他费用是保证工程项目正常建造和发挥作用的各项费用,如征用土地及拆迁补偿费、建设单位管理费、勘察设计费、科学研究试验费、样品样机购置费、引进技术和进口设备其他费、出国经费、场区绿化费、联合试运转费、生产职工培训费、办公及生活用具购置费等。此外,建设过程中的临时设施费、施工机构迁移费、远征工程增加费、劳保支出、技术装备费等也包括在工程建设其他费用中。

工程建设其他费用按其内容可分为三部分:土地费用;与项目建设相关的费用,如建设管理费、勘察设计费等;与未来生产有关的费用,如市政公用设施建设及绿化费等。

(3) 预备费

在项目建设期间,由于受内部、外部不确定因素的影响,建设投资会发生一些变化。为保障项目在正式投资时的资金能力,缓解不确定性产生的投资问题,在工程建设投资中,需在工程费用、工程建设其他费用之外计算一笔额外的费用,称为预备费。根据预备费的产生方式,将预备费分为基本预备费和涨价预备费两个部分。

基本预备费又称为工程建设不可预见费,是项目实施过程中可能发生的难以预料的支出。其由工程自身的建设情况决定,如设计变更、建设条件改变等。基本预备费采用费率系数法估算,公式如下:

$$基本预备费 = (工程费用 + 工程建设其他费用) \times 基本预备费费率 \tag{2-5}$$

其中,基本预备费费率根据历史数据及经验确定,也可以根据行业变化调整确定。在建筑信息化时代,多项目的数据积累也为费率估算方法提供了多种可能。

涨价预备费又称价格变动不可预见费,是指针对建设工期较长的项目,为建设期内可能发生的材料、人工、利率等调整而事先预留的费用。该费用由工程外部环境决定,如建筑供应链中的相关条件、经济政策变化等。涨价预备费在建筑工程费、安装工程费、设备和工器具费用的基础上,根据价格变动指数分年度计算。

$$P = \sum_{t=1}^{n} I_t \left[(1+f)^t - 1 \right] \tag{2-6}$$

式中 P——涨价预备费;

n——建设期年份;

I_t——建设期中第 t 年的投资计划额;

f——年均投资计划上涨率。

2. 形成资产法的建设投资

按照资产的形式,建设投资由四部分组成:

$$建设投资 = 固定资产费用 + 无形资产费用 + 其他资产费用 + 预备费 \tag{2-7}$$

(1) 固定资产费用

固定资产费用是指项目投产时直接形成固定资产的建设投资。固定资产是具有下列特征的有形资产：为生产商品、提供劳务、出租或经营管理而持有的；使用寿命超过一个会计年度。构成固定资产原值的费用包括：工程费用中的有形部分，如建筑工程费用、安装工程费用和设备购置费；工程建设其他费用中的有形部分，如土地费用；预备费，含基本预备费和涨价预备费；建设期利息。

（2）无形资产费用

无形资产费用是指项目投产时直接形成无形资产的建设投资。无形资产是指企业拥有或者使用的非实物形态表示的非货币性资产。构成无形资产原值的费用主要包括技术转让费或技术使用费（含专利权和非专利技术）、商标权和商誉等费用。

（3）其他资产费用

其他资产费用是指在建设投资中除形成固定资产和无形资产的部分。其他资产又称为递延资产，是指流动资产、长期投资、固定资产、无形资产以外的其他资产，如长期待摊费用、生产准备等。按照有关规定，除购置和建造固定资产，所有项目筹建期间发生的费用应先计入长期待摊费用中，待企业开始生产经营后计入当期的损益。构成其他资产原值的费用主要包括生产准备费、来华人员费、图纸资料翻译复制费、样品样机购置费等。

（4）预备费

预备费在以上资产费用的基础上计取。也可采用概算法形式进行计算，但在费率选择上有所不同，需根据计取的依据进行调整。

【例2-1】 某工程项目在建设期的建安工程和设备购置费为450万元。项目建设期为3年，投资年度比例为25%，55%，20%；年末支用，年均价格上涨水平5%，工程其他费用为40万元，基本预备费费率为10%。计算预备费。

【解】 根据预备费的计算公式，基本预备费：

（450+40）万元×10% = 49 万元

涨价预备费根据物价指数逐年计算：

第1年：450万元×25%×$[(1+5\%)^1-1]$ = 5.63 万元

第2年：450万元×55%×$[(1+5\%)^2-1]$ = 25.37 万元

第3年：450万元×20%×$[(1+5\%)^3-1]$ = 14.19 万元

根据以上计算可以总结涨价预备费的特点如下：

1）涨价预备费反映资金购买能力降低时对资金时间价值的估算。在项目投资中，投资费用的估算时间与项目实际投资时间之间存在时间差，而在这个时间差内，由于原材料价格上涨等因素，原估算的投资在实际投资使用时会出现缺口。

2）根据投资计划分年度估算。在项目正式投资建设前进行投资估算，期初增加预备费用，以应对正式建设时的原材料等生产要素价格的上涨，并需要根据项目投入资金的使用计划逐年进行估算，以保障项目资金的充分性。

3）计算涨价预备费时通常以工程费用为基数计取。

2.1.3 建设期利息

建设期利息又称为建设期资本化利息,是指项目在建设期内因使用外部资金(如银行贷款、企业债券、项目债券等)而支付的利息。建设期利息应计入固定资产原值。

为了便于分析和计算,通常假定借款均在每年的年终支用,当年使用的建设资金借款按半年计息,其余各年份(上一年年末或本年年初借款累计)按全年计息。

假设年利率固定,利息在年终支付。

$$每年应计利息=(年初借款本金累计额+本年借款额\div 2)\times 年利率 \qquad (2-8)$$

当采用自有资金计息时,按单利计算,年利率为名义年利率;当采用复利方式计息时,年利率为实际年利率。

【例2-2】 某项目的建设投资估算为19143万元,用于建设投资的自有资金为6313万元,不足部分向银行借款,年利率为6%。若投资使用计划为第1年60%,第2年40%,项目流动资金为3111万元。计算:项目建设期利息;项目总投资。

【解】 假设建设投资与自有资金均为分年度使用,则分年度计算建设期利息时应首先估算建设期初借款及本期借款,然后代入建设期利息公式分年度计算。

第1年利息:

$$[(19143-6313)万元\times 60\%]\div 2\times 6\%=230.94 万元$$

第2年利息:

$$[(19143-6313)万元\times 60\%+230.94 万元]\times 6\%+[(19143-6313)万元\times 40\%]\div 2\times 6\%$$
$$=629.70 万元$$

项目总投资=建设投资+建设期利息+流动资金
$$=(19143+230.94+629.70+3111)万元=23114.64 万元$$

建设期利息估算表可按表2-2进行(表中仅列出本例部分数据)。

表2-2 建设期利息估算表

序号	项目	合计	建设期				
			1	2	3	4	…
1	借款						
1.1	建设期利息		230.94	629.70			
1.1.1	期初借款余额						
1.1.2	当期借款						
1.1.3	当期应计利息						
1.1.4	期末借款余额						
1.2	其他融资费用						
1.3	小计(1.1+1.2)						
2	债券						
2.1	建设期利息						

(续)

序号	项目	合计	建设期				
			1	2	3	4	…
2.1.1	期初债务余额						
2.1.2	当期债务金额						
2.1.3	当期应计利息						
2.1.4	期末债务余额						
2.2	其他融资费用						
2.3	小计（2.1+2.2）						
3	合计（1.3+2.3）						
3.1	建设期利息合计（1.1+2.1）						
3.2	其他融资费用合计（1.2+2.2）						

2.1.4 流动资金

1. 流动资金的概念

广义的流动资金是指企业全部的流动资产，包括现金、存货（材料、在制品、产成品）、应收账款、有价证券、预付款等项目。以上项目皆属于业务经营所必需，因此流动资金有一个通俗名称——营业周转资金。

狭义的流动资金是指流动资产减去流动负债的差额，即净流动资金。净流动资金的多少代表企业的流动地位，净流动资金越多表示企业的净流动资产越多，短期偿债能力较强，因而信用地位较高，在资金市场中筹资较容易，成本也较低。

流动资金的特点有以下几个方面：

1) 流动资金占用形态具有变动性。
2) 流动资金占用数量具有波动性。
3) 流动资金循环与生产经营周期具有一致性。
4) 流动资金来源具有灵活多样性。

2. 流动资金的构成

企业流动资金按其所处的领域可分为生产领域的流动资金和流通领域的流动资金。前者又可分为储备资金与生产资金，后者又可分为货币资金与商品资金。流动资金在生产资金中占有很大比重，在纺织工业、机械工业、食品工业中占到2/3以上。节约流动资金对于降低物资消耗、降低产品成本、提高企业经济效益具有重要意义。

3. 流动资产

流动资产是指可以在1年内或者超过1年的一个营业周期内变现或者耗用的资产。流动资产通常包括现金（银行存款）、存货（原材料、半成品、产成品）和应收账款等。企业生产经营活动过程中流动资产的构成及循环过程如图2-1所示。

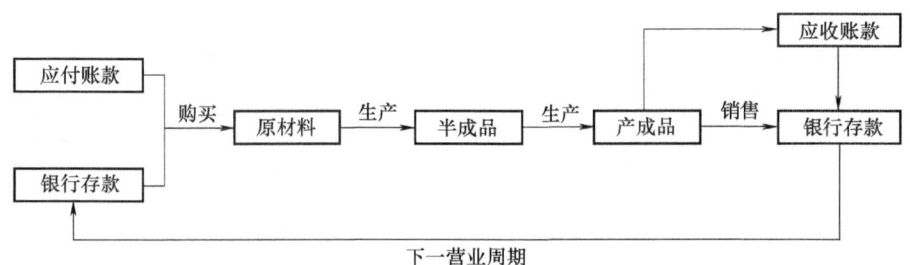

图 2-1 流动资产的构成及循环过程

流动资产与流动资金之间有以下关系：

$$流动资金 = 流动资产 - 流动负债（应付账款） \tag{2-9}$$

流动资产和流动资金的主要区别是所包括的范围不同。流动资金包括的范围广，它是流动资产的货币表现再加上金融资产，而流动资产包括物质性流动资产，不包括金融性资产（如库存现金、银行存款等）。

4. 流动资金的估算

流动资金的估算办法包括扩大指标估算法和分项详细估算法。

（1）扩大指标估算法

扩大指标估算法是指参照同类型企业流动资金占营业收入或经营成本等的比例估算流动资金，这是在项目建议书阶段采用的估算方法。流动资金可用不同估算基础表示。

1）按销售收入表示：

$$流动资金 = 销售收入 \times 销售收入资金率 \tag{2-10}$$

2）按经营成本表示：

$$流动资金 = 经营成本 \times 经营成本资金率 \tag{2-11}$$

3）按固定资产价值表示：

$$流动资金 = 固定资产原值 \times 固定资产价值资金率 \tag{2-12}$$

其中，资金率是流动资金占相应工程经济要素的比率，可以根据历史同类型工程数据进行估计后调整。

（2）分项详细估算法

分项详细估算法是指依据会计准则，对项目在生产经营期间发生的年流动资金进行详细估算，并作为项目总投资的一部分，见表 2-3。

表 2-3 流动资金估算表

序号	项目	计算方法
1	流动资产	1.1+1.2+1.3+1.4
1.1	应收账款	年经营成本÷应收账款周转次数
1.2	存货	原材料+燃料+在产品+产成品+年其他材料
1.3	现金	（年工资及福利费+年其他费）÷周转次数
1.4	预付账款	外购商品或服务年费用金额÷预付账款周转次数

(续)

序号	项目	计算方法
2	流动负债	2.1+2.2
2.1	应付账款	外购原材料燃料动力费及其他材料年费用÷应付账款周转次数
2.2	预收账款	预收的营业收入年金额÷预收账款周转次数
3	流动资金	1−2

可以利用流动资金估算表逐年估算项目流动资金及其增加额,流动资金当期增加额等于当年流动资金减上一年流动资金。由于流动资金是周转金,因此项目每年只需投入当年流动资金较上一年的增加额。

2.2 工程项目总成本费用

总成本费用是指在运营期(生产期)内为生产产品或提供服务所发生的全部费用。总成本费用的构成可以由生产成本期间费用法和生产要素法两种方法确定。

2.2.1 生产成本期间费用法

按照生产成本期间费用法,总成本费用主要由生产成本和期间费用两大块构成。

1. 生产成本

生产成本是指为生产产品和提供服务所发生的各种耗费,亦称制造成本。它主要包括各项直接支出和制造费用。

(1)各项直接支出

各项直接支出主要包括直接材料费、直接燃料和动力费、直接工资和其他直接支出。

直接材料费是指在生产服务过程中直接消耗于产品生产的各种物资的费用,包括实际消耗的原材料、辅助材料、备品配件、外购半成品、包装物及其他直接材料。

直接燃料和动力费是指生产产品过程中必须使用而外购的电和燃料(包括煤、柴油或汽油等)的费用。

直接工资是指在生产服务过程中直接从事产品生产人员的工资性消耗,包括生产和服务人员的工资、奖金、津贴、各类补贴等。

其他直接支出是指按照直接工资的一定百分比计算的直接从事产品生产的职工福利费。

(2)制造费用

制造费用是指发生在生产单位的间接费用,是生产单位(车间、分厂)为组织和管理经营活动而产生的各项费用,包括生产单位管理人员的工资、职工福利费、生产单位固定资产折旧费、修理维护费、维检费及其他制造费用。

2. 期间费用

期间费用是指与特定的生产经营期密切相关,直接在当期得以补偿的费用。

期间费用包括管理费用、财务费用和营业费用。

（1）管理费用

管理费用是指企业行政管理部门为管理和组织经营活动而发生的各项费用，包括由企业统一负担的管理人员工资和福利费，折旧费，修理费，无形资产、其他资产摊销费及其他管理费用。

（2）财务费用

财务费用是指为筹集资金而发生的各种费用，包括生产经营期间发生的利息净支出及其他财务费用（外币汇兑损益、外汇调剂手续费、支付给金融机构的手续费等）。

（3）营业费用

营业费用是指在销售产品过程中发生的费用及专设销售机构的各项费用，包括为销售产品和服务所发生的运输费、包装费、保险费、展览费和广告费，以及专设销售机构员的工资及福利费、类似工资性质的费用、业务费等。

2.2.2 生产要素法

按照生产要素的构成，总成本费用主要包括外购原材料费、燃料和动力费，工资及福利费，折旧费、摊销费，修理费，财务费用（利息支出）和其他费用。

1. 外购原材料、燃料和动力费

外购原材料、燃料和动力费是指在生产过程中外购原材料、燃料和动力的费用。

2. 工资及福利费

工资及福利费是指企业为获得职工提供的服务而给予的各种形式的报酬，通常包括职工工资、奖金、津贴和补贴及职工福利费。

3. 折旧费、摊销费

（1）折旧费

折旧费是指固定资产在使用过程中由于逐步磨损而转移到产品中的那部分价值，固定资产的折旧费按月提存。

（2）摊销费

摊销费是指无形资产和其他资产的原始价值在规定的年限内，按年或产量转移到产品成本中的部分。企业通过计提摊销费，回收无形资产和其他资产投资。

4. 修理费

修理费是指为保证固定资产的正常运转和使用，在不改变设备、设施原有性能的前提下进行部件更换、修复所发生的费用。修理费按修理范围的大小和修理时间间隔的长短可以分为大修理和中小修理。

5. 财务费用（利息支出）

按照会计法规，企业为筹集所需资金而发生的费用称为借款费用，又称财务费用，包括利息支出、汇兑亏损及相关的手续费等。

6. 其他费用

其他费用包括其他制造费用、其他管理费用和其他经营费用。

（1）其他制造费用

其他制造费用是指从制造费用中扣除生产单位管理人员工资及福利费、折旧费、修理费后的其余部分。在项目评价中常用的估算方法是按固定资产原值（扣除建设期利息）的百分数估算或者按人员定额估算。

（2）其他管理费用

其他管理费用是指从管理费用中扣除工资及福利费、折旧费、摊销费、修理费后的其余部分。在项目评价中常用的估算方法是按照人员定额或工资及福利费总额的倍数估算。

（3）其他经营费用

其他经营费用是指从营业费用中扣除工资及福利费、折旧费、修理费后的其余部分。在项目评价中常用的估算方法是按照营业收入的百分数估算。

采用生产要素估算法的总成本费用的费用组成内容见表2-4。

表2-4 总成本费用要素表

序号	项目	计算方法
1	外购原材料	外购原材料费＝年产量×单位产品原料成本
2	外购燃料和动力费	外购燃料和动力费＝年产量×单位产品燃料和动力费
3	工资及福利费	年工资费＝企业职工定员数×人均年工资额
4	修理费	可按照折旧费的一定百分比计算
5	其他费用	可分项估算
6	经营成本	1+2+3+4+5
7	折旧费	固定资产的回收
8	摊销费	无形资产和其他资产的回收
9	财务费用（利息支出）	生产运营期的利息支出、汇兑损失等
10	总成本费用	6+7+8+9
	其中：固定成本	如折旧等
	可变成本	如原材料等

2.2.3 经营成本

经营成本是建筑工程经济中分析现金流量时所使用的特定概念。作为项目运行期的主要现金流出，经营成本的构成如下：

$$经营成本＝外购原材料、燃料和动力费＋工资及福利费＋其他费用 \quad (2-13)$$

经营成本涉及项目生产及销售企业管理过程中的物料、人力和能源的投入费用，能够在一定程度上反映企业的生产和管理水平。同类企业的经营成本具有可比性。

经营成本与总成本费用的关系如下：

$$经营成本＝总成本费用－（折旧费＋摊销费＋利息支出） \quad (2-14)$$

2.2.4 固定成本和可变成本

按照各种费用与产品或服务数量的关系，可以把总成本费用分为固定成本和可变成本两部分。

固定成本是指在一定生产规模限度内，不随产品或服务的数量增减而变化的费用，如折旧费、摊销费、修理费、工资及福利费（计件工资除外）和其他费用等。

可变成本是指产品成本中随产品或服务数量的增减而成比例增减的费用。可变成本包括外购原材料费、燃料和动力费及计件工资。

【例2-3】 某企业的成本资料如下：原材料费3100元；燃料和动力费2000元；生产工人工资4000元，其中，计件工资1500元，计时工资2500元；车间经费和企业管理费10900元，其中，变动成本部分3400元，固定成本部分7500元。若企业年产量为1000件，试问：

(1) 上述资料中，哪些属于可变成本？哪些属于固定成本？

(2) 该企业的总成本费用为多少？

【解】 (1) 在该企业的成本资料中，原材料费、燃料和动力费、计件工资、管理费中的变动成本部分都与产量成正比关系，属于可变成本。因此，该企业的可变成本：

$$(3100+2000+1500+3400)元 = 10000元$$

单位产品的可变成本＝可变成本÷产量＝10000元÷1000件＝10元/件

说明每生产1件产品就必须投入10元的相关费用，即单位可变成本在相关的产量范围内是不变的。

计时工资、管理费中的固定成本部分不随项目产量变化，属于固定成本。因此该企业的固定成本：

$$(2500+7500)元 = 10000元$$

(2) 该企业的总成本费用

总成本费用＝固定成本+可变成本＝(10000+10000)元＝20000元

2.2.5 折旧费估算

折旧费是指固定资产随着资产损耗而逐渐转移到产品成本费用中的部分价值。折旧费是针对固定资产而言的。固定资产在使用过程中会受到磨损，将折旧费计入成本费用是企业回收固定资产投资的一种手段，其价值损失通常采用独立提取折旧的方式在生产经营期进行经济补偿。

根据我国财务会计制度的有关规定，计提折旧的固定资产范围包括：房屋、建筑物；在用的机器设备、仪器仪表、运输车辆、工具器具；季节性停用、大修理停用的设备；以经营租赁方式租出的固定资产；以融资租赁方式租入的固定资产。在进行工程项目的经济分析时，可根据项目所形成的固定资产类型分类计算折旧，也可综合计算折旧，要视项目的具体情况而定。我国现行的固定资产折旧是在固定资产原值的基础上进行计提的。

计算折旧费需要先计算固定资产原值。固定资产原值是固定资产取得时的实际成本支出。

折旧费分年计取，受到固定资产折旧年限、预计净残值率、计提方式等因素的影响。折旧年限是会计规定的固定资产的可运营年限，净残值是固定资产在折旧年限末的全部剩余价值，因此有：

$$净残值率 = 固定资产净残值 ÷ 固定资产原值 × 100\% \tag{2-15}$$

计算折旧费时，折旧年限、净残值率可以在税法允许的范围内由企业自行确定或按行业规定取值。

目前我国常用的折旧方法分为两大类：第一类是直线折旧法，第二类是加速折旧法。

1. 直线折旧法

（1）平均年限法

平均年限法是指把应提折旧的固定资产价值按其使用年限平均分摊的一种方法。折旧费计算中不考虑资金时间价值。

$$年折旧额 = 固定资产原值 \times 年折旧率 \quad (2\text{-}16)$$

$$年折旧率 = (固定资产原值 - 净残值) \div 折旧年限 \times 100\% \quad (2\text{-}17)$$

$$年折旧率 = (1 - 净残值率) \div 折旧年限 \times 100\% \quad (2\text{-}18)$$

【例 2-4】 某固定资产原值为 20000 元，预计净残值率为 5%，折旧年限为 5 年。试按平均年限法计算年折旧率、年折旧额及第 3 年年末账面净值。

【解】 年折旧率 = (1 - 净残值率) ÷ 折旧年限 × 100%
= (1 - 5%) ÷ 5 × 100% = 19%
年折旧额 = 固定资产原值 × 年折旧率 = 20000 元 × 19% = 3800 元
第 3 年年末账面净值 = 固定资产原值 - 3 × 年折旧额
= (20000 - 3 × 3800) 元 = 8600 元

平均年限法因计算简单而被广泛应用。但它不能准确反映固定资产实际损耗情况，不利于投资的尽快回收，在新设备出现而使原设备提前淘汰时，可能由于未提足折旧而使企业承担经济损失。

【例 2-5】 某企业有一台设备，原值为 500000 元，预计可使用 15 年，预计净残值 7000 元，清理费用 2000 元。按平均年限法计算月折旧额。

【解】 年折旧额 = [500000 - (7000 - 2000) ÷ 15] 元 = 33000 元
月折旧额 = (33000 ÷ 12) 元 = 2750 元

（2）单位产量法

固定资产形式为交通运输工具的，按照行驶里程计算折旧费：

$$年折旧额 = 单位里程折旧额 \times 年工作里程 \quad (2\text{-}19)$$

固定资产形式为大型设备的，按照工作小时数计算折旧费：

$$年折旧额 = 每工作小时折旧额 \times 年工作小时 \quad (2\text{-}20)$$

【例 2-6】 某设备原值为 120000 元，预计净残值为 8000 元，根据该设备的技术性能预计可使用 4000 台班。某年 5 月份该设备实际工作了 30 台班。计算 5 月份该设备的折旧额。

【解】 每台班折旧额 = [(120000 - 8000) ÷ 4000] 元 = 28 元
5 月份该设备折旧额 = (28 × 30) 元 = 840 元

2. 加速折旧法（递减折旧法）

（1）双倍余额递减法

双倍余额递减法是指用直线折旧率的两倍乘以固定资产期初净值来计算折旧费的方法。这里的直线折旧率不考虑残值。为把固定资产原值与预计净残值的差额分摊完，用这种方法计算到一定年度后，要改用直线折旧法。我国财务制度规定，用双倍余额递减法计算折旧，到最后两年要改为直线折旧法。

$$年折旧率 = 2 \div 折旧年限 \times 100\% \tag{2-21}$$

$$年折旧额 = 固定资产年末净值 \times 年折旧率 \tag{2-22}$$

【例2-7】 有一台设备，原值为20000元，预计净残值为0，有效使用年限为5年。试用双倍余额递减法计算该设备各年的折旧额。

【解】 年折旧率 = 2÷5年×100% = 40%，各年折旧额及账面净值见表2-5。

从第4年起改为直线折旧法计算，在最后两年将固定资产净残值平均摊销。

表2-5 双倍余额递减法折旧计算表

使用年限	年折旧率	年折旧额（元）	年末净值（元）
0			20000
1	40%	8000	12000
2	40%	4800	7200
3	40%	2880	4320
4	50%	2160	2160
5	50%	2160	0

（2）年数总和法

年数总和法是以固定资产剩余使用年数与使用年数总和之比计算折旧率，再乘以应计折旧的固定资产价值来求得各年折旧额。因为折旧率逐年递减，所以折旧额逐年减少。

$$年折旧率 = (折旧年限 - 已使用年限) \div [折旧年限 \times (1 + 折旧年限) \div 2] \tag{2-23}$$

$$年折旧额 = (固定资产原值 - 预计净残值) \times 年折旧率 \tag{2-24}$$

【例2-8】 某台机器的原值为32000元，预计净残值为2000元，预计使用年限为5年。按年数总和法计算该机器各年折旧额。

【解】 折旧年限×(1+折旧年限)÷2 = (5×6)年÷2 = 15年。机器各年折旧额见表2-6。

表2-6 年数总和法折旧计算表

年份	原值-净残值（元）	年折旧率	年折旧额（元）	累计折旧（元）
1	30000	5/15	10000	10000
2	30000	4/15	8000	18000
3	30000	3/15	6000	24000
4	30000	2/15	4000	28000
5	30000	1/15	2000	30000

从表中可以看出年折旧率逐年降低，年折旧额逐年减少，年减少额 = (30000÷15)元 = 2000元。

2.2.6 摊销费估算

摊销费是指无形资产和其他资产在一定期限内分期摊销的费用。

无形资产是指企业拥有或控制的，没有实物形态的可辨认的非货币性资产。无形资产包括专利权、非专利技术、商标权、著作权、土地使用权、特许权等。企业的商誉、品牌与自身无法分离，其成本无法明确区分，不应当确认为无形资产。

其他资产是指流动资产、长期投资、固定资产、无形资产以外的其他资产，如长期待摊费用。按照有关规定，除购置和建造固定资产以外，所有筹建期间发生的费用应先在长期待摊费用中归集，待企业开始生产经营起计入当期的损益。它通常指应在生产经营期内的前几年逐年摊销的各项费用（通常不少于5年），包括以经营租赁方式租入的固定资产支出等。在工程项目的经济分析中，将工程建设其他费用中的生产职工培训费、样品样机购置费等计入其他资产价值。

无形资产和其他资产的原始价值要在规定的年限内，按年度或产量转移到产品的成本之中，这一部分被转移的无形资产和其他资产的原始价值称为摊销费。企业通过计提摊销费来回收无形资产及其他资产的资本支出。

计算摊销费采用直线法，且不留残值。

$$年摊销额 = 无形资产或其他资产原始价值 \div 摊销年限 \quad (2-25)$$

计算无形资产摊销费要确定摊销年限。无形资产应按照规定期限分期摊销。法律、合同或协议规定有法定有效期和受益年限的，按照法定有效期或合同、协议规定的受益年限最短的原则确定；没有规定期限的，按不少于10年的期限分期摊销。

若各项无形资产摊销年限相同，可根据全部无形资产的原值和摊销年限计算出各年的摊销费；若各项无形资产摊销年限不同，则要计算各项无形资产的摊销费，然后将其相加，即可得到生产经营期各年的无形资产摊销费。

$$年摊销额 = 摊销资产总额 \div 摊销年限 \quad (2-26)$$

【例2-9】 项目的固定资产原值为5071万元，按直线法计提折旧，残值率取5%，平均折旧年限按15年计取；项目的无形资产投资为307万元（其中包括土地使用权费140万元和技术转让费等167万元），按10年摊销；流动资金投资额为400万元，其他资产摊销费按其他资产总额30万元计（其中，建设单位管理费15万元，项目前期工作费5万元，职工培训费10万元），按5年摊销。请计算固定资产年折旧费、无形资产年摊销费及其他资产年摊销费。

【解】 按照平均年限法计算年折旧费与摊销费。

固定资产年折旧费 = [5071×(1−5%)÷15]万元 = 321万元

无形资产年摊销费 = (307÷10)万元 = 30.7万元

其他资产年摊销费 = (30÷5)万元 = 6万元

不同于固定资产的折旧费，无形资产的摊销费将不涵盖项目的整个计算期。

折旧费与摊销费的逐年计算可按表2-7进行。

表 2-7 折旧费与摊销费估算表

序号	项目	合计	折旧率	计算期							
				3	4	5	6	7	8	9	…
1	固定资产原值										
1.1	折旧费										
	净值										
2	摊销费										
2.1	无形资产										
	摊销费										
	净值										
2.2	其他资产										
	摊销费										
	净值										

2.2.7 财务费用

财务费用主要是指生产经营期利息支出及汇兑损失。按照相关会计规定，企业为筹集所需资金而发生的费用称为借款费用，又称财务费用，包括利息支出（减利息收入）、汇兑损失（减汇兑收益）及相关的手续费等。在大多数项目的财务分析中，通常只考虑利息支出。

等额本金法和
等额本息法

运营期借款利息支出包括长期借款利息、流动资金借款利息和短期借款利息三部分。利息计算取决于借款本金及其利率，但需要逐年计算，因此只有确定年初借款才能计算利息支出。

1. 长期借款利息

长期借款是建设期借款余额并含未支付的建设期利息在生产经营期应支付的利息。长期借款年利息基本计算公式如下：

$$每年应付利息 = 年初借款余额 \times 年实际利率 \qquad (2-27)$$

其中，年实际利率根据借款协议确定，而年初借款余额取决于借款的还本付息方式。以下介绍等额本金法和等额本息法的长期借款利息计算。

（1）等额本金法

等额本金法是以等额偿还本金、利息照付的还款方式进行的利息计算方法。

【例 2-10】 假设某项目的运营期初的贷款额为 420 万元，年利率为 10%，分 5 年等额偿还本金。试计算偿还期各年利息。

【解】 第 1 年的等额本金法的利息计算：

（1）第一步，计算年本金偿还额。

年本金偿还额 =（420÷5）万元 = 84 万元。

（2）第二步，计算年末借款余额。

年末借款余额 = 年初借款余额 − 当期还本额 =（420−84）万元 = 336 万元，第 1 年的年末借款余额即为第 2 年的年初借款余额。

（3）第三步，计算年长期借款利息。

年长期借款利息＝年初借款余额×年实际利率＝420 万元×10％＝42 万元。

由于等额偿还本金，因此后面的年份只需依次计算年末借款余额、年长期借款利息即可。

累计支付利息＝(42.00+33.60+25.20+16.80+8.40) 万元＝126 万元。具体计算见表 2-8。

表 2-8　等额本金法的利息计算　　　　　　　（单位：万元）

序号	项目	公式	计算期				
			1	2	3	4	5
（1）	期初借款余额	＝上一年期末借款余额	420.00	336.00	252.00	168.00	84.00
（2）	当期还本付息金额	＝还本金额+付息金额	126.00	117.60	109.20	100.80	92.40
	其中：还本金额	＝420÷5	84.00	84.00	84.00	84.00	84.00
	付息金额	＝(1)×10％	42.00	33.60	25.20	16.80	8.40
（3）	期末借款余额	＝期初余额-当期还本金额	336.00	252.00	168.00	84.00	0

从表 2-8 可以看出，等额本金法具有以下特点：

1）每年的本金偿还金额相同。

年本金偿还金额＝运营期初借款余额÷还款年限

2）利息支付为逐年减小的等差数列，等差额为年偿还本金的利息如【例 2-10】的数据，有：

42 万元-33.6 万元＝33.6 万元-25.2 万元＝25.2 万元-16.80 万元＝16.80 万元-8.40 万元
　　　　＝84 万元×10％＝8.4 万元

3）还款期结束的最后 1 年的期末借款余额为零，这是检查计算是否正确的关键指标。

（2）等额本息法

等额本息法是以连本带利等额偿还的还款方式计算利息的方法。

【例 2-11】　如果【例 2-10】贷款以等额本息法偿还，各年期利息为多少？

【解】　第 1 年的等额本息法的利息计算：

（1）第一步，计算当期还本付息额。当期还本付息额＝420 万元×$(A/P,10\%,5)$＝110.79 万元。

（2）第二步，计算年长期借款利息。年长期借款利息＝年初借款余额×年实际利率＝420 万元×10％＝42 万元。

（3）第三步，计算年末借款余额。年末借款余额＝年初借款余额-当期还本额＝(420.00-68.79) 万元＝351.21 万元，第 1 年的年末借款余额即为第 2 年的年初借款余额。

由于等额偿还本息，年还本付息总额相同，因此后面的年份还需依次计算年末借款余额、年长期借款利息、年借款本金。

累计支付利息＝(42.00+35.12+27.55+19.23+10.07) 万元＝133.97 万元

可见，等额本息法高于等额本金法的利息支付。具体计算见表2-9。

表2-9 等额本息法的利息计算 （单位：万元）

序号	项目	公式	计算期				
			1	2	3	4	5
(1)	期初借款余额	=上一年期末借款余额	420.00	351.21	275.53	192.29	100.72
(2)	当期还本付息金额	=420×(A/P,10%,5)	110.79	110.79	110.79	110.79	110.79
	其中：还本金额	=(2)-付息金额	68.79	75.67	83.24	91.56	100.72
	付息金额	=(1)×10%	42.00	35.12	27.55	19.23	10.07
(3)	期末借款余额	=期初余额-当期还本金额	351.21	275.53	192.29	100.72	0

从表2-9可以看出，等额本息法具有以下特点：

1）当期还本付息额相等，是年初借款本金在某个折现率下的等额偿还金额，即用年金现值系数计算年还本付息额。

2）随着还款年份增加，本金支付金额增加而利息支付金额减少，最后一年的期末借款余额为零。

3）等额本息法的利息支付高于等额本金法的利息支付。

2. 流动资金借款利息

流动资金借款以短期结款方式进行计算，采用期初借款、期末偿还的借款方式，利息按一年期利率计息。流动资金的借款本金在项目计算期的最后一年偿还，流动资金借款利息可以按下式计算：

$$年流动资金借款利息 = 年初流动资金借款余额 \times 流动资金借款年利率 \qquad (2-28)$$

3. 短期借款利息

短期借款是指运营期间由于资金的临时需要而发生的借款。短期借款的数额应在财务计划现金流量表中计算，利息计入总成本费用表的利息支出中。短期借款利息的计算与流动资金借款利息计算相同。与流动资金的偿还不同，短期借款偿还遵循随借随还的原则，即当年借款本利尽可能于下年偿还。

表2-10为分项估算成本费用表。计算期的前2年为项目建设期，成本费用的发生年为项目生产经营期。

表2-10 分项估算成本费用表

序号	项目	合计	计算期						
			3	4	5	6	7	8	9	…
1	外购原材料费									
2	外购燃料和动力费									
3	工资及福利费									
4	修理费									
5	其他费用									
6	经营成本（1+2+3+4+5）									

(续)

序号	项目	合计	计算期						
			3	4	5	6	7	8	9	...
7	折旧费								
8	摊销费								
9	利息支出								
10	总成本费用（6+7+8+9）								
	其中：固定成本								
	可变成本								

根据成本费用与产量的关系可以将总成本费用分解为固定成本和可变成本。固定成本是指不随项目产出量变化的各项成本费用，主要指表中的折旧费、摊销费、利息支出。可变成本是指随产出量增减而成正比例变化的各项费用，主要指经营成本。长期借款利息应视为固定成本，流动资金借款和短期借款利息可能与产出量相关，该部分利息可视为可变成本，如不能进行产量的关联分析，也可作为固定成本。

延伸思考

在工程经济要素中，国家利益是一个非常重要的方面。在工程项目中，需要考虑国家利益，如国民经济的整体效益、社会效益等。同时，爱国主义教育也是非常重要的一个方面。在工程项目，特别是重大工程项目实施中，需要考虑国家利益和社会效益，同时需要关注爱国主义教育。在项目实施过程中，需要弘扬中华优秀传统文化，增强民族自豪感和自信心，激发广大建设者的爱国热情和创造力，推动国家重大战略的实施。

诚信守信是工程经济要素中非常重要的方面。同时，在社会主义市场经济中，诚信守信也是非常重要的方面。在工程项目实施中，需要关注诚信守信的问题，例如合同履约、质量保障、履行社会责任等。特别在重大工程项目中，需要严格遵守合同约定和相关法律法规，保障工程质量和安全生产，通过具体措施的实施，建立起良好的信誉和形象，推动企业和社会的发展。

可持续发展也是工程经济要素中非常重要的方面。例如环境保护、资源利用、社会效益等方面。同时，在社会主义市场经济中，可持续发展也是非常重要的方面。在工程项目实施中，需要关注可持续发展的因素，如绿色发展、低碳发展等。特别在重大工程项目中，需要采用先进的环保技术和资源利用技术，有效地保护环境、节约能源和资源，通过具体措施的实施，提高工程项目的社会效益和可持续性。

2.3 营业收入与税费

2.3.1 营业收入

项目的营业收入是指项目建设完成后至投入使用期间由生产产品或提供服务等获得的货

币收益。一般来讲，销售产品的收入称为销售收入；提供服务的收入称为营业收入。营业收入由下式确定：

$$年营业收入 = 产品销售单价 \times 产品年销售量 \qquad (2\text{-}29)$$

由上式可知，营业收入的估算既需要正确估计各年产品销售量（或服务量），也需要合理确定产品（或服务）的销售单价。

2.3.2 税金及附加

税收是国家为实现其职能，凭借政权的力量，按照法定的标准和程序，无偿地、强制地取得财政收入而发生的一种分配关系。税收不仅是国家取得财政收入的主要渠道，也是国家对各项经济活动进行宏观调控的重要杠杆。税收对国家而言是一种收入；对纳税人而言，则是一项支出。在建筑工程经济分析中，只有正确计量项目的各项税费，才能科学准确地进行评价。

1. 增值税

增值税是对在我国境内销售货物或提供加工、修理修配劳务，销售服务、无形资产、不动产以及进口货物的单位和个人，就其销售货物、劳务、服务、无形资产、不动产的增值额和货物进口金额为计税依据而课征的一种流转税。增值税实行价外计税。

增值税的计税方法：一般纳税人的应纳税额为当期销项税额抵扣当期进项税额后的余额。其计算公式为

$$应纳税额 = 当期销项税额 - 当期进项税额 \qquad (2\text{-}30)$$

$$销项税额 = 营业收入(不含税) \times 增值税税率 \qquad (2\text{-}31)$$

$$进项税额 = 外购原材料、燃料及动力费(不含税) \times 增值税税率 \qquad (2\text{-}32)$$

2. 消费税

消费税以税法规定的特定产品为征税对象，即国家可以根据宏观产业政策和消费政策的要求，有目的、有重点地选择一些消费品征收消费税，以适当地限制某些特殊消费品的消费需求。在我国，消费税是价内税，是价格的组成部分。

（1）从价定率

$$应纳税额 = 应税消费品的消费额 \times 适用税率 \qquad (2\text{-}33)$$

（2）从量定率

$$应纳税额 = 应税消费品的销售数量 \times 单位税额 \qquad (2\text{-}34)$$

3. 税金及附加

项目在交付增值税、消费税的基础上，提取税金附加费，包括城市维护建设税、教育费附加、地方教育费附加。

（1）城市维护建设税

城市维护建设税以实际缴纳的增值税、消费税税额为计税依据，按纳税人所在地区实行差别税率，见表2-11。

$$应纳税额 = (增值税 + 消费税)的实纳税额 \times 适用税率 \qquad (2\text{-}35)$$

表 2-11 城市维护建设税税率

项目所在地	适用税率
市区	7%
县城、镇	5%
乡村	1%

（2）教育费附加

教育费附加是指为了加快地方教育事业的发展，扩大地方教育经费来源，而向缴纳增值税、消费税的单位及个人征收的教育经费。教育费附加按应缴纳的增值税、消费税税款的3%征收。

$$教育费附加 = (增值税 + 消费税)的实纳税额 \times 税率 \tag{2-36}$$

（3）地方教育费附加

$$地方教育费附加 = (增值税 + 消费税)的实纳税额 \times 2\% \tag{2-37}$$

4. 资源税

资源税是对在我国领域和管辖的其他海域开发应税资源的单位和个人征收的一种税。征收资源税的目的在于调节因资源条件差异而形成的资源级差收入，促进国有资源的合理开采与利用，同时为国家创造一定的财政收入。

资源税应纳税额的计算方式取决于具体的计征方式，可以是从价计征或从量计征。

（1）从价计征

$$应纳税额 = 应税资源产品的销售额 \times 适用税率 \tag{2-38}$$

（2）从量计征

$$应纳税额 = 应税资源产品的销售数量 \times 单位税额 \tag{2-39}$$

资源税实行差别税率。对资源条件和开采条件好、收入多的，多征税；对资源条件和开采条件差、收入少的，少征税。

5. 所得税

所得税是以单位（法人）或个人（自然人）在一定时期内的纯所得额（净收入）为征税对象的一个税种。根据征收对象的不同，所得税分为企业所得税和个人所得税两种。本节只介绍企业所得税。

企业所得税是对我国境内企业和其他取得收入的组织（以下统称企业）就其生产、经营所得和其他所得征收的一种税。

根据企业所得税法的规定，企业的应纳税所得额乘以适用税率，减除依照所得税法关于税收优惠的规定减免和抵免的税额后的余额，为应纳税额：

$$\begin{aligned}应纳税额 &= 应纳税所得额 \times 税率 - 减免或抵免税额 \\ &= (收入总额 - 准予扣除的项目金额) \times 税率 - 减免或抵免税额\end{aligned} \tag{2-40}$$

应纳税所得额为企业每一纳税年度的收入总额，减除不征税收入、免税收入、各项扣除及允许弥补的以前年度亏损后的余额。

收入总额是指企业以货币形式和非货币形式从各种来源取得的收入，主要包括：

1) 销售货物收入。

2) 提供劳务收入。
3) 转让财产收入。
4) 股息、红利等权益性投资收益。
5) 利息收入。
6) 租金收入。
7) 特许权使用费收入。
8) 接受捐赠收入。
9) 其他收入。

收入总额中不征税的收入包括：
1) 财政拨款。
2) 依法收取并纳入财政管理的行政事业性收费、政府性基金。
3) 国务院规定的其他不征税收入。

各项扣除是指企业实际发生的与取得的收入有关的、合理的支出，主要包括成本、费用、税金、损失和其他支出。另外，企业发生的公益性捐赠支出，在年度利润总额12%以内的部分，准予在计算应纳税所得额时扣除。企业按照规定计算的固定资产折旧、无形资产和其他资产的摊销费用，在计算应纳税所得额时准予扣除。

根据所得税法的有关规定，企业的下列所得，可以免征、减征企业所得税。
1) 从事农、林、牧、渔业项目的所得。
2) 从事国家重点扶持的公共基础设施项目投资经营的所得。
3) 从事符合条件的环境保护、节能节水项目的所得。
4) 符合条件的技术转让所得。

此外，符合条件的小型微利企业，按20%的税率征收企业所得税；国家需要重点扶持的高新技术企业，按15%的税率征收企业所得税。

在会计处理上，增值税、消费税、资源税和城市维护建设税、教育费附加均可包含在税金及附加中。

2.4 利润

2.4.1 利润总额

利润总额是企业在一定时期内全部生产经营活动的最终财务成果。它集中反映了企业生产经营各方面的效益。

按照现行财务制度规定，利润总额的计算公式如下：

$$\text{利润总额} = \text{营业利润} + \text{投资净收益} + \text{补贴收入} + \text{营业外收入} - \text{营业外支出} \tag{2-41}$$

在项目评价时，为简化计算，通常假定项目不发生其他业务利润，也不发生投资净收益、补贴收入、营业外收支，因此利润总额可用下式表示：

$$\text{利润总额} = \text{主营业务(销售)收入} - \text{主营业务总成本费用} \tag{2-42}$$

2.4.2 税后利润

税后利润又称为净利润,是指利润总额扣除所得税后的余额。

$$税后利润 = 利润总额 - 所得税 \tag{2-43}$$

2.4.3 可分配利润

在公司的净利润中,扣除职工福利及奖励基金,再加上年初未分配利润后即得可分配的利润总额。用公式表示如下:

$$可分配利润 = 本年度净利润 + 年初未分配利润的余额 + 其他转入 \tag{2-44}$$

2.4.4 生产经营期各要素间的关系

生产经营期的收益与成本费用的组成关系见营业收入及其分配表(见表2-12)(表中营业收入不含增值税)。本表是分析项目各种收益效果的重要依据,要素之间的关系十分重要,在经济分析时必须严格遵循。从组织视角来看,项目取得营业收入后,应首先向国家分配,其次归还银行贷款,计提折旧额,然后补偿项目运营的相关利益各方的成本,如原材料、燃料及劳务供应商等,最后向投资人分配所得税后的利润。

表 2-12 营业收入及其分配表

营业收入	总成本费用	折旧及摊销费	
		财务费用	
		外购原料、燃料、动力费	经营成本
		工资及福利费	
		修理费	
		其他费用	
	营业税金及附加		
	利润总额	所得税	
		税后利润(净利润)	

某润滑油项目工程经济要素计算

- 建设投资

某项目的建设投资估算为19143万元,用于建设投资的自有资金为6313万元,不足部分由银行借款,年利率为6%。若建设投资使用计划为第1年60%,第2年40%,项目流动资金为3111万元,试计算:
(1) 项目建设期利息。
(2) 项目建设总投资。

- 经营成本

某化工项目年产5000t植物润滑油。该项目在生产经营期的正常年份，年外购原材料及辅料费用合计为4840万元，年外购燃料和动力费合计为240万元，年工资及福利费合计为120万元，修理费为10万元，年其他费用合计为808万元。

(3) 计算该项目的经营成本。

- 折旧与摊销

本项目的固定资产原值为5071万元，按直线法计提折旧，残值率取5%，平均折旧年限按15年计取；项目的无形资产投资为307万元（其中，土地使用权费140万元，技术转让费等167万元），按10年摊销；流动资金投资额为400万元，其他资产摊销费按其他资产总额30万元计（其中，建设单位管理费15万元，项目前期工作费5万元，职工培训费10万元），按5年摊销。

(4) 计算年折旧费与摊销费。

- 利息支出

该项目有两类贷款：一种是生产经营期初的优惠借款，额度为2899万元，年利率为8%；另一种是一般贷款，额度为2142万元，年利率12%。该项目采用10年等额本息法的方式偿还借款资金，即按年偿还本金，利息照付。

(5) 计算该项目的利息支出。

- 销售收入

项目生产润滑油5000t，保健食用油555t，饲料2700t。预测生产初期的市场价格，初步确定润滑油出厂价为16500元/t，保健食用油出厂价为7000元/t，饲料出厂价为150元/t。

(6) 确定项目的销售收入。

- 增值税

假定该项目的增值税税率为13%。

(7) 计算该项目的增值税和税金及附加。

【分析】

(1) 项目建设期利息。

银行贷款部分：(19143-6313)万元=12830万元

第1年需贷款：(12830×60%)万元=7698万元

第2年需贷款：(12830×40%)万元=5132万元

则第1年的建设期利息：(7698×1/2×6%)万元=230.94万元

第2年的建设期利息：[(7698+230.94+5132×1/2)×6%]万元=629.6964万元

所以建设期利息：(230.94+629.6964)万元=860.6364万元

(2) 项目建设总投资。

$$工程项目总投资=建设投资+建设期利息+流动资金$$
$$=(19143+860.6364+3111)万元=23114.6364万元$$

(3) 该项目的经营成本。

年成本费用=外购原材料费+外购燃料及动力费+工资福利费+修理费+其他费用
= (4840+240+120+10+808) 万元=6018 万元

(4) 年折旧费与摊销费。

年折旧费=固定资产原值×(1-预计净残值率)÷折旧年限
= [5071×(1-5%)÷15] 万元=321.163 万元

无形资产摊销费=无形资产投资÷摊销年限
= (307÷10) 万元=30.7 万元

其他资产摊销费=其他资产总额÷摊销年限
= (30÷5) 万元=6 万元

所以 1~5 年的摊销费用为 (30.7+6) 万元=36.7 万元，6~10 年的摊销费用为 30.7 万元。

(5) 该项目的利息支出。

1) 利率 8% 的借款，每年需要偿还本利和：

$P(A/P, 8\%, 10)$ = (2899×0.1490) 万元=431.951 万元

则 10 年共偿还本利和：(431.951×10) 万元=4319.51 万元

利息支出= (4319.51-2899) 万元=1420.51 万元

2) 利率为 12% 的借款，每年需要偿还本利和：

$P(A/P, 12\%, 10)$ = (2142×0.1770) 万元=379.134 万元

则 10 年共偿还本利和 (379.134×10) 万元=3791.34 万元

利息支出= (3791.34-2142) 万元=1649.34 万元

(6) 项目的销售收入。

销售收入= (5000×16500+555×7000+2700×150) 万元=8679 万元

(7) 该项目的增值税和税金及附加。

销项税= (8679×13%) 万元=1128.27 万元

进项税= [(4840+240)÷(1+13%)×13%] =584.42 万元

增值税= (1128.27-584.42) 万元=543.85 万元

附加费= (543.85×10%) 万元=54.39 万元

本章小结

工程经济要素是保证工程经济分析准确性的重要基础，是工程经济定量分析的数据来源。本章依从国家有关规定和标准，重点讲述了工程经济要素的组成及估算方法，同时给出工程经济要素在计算期内的动态估算表，为后续工程经济的静态评价与动态评价提供基础。

另外，结合工程经济要素的学习，需要进一步深入思考以下内容：

1) 工程经济要素是工程经济要素分析的基础，因此工程经济要素数据的标准化定量对保障经济分析结果的准确性十分重要，必须按照工程经济要素的内涵进行严格计算。

2) 多项目的工程经济要素数据积累对项目未来运行管理效率的横向比较有重要价值，要善于积累不同项目的工程经济要素数据及计算依据，形成动态数据库，创造数据新价值。

3）在工程经济要素的估算中所获得的一系列工程经济的数据，在微观层面不仅可以用于工程经济分析中，也可以用于工程管理的其他方面，如商务谈判、工程管理模式设计等，有丰富的工程商业分析价值；在宏观层面，对动态数据的积累与分析能揭示产业发展的规律等。

总之，应将工程经济有关的基础数据的积累与价值提炼置于企业战略层面进行管理，而非仅限于工程层面。

习题

1. 简述我国工程项目总投资的构成。
2. 什么是固定资产？什么是无形资产？
3. 固定资产如何估算？流动资产如何估算？
4. 简述工程建设其他费用的构成。
5. 固定资产折旧的计算方法有哪些？各自的适用范围是什么？
6. 双倍余额递减法计算的折旧额是否会超过固定资产总额？
7. 某新建项目建设期为3年，第1年贷款为300万元，第2年贷款为600万元，第3年贷款为400万元，年利率为12%，建设期内利息只计息不支付，计算建设期贷款利息。

第3章 现金流量与资金时间价值

本章概要
1. 现金流量
2. 资金时间价值
3. 资金的等值计算
4. 名义利率与实际利率

重点提示

现金流量与资金时间价值的概念；现金流量图的绘制方法；名义利率与实际利率的差别换算；资金时间价值的单利、复利基本计算公式；等值的意义与等值的计算。

学习目标

了解单利、复利的含义；熟悉现金流量的基本要素；了解资金时间价值的概念；掌握现金流量分析及其现值、终值和年金的综合计算。

相关知识

工程经济学是工程学与经济学的交叉学科。本章主要介绍工程经济学中使用的经济学知识之一：现金流量与资金时间价值。本章是工程经济学其他方法实施应用的重要基础，主要内容包括现金流量的概念及表示方法、资金时间价值的内涵、资金等值计算、名义利率与实际利率。其中，资金等值计算是测算工程经济效果的关键工具，应深入理解并结合实际应用的训练，为进行工程经济分析打下扎实基础。

3.1 现金流量

3.1.1 现金流量的概念

项目在投资建设与生产运营中，一方面需要项目建设与运行维护的资金投入，用于支付工资及购买项目建设需要的机械、设备、材料和运营使用的生产原材料等生产要素；另一方面项目建成后通过生产产品或提供服务，取得营业收入从而获得资金回报。这些产生于项目中的资金投入或资金回报称为项目现金流量。

项目现金流量是在工程项目寿命期内所发生的现金流动，有且只有两种属性，即现金流入和现金流出。以项目为边界，现金流出是指流出项目的资金，以"-"表示，如项目购买原材料的资金消耗等；现金流入是指流入项目的资金，以"+"表示，如项目销售产品所获得的资金收入；净现金流量是现金流入与现金流出的差值；累计现金流量是项目现金流量的逐年累计，累计净现金流量指项目净现金流量的逐年累计。

项目现金流量中的现金为广义现金，包括库存现金、银行存款和其他货币资金三个部分。对不同项目而言，每个项目会有各自独特的现金流量，可以说没有完全一样的项目现金流量。对一个特定项目而言，每个项目建设与生产服务中，项目现金会随着时间而流动变化，形成不同时间节点上的多个现金流量。

【例3-1】 一个投资项目的现金流量描述如下：假设某项目，第1年年初投入100万元，第1年年末收入200万元，第3年年初再投入100万元，第3年至第6年每年年末分别收入200万元，第7年年末收入300万元。

从以上项目的资金描述中可以看出项目现金流量具有以下特点：①多次发生，现金流量发生的时间节点不同，如本例中给出了7年共8笔现金流值；②流入或流出的性质不同，且现金流量的大小不等，如第1年流出100万元、第7年流入300万元等。

从【例3-1】可以看出项目现金流量的组成具有一定的复杂性。为了适应工程经济分析的需要，需要找到有效的方法来清晰、定量地表示项目现金流量。现金流量表示方法分为两类：现金流量图和现金流量表。

3.1.2 现金流量图

在工程经济分析中，为了考查各种投资项目在整个项目寿命期内的各个时间点上所发生的收入和支出，并分析计算它们的经济效果，可以利用现金流量图。现金流量图是表示某个特定经济系统各时间点的现金流入、现金流出的一种图示，即把经济系统的现金流量绘入一个时间坐标轴中，表示出各现金流入、现金流出与相应时间点的对应关系。

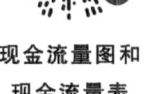

现金流量图和
现金流量表

1. 现金流量图的基本要素

现金流量图的三要素包括：现金流量的大小、方向和时间点。其中，大小表示资金金额，方向是指项目的现金流入或流出，时间点是指现金流入或流出所发生的时间。

2. 现金流量图的绘制方法

1）横轴表示时间轴，时间从左到右推移，每一个刻度表示一个计息周期。计息周期可取年、月、旬、周、日等，在不做特别说明的情况下，一般以年表示。现金流量图的时间间隔应真实反映项目的实际情况。

2）垂直于时间轴的箭线表示不同时间点的现金流量的大小和方向。箭头向上表示现金流入，箭头向下表示现金流出。现金流量数值大小应与箭线长度成比例（但在具体操作中，箭线长度会根据实际情况调整,因为数值可能相差巨大,不适合严格按比例来画)。

新建项目的现金流量方向的规律通常是:前面的时点主要表现为箭头向下的现金流出,即投资;而后面的时点多表现为箭头向上的现金流入,即收益。

3)箭线与时间轴的交点即为现金流量发生的时间点。0表示时间序列的起点,时间序列中某一期的期末正好是下一期的期初。同一时点的现金流量可以相加减。

4)现金流入和现金流出总是针对特定系统而言的。例如,企业向银行贷款,对企业来说是现金流入,对银行来说就是现金流出。

图3-1为【例3-1】的现金流量图。

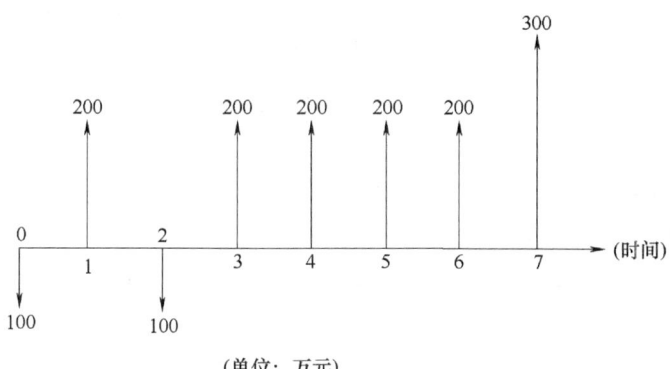

图3-1 现金流量图

房屋购置项目的现金流量表示

甲花费100000元购买一套住宅,其中,10000元是自己筹措的,余下的90000元向银行抵押贷款后支付,计划每年向银行还款10500元。每年维持该住宅的物业使用费为10000元。这套住宅共包括4个单元,每个单元的租金是360元/月。请分别从以下角度绘制现金流量图:

(1)甲的现金流量图。
(2)项目角度的现金流量图。
(3)银行角度的现金流量图。

【分析】

(1)以甲为经济分析角度来识别和绘制现金流量图。

1)识别现金流出。对甲而言,其现金流出为房产购置的第1年年初的花费,大小为10000元;以后使用期内每年现金流出10000元支付物业使用费,同时还需要现金流出10500元偿还银行借款,因此运营使用期的年现金流出=(10000+10500)元=20500元。

2)识别现金流入。甲的年现金流入为房屋租赁收入=(4×360×12)元=17280元。

3)绘制现金流量图。假设该住宅项目的使用期为45年,根据以上数值绘制甲的现金流量图,如图3-2所示。

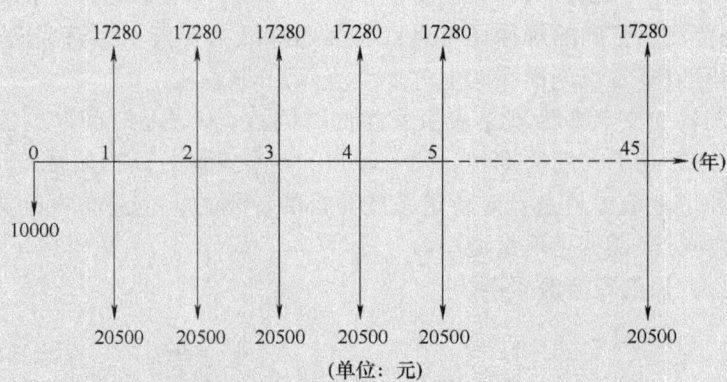

图 3-2 甲的现金流量图

（2）从项目角度识别和绘制现金流量图。

1）识别现金流出。对项目而言，其现金流出为房产投资的第 1 年年初的花费，大小为 100000 元；以后使用期内每年现金流出为支付 10000 元物业使用费，现金流出分别发生在投资期与使用期两个阶段。

2）识别现金流入。项目的年现金流入依然为房屋租赁收入：（4×360×12）元 = 17280 元。

3）绘制现金流图。假设该住宅项目的使用期为 45 年，根据以上数值绘制项目的现金流量图，如图 3-3 所示。

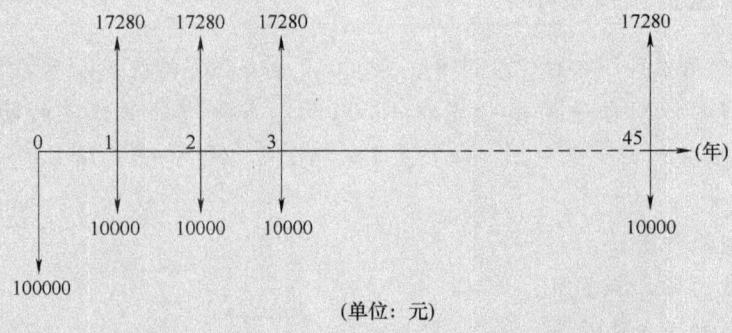

图 3-3 项目角度的现金流量图

（3）从银行角度识别和绘制现金流量图。

1）识别现金流出。对银行而言，其现金流出为第 1 年年初为甲提供购置房产贷款，大小为 90000 元。

2）识别现金流入。银行获得的现金流入为甲的借款偿还，每年为 10500 元。

3）绘制现金流量图。假设该住宅借款期为 45 年，根据以上数值绘制银行的现金流量图，如图 3-4 所示。

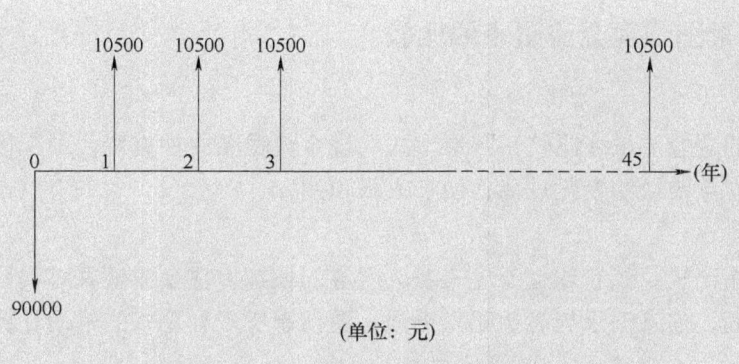

图 3-4 银行角度的现金流量图

3.1.3 现金流量表

任何项目，包括建设工程项目的实施，都要持续一定的时间。在项目寿命期内，各项现金流量的数额及发生的时间点不尽相同。为了便于分析不同时间点的现金流入和现金流出，计算净现金流量，分析、评价项目的投资效果，通常利用现金流量表的形式表示所研究的项目在不同时间点发生的现金流量。表 3-1 为【例 3-1】的现金流量表。

表 3-1 现金流量表　　　　　　　　　　　　　　　　（单位：万元）

项目	计算期				
	0	1	2	3~6	7
现金流入		+200		+200	+300
现金流出	-100		-100		
净现金流量	-100	+200	-100	+200	+300
累计净现金流量	-100	+100	0	+800	+1100

1. 基本表头

基本表头包括 5 个关键要素：计算期、现金流入、现金流出、净现金流量、累计净现金流量。其中，项目计算期包括项目建设期、项目生产运营期两个阶段；累计净现金流量是净现金流量的累计，需逐年计算：

　　　　当年累计净现金流量＝上一年累计净现金流量＋当年净现金流量　　　　（3-1）

2. 基本假设

为统一口径，通常假定现金流出发生在计算期的期初，现金流入发生在计算期的期末，正值表示现金流入，负值表示现金流出。依【例 3-1】，表中的时点"0"表示第 1 年年初，发生现金流出 100 元，而时点"1"表示第 1 年年末，发生现金流入 200 元。

3. 现金流量表的填写

应依据有关规范的方法，分析计算项目现金流入与现金流出的科目后填写，并强调"两个正确"，即"将正确的数字填写在正确的位置"。

3.1.4 现金流量图与现金流量表的比较

1. 直观性

与表格形式的现金流量表比较，图形形式的现金流量图更加直观，可视化程度更高，可以全面反映项目现金流量的变化规律，便于人眼识别。

2. 信息精度

与现金流量图比较，随着现金流量表表头内容的增加，现金流量表对项目现金流量表示的精细化程度更高，信息记录与表达能力更强，更便于实现计算机的辅助计算。

3. 适用性

总体而言，现金流量表与现金流量图表示的现金流量在时间轴上具有一一对应的关系，在运用时可根据项目现金流量的复杂性及分析的需要进行选择。一般来说，复杂的项目现金流量需要精确分析时可以用现金流量表来表示，而简单的现金流量可以用现金流量图表示。

3.2 资金时间价值

3.2.1 资金时间价值的概念

资金时间价值是指资金在生产和流通过程中，随着时间的推移而产生的增值，增值的这部分价值就叫作资金的时间价值。

对于资金的时间价值，可以从两方面来理解：

1）从投资者角度看，资金的时间价值是资金在生产与交换活动中给投资者带来的利润。资金投入生产经营后，数额随时间的增加持续增长，资金的增值特性使其具有时间价值。

2）从消费者角度看，资金的时间价值体现为对放弃现期消费的损失所做的必要补偿。资金用于投资就不能用于现期消费，牺牲现期消费是为了能在将来获得更多的消费。

在商品经济中，资金购买到一定量的劳动资料、劳动对象等，将其投入生产领域中，与劳动相结合后形成新产品，通过流通领域形成资金增值。资金的这种循环本身并不会增值，增值的实质是再生产过程中劳动者创造的价值。资金的这种增值采取了随时间推移而增值的外在形式，故称为资金的时间价值。

由于资金时间价值的存在，不同时间点发生的现金流量不能直接比较。只有通过一系列换算，将发生在不同时间点上的现金流量转化到同一时间点上再进行对比，才能符合客观情况。例如，探明一个有工业价值的油田，目前立即开发可获利 100 亿元；若 5 年后开发，由于价格上涨，可获利 160 亿元。如果不考虑时间价值，可以认为 5 年后开发有利；如果考虑资金的时间价值，现在获得 100 亿元可用于其他投资，平均每年获利 15%，则 5 年后将获利约 200 $[100\times(1+15\%)^5 = 201.14 > 160]$ 亿元，因此可认为目前开发更有利。

资金具有时间性，因此考虑资金时间价值的经济分析方法是工程经济学讨论的重要内容之一。

3.2.2 资金时间价值的计算

1. 利息和利率

衡量资金时间价值的尺度有：利率和利息，通货膨胀率，居民消费价格指数，工业生产出厂价格指数等。其中，利率与利息是经常被用于衡量资金时间价值的尺度。

资金时间价值的计算

利息通常作为衡量资金时间价值的绝对尺度。在借贷过程中，债务人支付给债权人的超过原借贷金额的部分就是利息，表示如下：

$$I = F - P \tag{3-2}$$

式中　I——利息；

　　　P——本金；

　　　F——终值。

在工程经济分析中，利息又可以被看作是资金的一种机会成本。放弃资金的使用权力相当于失去了收益机会，即付出了一定的代价，也就是说不用于投资的资金将失去获得更多资金的机会，这个失去的机会就会成为不投资的"成本"。从这个意义上讲，占用资金进行投资就必须付出代价，或者说，放弃近期消费而将钱存于银行就应获得补偿，这个代价或补偿就是利息。

利率通常是衡量资金时间价值的相对尺度，是指在单位时间内所得利息额与原借贷本金之比，通常用百分数表示：

$$i = \frac{I}{P} \times 100\% \tag{3-3}$$

式中　i——利率。

【**例 3-2**】　某企业年初借入流动资金 500 万元，1 年后付息 45 万元。求这笔流动资金借款的年利率。

【**解**】　据题意，$I = 45$，$P = 500$，则这笔流动资金借款的年利率：

$$i = (45 \div 500) \times 100\% = 9\%$$

利率作为一种经济杠杆，在经济生活中起着十分重要的作用。在市场经济条件下，利率的高低由以下几种因素决定：

(1) 社会平均利润率

利率随社会平均利润率的变化而变化。通常情况下，社会平均利润率是利率的最高界限。这是因为如果利率高于平均利润率，无利可图，就不会有人去借款。

(2) 借贷资本的供求情况

在社会平均利润率不变的情况下，借贷资本供过于求，利率便下降；反之，供不应求，利率便上升。

(3) 借贷风险

借出资本要承担一定的风险，风险越大，利率越高。

(4)通货膨胀

通货膨胀对利息的波动有直接影响,资金贬值往往会使利息无形中成为负值。

(5)借出资本的期限长短

贷款期限长,不可预见因素多,风险大,利率就高;反之,贷款期限短,不可预见因素少,风险小,利率就低。

2. 单利和复利

利息计算有单利和复利之分。当计息周期在一个以上时,就需要考虑单利与复利的问题。

(1)单利

单利是指在计算利息时,仅用本金计算利息,即本金生息,利息不生息。

n 期期末单利本利和计算公式如下:

$$F_n = P(1+ni) \tag{3-4}$$

式中　F_n——本利和;

　　　P——本金;

　　　i——利率;

　　　n——计算利息的次数。

推导过程:第 1 年 $F_1 = P + Pi = P(1+i)$;

　　　　　第 2 年 $F_2 = F_1 + Pi = P(1+i) + Pi = P(1+2i)$;

　　　　　……

　　　　　第 n 年 $F_n = F_{n-1} + Pi = P[1+(n-1)i] + Pi = P(1+ni)$。

【例 3-3】　某人借入 1000 元,年利率为 10%,于第 4 年年末偿还,采用单利方式计算各年的利息和本利和。

【解】　根据定义,采用单利方式计算各年的利息和本利和,计算结果见表 3-2。

表 3-2　单利方式利息计算表　　　　　　　　(单位:元)

使用期 n	年初借款额	单利年末计息	年末本利和	年末偿还
第 1 年	1000	1000×10% = 100	1100	0
第 2 年	1100	1000×10% = 100	1200	0
第 3 年	1200	1000×10% = 100	1300	0
第 4 年	1300	1000×10% = 100	1400	1400

由【例 3-3】可知,单利的利息额仅由本金所产生,其新增利息不再计入本金产生利息。由于没有反映资金随时都在"增值"的规律,即没有完全反映资金的时间价值,因此,单利计息在工程经济分析中使用较少。

(2)复利

复利是指在计算利息时,不仅本金计算利息,利息到期也要计算利息,即本金生息,利息也生息,即所谓的"利滚利"。

n 期期末复利本利和计算公式如下:
$$F_n = P(1+i)^n \tag{3-5}$$

推导过程:第 1 年 $F_1 = P + Pi = P(1+i)$;

第 2 年 $F_2 = F_1 + F_1 i = F_1(1+i) = P(1+i)^2$;

……

第 n 年 $F_n = F_{n-1}(1+i) = P(1+i)^{(n-1)}(1+i) = P(1+i)^n$。

【例 3-4】 数据同【例 3-3】,采用复利方式计算各年的利息和本利和,计算结果见表 3-3。

表 3-3 复利方式利息计算表 (单位:元)

使用期 n	年初借款额	复利年末计息	年末本利和	年末偿还
第 1 年	1000	1000×10% = 100	1100	0
第 2 年	1100	1100×10% = 110	1210	0
第 3 年	1210	1210×10% = 121	1331	0
第 4 年	1331	1331×10% = 133.1	1464.1	1464.1

从【例 3-3】和【例 3-4】的计算结果可以看出,资金时间价值受计算方式的影响,除第 1 年,复利的本利和大于单利计息。产生差异的根源在于"利息是否计算利息",单利虽然考虑了本金的时间价值,但没有考虑利息的时间价值,在日常应用中复利计息比单利计息广泛得多。本书在以后的章节中如无特殊说明,也都将采用复利计息。

3.2.3 资金时间价值的影响因素

1. 资金占用时长

在单位时间的资金增值率一定的条件下,资金使用时间越长,则资金时间价值就越大;反之,资金时间价值就越小。

2. 资金数量大小

在其他条件不变的情况下,资金数量越大,资金时间价值越大;反之,资金时间价值则越小,且本利和随着本金变化的比例而变化。

3. 资金周转速度

资金周转越快,在一定时间内资金回收就越快,原有资金时间价值就越大;反之,资金时间价值越小。

4. 利息计算方式

当计算期大于 1 年、其他计算条件相同时,采用复利计息的资金时间价值大于单利计息的结果。

5. 利率的大小

其他条件相同时,利率越大,资金时间价值也越大。

总之,资金时间价值是客观存在的,研究资金时间价值就是用动态的观点去分析资金的使用和占用，追求资金运用的经济效果。从投资角度来看，就是要求加快资金周转，早日回收本金及利息，使原有资金最大限度地获得高额回报。

3.3 资金的等值计算

多次等额支付的
等值计算

3.3.1 等值计算的内涵

资金的等值是指在考虑资金时间价值的情况下，不同时间点发生的绝对值不等的资金可能具有相等的价值，即资金的数量不等，但价值等效。

例如在市场借贷中，某年年初存款 1000 元，假设存款利率 5%，则当年年末本利和为 1050 元。年初 1000 元与年末 1050 元在资金时间价值上相等，也就是说发生在不同时间点的资金尽管数量不等，但具有相同的经济价值，可以进行等值换算，即 1050 = 1000 + 50，其中，50 元即为本金 1000 元的资金时间价值。

影响资金等值的因素包括：①资金额的大小；②资金发生的时间；③利率的高低。

在考虑资金时间价值的情况下，不同时间点的收入或支出是不能直接相加减的。利用等值的概念，可以把不同时间点的资金换算成同一时间点的等值资金，然后进行比较。所以，工程经济分析中的方案比较都采用等值概念进行分析。

本节等值计算包括一次支付的等值计算和多次等额支付的等值计算。

1. 一次支付

一次支付又称整付，是指所分析系统的现金流量，无论是流入还是流出均在一个时间点发生，即在整个资金时间价值的计算期内，只有一次现金流出，并且只有一次现金流入。

2. 多次等额支付

多次等额支付是指在计算期内有多次现金流入或流出，其中，每次现金流入或现金流出的值为每个计息期期末的等额资金 A，称为本金。多次等额支付的等值计算包括：

（1）年金终值

连续在每个计息期的期末收入或支出一笔等额资金 A，求终值 F。

（2）偿债基金

为了未来得到资金 F，求每个计息期期末应收入或支出的等额资金 A。

（3）年金现值

连续在每个计息期的期末收入或支出一笔等额资金 A，求现值 P。

（4）资金回收

为了回收计算期期初投入的资金 P，求每个计息期期末应回收的等额资金 A。

3.3.2 现值与终值

图 3-5 为现值与终值的现金流量图。

图 3-5 中，P 为现值，是指资金在某一特定时间序列起点处的价值，即现在的资金价值或本金（时间序列起点通常是评价时刻的点，即现金流量图的 0 点）。F 为终值，是指资金

在某一特定时间序列终点处的价值,即 n 期期末的资金价值或本利和。i 为计息周期利率,即计算采用的利率。n 为计息周期数,即计算周期的时间数。

现值与终值的等值计算可分为一次支付和多次支付,一次支付等值计算公式可概括如下。

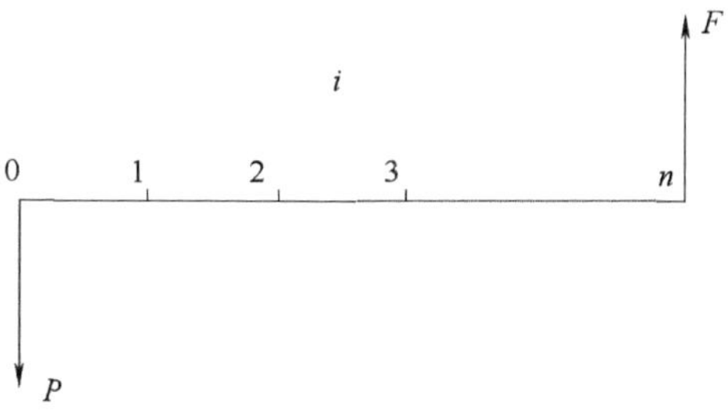

1. 已知现值 P,求终值 F

$$F = P(1+i)^n = P(F/P,i,n) \quad (3-6)$$

2. 已知终值 F,求现值 P

$$P = F(1+i)^{-n} = F(P/F,i,n) \quad (3-7)$$

图 3-5 现值与终值的现金流量图

式中 $(1+i)^n$——复利终值系数,用 $(F/P,i,n)$ 表示;

$(1+i)^{-n}$——复利现值系数,用 $(P/F,i,n)$ 表示。

【例 3-5】 将 1 万元存入银行,假设银行年利率为 12%。求 5 年后这笔资金的实际价值。

【解】 本例为一次支付并已知现值求终值的问题。

1) 利用公式进行计算。由式 (3-6) 可得:

$$F = P(1+i)^n = [1 \times (1+12\%)^5] 万元 = 1.7623 万元$$

2) 利用复利终值系数表计算。由附录复利终值系数表可查得:

$$(F/P, 12\%, 5) = 1.7623$$

则 $F = P(F/P, 12\%, 5) = (1 \times 1.7623) 万元 = 1.7623 万元$

【例 3-6】 某人计划 5 年后从银行提取 1 万元,如果银行年利率为 12%,问现在应存入多少钱?

【解】 本例为一次支付并已知终值求现值的问题。

1) 利用公式进行计算。由式 (3-7) 可得:

$$P = F(1+i)^{-n} = [1 \times (1+12\%)^{-5}] 万元 = 0.5674 万元$$

2) 利用复利现值系数表计算。由复利现值系数表可查得:

$$(P/F, 12\%, 5) = 0.5674$$

则 $P = F(P/F, i, n) = (1 \times 0.5674) 万元 = 0.5674 万元$

从【例 3-5】与【例 3-6】的计算结果可以看出,复利现值系数与复利终值系数互为倒数,即 $0.5674 = 1 \div 1.7623$。

3.3.3 年值与终值

图 3-6 为年值与终值的现金流量图。

1. 已知年值 A,求终值 F

等额分付终值公式是指从第 1 年年末至第 n 年年末每年发生的金额均为 A,在考虑资金时间价值的条件下，要把 n 年内系统的总现金流出转化为与之等值的第 n 年年末的现金流入 F，即已知每年的年值 A、利率 i 和计息周期 n，求终值 F。类似于日常生活储蓄中的零存整取，公式的推导过程如下：

第 1 年 $F_1 = A(1+i)^{n-1}$

第 2 年 $F_2 = A(1+i)^{n-2}$

……

第 n 年 $F_n = A(1+i)^0 = A$

$F = F_1 + F_2 + F_3 + \cdots + F_n$

$= A[(1+i)^{n-1} + (1+i)^{n-2} + \cdots + (1+i)^1 + (1+i)^0]$

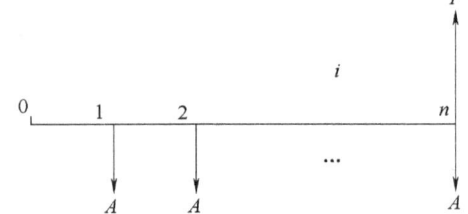

图 3-6 年值与终值的现金流量图

利用等比数列求和公式可得：

$$F = A \frac{(1+i)^n - 1}{i} \quad (3-8)$$

式中 $\dfrac{(1+i)^n - 1}{i}$——等额分付终值系数，用 $(F/A, i, n)$ 表示。

【例 3-7】 某大型工程项目总投资 10 亿元，5 年建成，每年年末投资 2 亿元，年利率 5%，求第 5 年年末的实际累计总投资额。

【解】 本例为已知年值求终值的问题。

$F = A(F/A, i, n) = A(F/A, 5\%, 5) = (2 \times 5.5256)$ 亿元 $= 11.05$ 亿元

2. 已知终值 F，求年值 A

等额分付偿债基金公式是等额分付终值公式的逆运算，即已知终值 F、利率 i 和计息周期 n，求年值 A。类似于日常商业活动中的分期付款业务，公式如下：

$$A = F \frac{i}{(1+i)^n - 1} \quad (3-9)$$

式中 $\dfrac{i}{(1+i)^n - 1}$——等额分付偿债基金系数，用 $(A/F, i, n)$ 表示。

【例 3-8】 企业 5 年后需要一笔 50 万元的资金用于固定资产的更新改造，如果年利率为 5%，问从现在开始该企业每年应存入银行多少钱？

【解】 本例为已知终值求年值的问题。

$A = F(A/F, i, n) = 50 \times (A/F, 5\%, 5) = (50 \times 0.181)$ 万元 $= 9.05$ 万元

从【例 3-7】与【例 3-8】的计算可以看出，等额分付偿债基金系数与等额分付终值系数互为倒数，即 $0.181 = 1 \div 5.5256$。

3.3.4 年值与现值

图 3-7 为年值与现值的现金流量图。

1. 已知年值 A，求现值 P

等额分付现值公式是指如果希望在今后 n 年内，每年年末都能取得一笔等额资金 A，在利率为 i 的情况下，计算现在必须投入多少钱。现把 n 年内系统的总现金流出转化为与之等值的总现金流入 P，即已知每年的年值 A、利率 i 和计息周期 n，求现值 P。类似于日常生活中的整存零取储蓄。

利用 $F = A\dfrac{(1+i)^n - 1}{i}$ 和 $F = P(1+i)^n$，可得：

$$P = A\dfrac{(1+i)^n - 1}{i(1+i)^n} \tag{3-10}$$

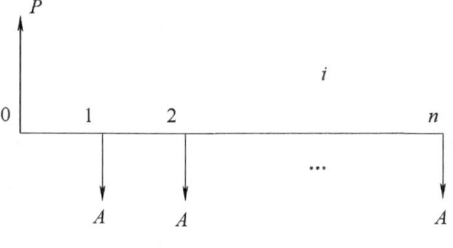

图 3-7 年值与现值的现金流量图

式中 $\dfrac{(1+i)^n - 1}{i(1+i)^n}$ ——等额分付现值系数，用 $(P/A, i, n)$ 表示。

【例 3-9】 设立一项助学基金，计划从现在开始的 10 年内，每年年末从基金中提取 50 万元用于助学，若已知年利率为 10%，求现在应存入的基金金额？

【解】 本例为已知年值求现值的问题。

$$P = A(P/A, i, n) = A(P/A, 10\%, 10) = (50 \times 6.1446) \text{万元} = 307.23 \text{万元}$$

2. 已知现值 P，求年值 A

等额分付资金回收公式是等额分付现值公式的逆运算，即在初期一次投入资金数额为 P，在 n 年内全部收回，在利率为 i 的情况下，求每年年末应等额回收的资金 A。也就是说已知现值 P、利率 i 和计息周期 n，求年值 A。公式如下：

$$A = P\dfrac{i(1+i)^n}{(1+i)^n - 1} \tag{3-11}$$

式中 $\dfrac{i(1+i)^n}{(1+i)^n - 1}$ ——等额分付资金回收系数，用 $(A/P, i, n)$ 表示。

【例 3-10】 某项目投资 100 万元，计划在 10 年内全部收回投资，若已知年利率为 10%，问该项目每年平均净收益至少应达到多少？

【解】 本例为已知现值求年值的问题。

$$A = P(A/P, i, n) = (100 \times 0.1627) \text{万元} = 16.27 \text{万元}$$

从【例 3-9】与【例 3-10】的计算结果可以看出，等额分付资金回收系数与等额分付现值系数互为倒数，即 $0.1627 = 1 \div 6.1446$。

3.3.5 等值计算基本公式

假设资金等值计算的符号包括：本金 P、年值 A、终值 F、实际利率 i、计算期 n。上述等值计算公式可汇总于表 3-4。

表 3-4 等值计算公式汇总表

系数名称	求	已知	标准符号	代数式	计算公式	说明
复利终值系数	F	P	$(F/P,i,n)$	$(1+i)^n$	$F=P(F/P,i,n)$	一次支付
复利现值系数	P	F	$(P/F,i,n)$	$(1+i)^{-n}$	$P=F(P/F,i,n)$	
等额分付终值系数	F	A	$(F/A,i,n)$	$\dfrac{(1+i)^n-1}{i}$	$F=A(F/A,i,n)$	多次等额支付
等额分付偿债基金系数	A	F	$(A/F,i,n)$	$\dfrac{i}{(1+i)^n-1}$	$A=F(A/F,i,n)$	
等额分付现值系数	P	A	$(P/A,i,n)$	$\dfrac{(1+i)^n-1}{i(1+i)^n}$	$P=A(P/A,i,n)$	
等额分付资金回收系数	A	P	$(A/P,i,n)$	$\dfrac{i(1+i)^n}{(1+i)^n-1}$	$A=P(A/P,i,n)$	

使用以上公式进行等值计算时应满足以下约定：

1）只有严格遵守现金流量图，才能使用上述系数进行等值计算。

2）假定方案的初始投资 P 发生在方案的计算期期初 0 点。

3）假定方案实施过程中的经常性支出 A 发生在支付期期末。

4）假定终值 F 发生在第 n 年年末。

5）假定年值 A 从计算期开始每年年末发生，连续 n 年。第一个年值 A 发生在现值 P 发生当年年末，最后一个年值 A 与终值 F 同时发生。

6）利率周期、计息周期、支付周期三者应一致。如给定年利率，则按年计息，按年支付。

3.4 名义利率与实际利率

以上讲述了计息周期为年的年利率的等值计算，但现实中很多情况下，计息周期会小于 1 年。例如，计算期内年利率为 12%，1 年内复利 2 次，也就是半年计息一次，此时 12% 称为名义利率，一般用 r 表示，而实际利率 i 为半年期利率，为 6%。此时由于复利的存在，因此实际年利率并不是 12%，而是比 12% 更大一些。当利率周期与计息周期不一致时，就应当区分名义利率与实际利率。

3.4.1 名义利率

名义利率是指按年计息的利率，也称年名义利率，即计息周期为 1 年的利率。它以 1 年为计息基础，等于计息周期对应的利率 i 与年计息期次数 m 的乘积：

$$r=im \tag{3-12}$$

若计息周期为月，月利率为 1%，利率周期为年，则每年计息 12 次，年名义利率为 12%。很显然，计算名义利率时忽略了前面各期利息所产生的利息，是单利计算。

【例 3-11】 假设每月存款月利率为 3‰,此为计息周期利率,则年名义利率 = 3‰×12(计息次数) = 3.6%(名义利率)

换言之,名义利率 3.6% 是以单利计算的年资金时间价值。

3.4.2 实际利率

若用计息周期利率来计算利率周期的利率,并将利率周期内的利息再生因素考虑进去,这时所得的利率周期内的利率称为实际利率。

已知名义利率为 r,年利率周期内计息 m 次,则计息周期利率 $i = r \div m$。

假设利率周期期初有现值 P,根据一次支付复利终值公式,即"利息计算利息"的方法,可以得到该利率周期的终值 F:

$$F = P\left(1 + \frac{r}{m}\right)^m \tag{3-13}$$

根据利息的定义,可以得到该利率周期的利息 I:

$$I = F - P = P\left(1 + \frac{r}{m}\right)^m - P \tag{3-14}$$

再根据利率的定义,即利息除以本金,可以得到该利率周期的年实际利率 i:

$$i = \frac{I}{P} = \left(1 + \frac{r}{m}\right)^m - 1 \tag{3-15}$$

式中,m 为年计息次数。

【例 3-12】 某笔存款的月利率为 3‰,按月计息,则年实际利率为多少?

【解】 年名义利率 = 3‰×12 = 3.6%

年实际利率 = $(1 + 3.6\% \div 12)^{12} - 1 = 3.66\%$

分析【例 3-12】可得出,计算周期,即计算利息的实际周期是月;计息次数,即利率周期年内计算利息的次数为 12 次,年实际利率的周期为年,利息计算以实际利率计算。

不同计息次数下的实际利率与名义利率比较见表 3-5。

表 3-5 不同计息次数下的实际利率与名义利率比较

年名义利率 r	计息周期	年计息次数 m	计息期利率 $i = \frac{r}{m}$	年实际利率 $i = \left(1 + \frac{r}{m}\right)^m - 1$
10%	年	1	10%	$(1+10\%)^1 - 1 = 10\%$
	半年	2	5%	$(1+5\%)^2 - 1 = 10.25\%$
	季	4	2.50%	$(1+2.5\%)^4 - 1 = 10.38\%$
	月	12	0.833%	$(1+0.833\%)^{12} - 1 = 10.47\%$
	日	365	0.0274%	$(1+0.0274\%)^{365} - 1 = 10.52\%$

从表 3-5 可以看出，随着计息周期越短，年计息次数 m 的值越大，则年实际利率 i 相对于年名义利率 r 的增幅越大。在工程经济分析中，如果各方案的计息期不同，就不能简单地使用名义利率来评价，必须统一换算成实际利率再进行经济比较，否则就会得出不正确的结论。名义利率与实际利率的差异体现了资金时间价值的多样性，反映了经济投资活动的丰富性与差异性。

【例3-13】 某建筑企业向银行贷款300万元，名义利率为12%，要求每月计息1次，每月月末等额还款，两年还清。请问每月偿还多少？

【解】 计息周期月的实际利率为 12%÷12=1%；计算期两年内的支付次数 $n=24$，则：

$$A = P(A/P, i, n) = P(A/P, 1\%, 24) = (300 \times 0.0471) \text{万元} = 14.13 \text{万元}$$

即两年内每月等额偿还14.13万元。

【例3-14】 某施工企业希望从银行借款500万元，借款期限为2年，期满一次还本。经咨询有甲、乙、丙、丁4家银行愿意提供贷款，年利率均为8%。其中，甲要求按月计算并支付利息，乙要求按季度计算并支付利息，丙要求按半年计算并支付利息，丁要求按年计算并支付利息。对该企业来说，借款实际利率最低的银行是哪家？

【解】 甲银行的年实际利率：

$$i = (1 + r \div m)^m - 1 = (1 + 8\% \div 12)^{12} - 1 = 8.30\%$$

乙银行的年实际利率：

$$i = (1 + r \div m)^m - 1 = (1 + 8\% \div 4)^4 - 1 = 8.24\%$$

丙银行的年实际利率：

$$i = (1 + r \div m)^m - 1 = (1 + 8\% \div 2)^2 - 1 = 8.16\%$$

丁银行的年实际利率为8%。

因为丁银行的实际利率最低，所以应选择丁银行。

在进行分析计算时，对名义利率一般有两种处理方法：
1) 将名义利率换算为实际利率后，再进行计算。
2) 直接按单位计息周期利率来计算，但计息期数要做相应调整。

【例3-15】 某人现在存款1000元，年利率为10%，计息周期为半年，按复利计息，问第5年年末存款金额为多少元？

【解】 1) 按年实际利率计算。计息周期为半年，则每年计息次数是2次，计息周期利率 $= r \div m = 10\% \div 2 = 5\%$，则年实际利率：

$$i = (1 + r \div m)^m - 1 = (1 + 10\% \div 2)^2 - 1 = 10.25\%$$

查复利系数表：
当 $i=10\%$ 时，$(F/P, 10\%, 5) = 1.6105$；当 $i=12\%$ 时，$(F/P, 12\%, 5) = 1.7623$。

利用线性内插法求得 $i=10.25\%$ 时，$(F/P,10.25\%,5)=1.6295$。

则第5年年末本利和：
$$F=[1000\times(F/P,10.25\%,5)]元=(1000\times 1.6295)元=1629.5元$$

2）按计息周期利率计算。

计息周期利率 $=r\div m=10\%\div 2=5\%$，计息次数 $=2\times 5=10$，则：
$$F=1000\times(F/P,5\%,10)=(1000\times 1.6289)元=1628.9元$$

【例3-15】中两种方法计算结果略有差异，这是因为实际利率不是整数，在用线性内插法计算时会有微小差异。此差异虽小，但计算较烦琐，故用计息周期利率计算较为简单。

延伸思考

随着社会的飞速发展，人们的消费观念也在发生着变化，超前消费、冲动消费不在少数，各种借贷平台应运而生。"校园贷"以其低门槛、审核快的特点吸引了不少大学生的关注。有一些学生开始借"校园贷"，从而引起了一系列的麻烦。不论是在学生身边或是在网络上都有不少这样的案例。

【案例】一名学生从网络贷款平台借款5000元，日利息为1%，借款时间为1年。该同学认为一天仅有50元的利息，这样算下来一年后需要还的本利和为（5000+50×365）元=23250元。考虑自己家庭的经济条件，该同学觉得还款不成问题，于是就进行了借款。但其实，该网络贷款公司并不是根据单利计息，而是按照复利计息，也就是一年后需要还的本利和为 $[5000\times(1+1\%)^{365}]$元=188917.172元。这笔本利和尚未包括贷款公司从本金中扣除的手续费、管理费、逾期罚款等其他费用，否则一定是超出想象的天文数字。

通过以上案例可以看出，资金具有时间价值。大学生还不完全具备商业贷款的偿还能力，应该看清"校园网贷"的本质，认识其危害性，提高防范意识，远离"校园网贷"，避免上当受骗。同时应认识到超前消费、过度消费是错误的，应该养成勤俭节约的良好习惯，树立正确的世界观、人生观和价值观。要利用宝贵的青春时光，努力学习，提高自身专业技能，实现青春价值。

3.4.3 连续复利

当计息周期趋于无限小，则1年内计息次数趋于无限大，即 $m\to\infty$，此时视为没有时间间隔的计息方式，称为连续复利，则年实际利率计算如下：

$$i_{连}=\lim_{m\to\infty}\left[\left(1+\frac{r}{m}\right)^m-1\right]=e^r-1 \tag{3-16}$$

式中 e——自然对数的底，其值约为2.71828。

本章小结

本章重点内容为现金流量及其表示方法、资金时间价值的含义、资金时间价值的计算,以及资金等值计算;难点在于资金等值计算。以上内容是工程经济定量分析的基础工具,要求准确掌握。

本章还应重点掌握以下概念:利息、利率;名义利率、实际利率;现值、终值、年金;计算期、计息次数、计息周期、支付周期;现值系数、终值系数、年金现值系数、年金终值系数、偿债基金系数、资金回收系数。

资金时间价值的影响因素变化多样,变量组合后产生的结果是多样的。以本章内容为基础,可以在工程经济实践中进一步灵活运用与总结资金的时间价值。

习题

1. 现金流量图的基本要素有哪些?
2. 什么是资金的时间价值?
3. 什么是利息、利率?单利和复利的区别是什么?
4. 如何理解资金的等值?
5. 什么是名义利率和实际利率?两者有何关系?
6. 某企业现贷款2000万元,利率为8%,若在第5年年末一次还清本利和,按单利法和复利法计算本利和各是多少?
7. 某公司以单利方式一次性借入资金2000万元,借款期限为3年,年利率为8%,到期一次还本付息,则第3年年末应当偿还的本利和为多少万元?
8. 某项目建设期为2年,建设期内每年年初贷款1000万元,年利率为8%,若运营期前5年每年年末等额偿还贷款本息,到第5年年末全部还清,则每年年末偿还贷款的本利和是多少?
9. 某企业在第一年年初向银行借款300万元用于购置设备,贷款年实际利率为8%,每半年计息一次,借款后5年内每年6月底和12月底等额还本付息,则该企业每次应偿还多少万元?
10. 某企业从金融机构借款100万元,月利率为1%,按月复利计息,每季度付息一次,则该企业一年需向金融机构支付利息多少万元?
11. 某企业计划从现在算起,第6年年末和第8年年末分别需要提取现金80万元和100万元,若银行利率为6%,且从第1年起每年年末等额存款,连续存5年,问每年需存款多少万元?
12. 某房地产企业要向银行贷款,甲银行年利率为16%,按年复利计息;乙银行年利率为15%,按月复利计息。问该企业应选择哪家银行贷款?

第4章
工程项目经济评价指标

本章概要
1. 工程项目经济评价的概念及特点
2. 工程项目经济评价指标分类
3. 静态评价指标
4. 动态评价指标

重点提示
工程项目经济评价指标体系及静态、动态评价指标和评价准则。

学习目标
理解静态、动态评价指标的含义、特点、计算方法和评价准则。

相关知识
在工程经济要素的基础上,计算工程项目经济评价指标来进行工程的经济性分析是工程经济学的重要核心内容。使用工程经济评价指标法来判断工程是否具有经济效果的评价活动称为工程经济评价。工程经济评价指标的标准和质量决定工程的经济可行性。工程经济评价指标体系包括盈利能力评价指标、偿债能力评价指标及生存能力评价指标。本章介绍了工程项目经济评价指标体系及静态、动态评价方法和评价准则。

4.1 工程项目经济评价概述

工程项目经济评价是工程前期研究工作的重要内容,对于加强固定资产投资宏观调控、提高投资决策的科学化水平、引导和促进各类资源合理配置、优化投资结构、减少和规避投资风险、充分发挥投资收益具有重要作用。

4.1.1　工程项目经济评价的概念

工程项目经济评价是指采用一定的方法和经济参数，对工程项目的投入产出进行研究、分析计算和对比论证的过程。工程项目经济评价的内容、深度和侧重点是由项目决策工作不同阶段的要求所决定的。它在项目建设程序中主要有以下三个阶段：项目建议书阶段、可行性研究报告阶段、工程项目后评价阶段。

工程项目经济评价应根据国民经济与社会发展及行业、地区发展规划的要求，在项目初步方案的基础上，采用科学、规范的分析方法，对拟建项目的财务可行性和经济合理性进行分析论证，为项目的科学决策提供经济方面的依据。

4.1.2　工程项目经济评价的特点

工程项目经济评价可以为项目或方案的取舍提供重要依据，是项目决策科学化的重要手段。它一般具有下述特点。

1）动态分析与静态分析相结合，一般以动态分析为主。
2）定性分析与定量分析相结合，一般以定量分析为主。
3）宏观效益分析与微观效益分析相结合，以宏观效益分析为主。
4）预测分析与统计分析相结合，以预测分析为主。
5）全过程效益分析与阶段性效益分析相结合，以全过程效益分析为主。

4.1.3　工程项目的财务评价和国民经济评价

财务评价和国民经济评价作为工程项目评价的两个层次，因其作用与任务的不同，两者之间存在很大差别。

1. 评价角度不同

财务评价是指根据现行国家财税制度和价格体系，从项目财务角度考查项目的盈利状况、偿还能力和外汇平衡能力，以确定项目投资行为的财务可行性。国民经济评价是指按照资源合理配置的原则，从国家整体角度考查项目效益和费用，以确定项目投资行为的经济合理性。

2. 效益、费用的含义和划分范围不同

财务评价从企业的角度出发，根据项目自身的收支情况来确定项目的效益和费用，将利息、税金等各项支出视为费用，将政府补贴等视为收益。国民经济评价从全社会的角度来考查项目的效益与费用，着眼于项目对社会提供的有用产品、服务及项目所耗费的社会资源，不计国内转移支付部分，即政府补贴不能计为项目的收益，税金和国内借款利息也不作为项目的费用。财务评价只计算项目直接发生的效益和费用，而国民经济评价对项目引起的间接效益和费用即间接效果也要进行计算和分析。

3. 评价采用的价格不同

财务评价对投入物和产出物均采用市场价格，财务价格是以现行价格为基础的预测价格，考虑价格的变动因素。而国民经济评价则采用影子价格，在计算期内各年均不考虑物价水平上涨因素。

4. 评价所采用的参数不同

财务评价所采用的是行业基准收益率、基准投资回收期等财务评价参数；而国民经济评价则采用影子汇率、影子工资、社会折现率等经济评价参数。

4.2 工程项目经济评价指标分类

工程项目经济评价的效果是否准确可靠，取决于两个方面：一是基础数据的完整可靠；二是选取评价指标的合理性及计算方法的正确性。因此，选择正确的经济评价指标非常重要。

工程项目经济评价的核心内容就是对经济效果的评价。经济效果评价指标多种多样，任何一个具体指标都只能从某个方面或某些方面反映项目的经济性。为了使评价工作系统而全面，就需要采用一系列指标，从多方面进行分析和考查。这些既相互联系又有其相对独立性的评价指标就构成了工程项目经济评价指标体系。工程项目经济评价指标可以从不同的角度进行分类。

4.2.1 按评价指标的量纲分类

按评价指标的量纲，可将工程项目经济评价指标分为时间性评价指标、价值性评价指标和比率性评价指标，如图 4-1 所示。时间性评价指标是以时间为量纲的指标；价值性评价指标是以货币为量纲的指标；比率性评价指标是无量纲的指标。

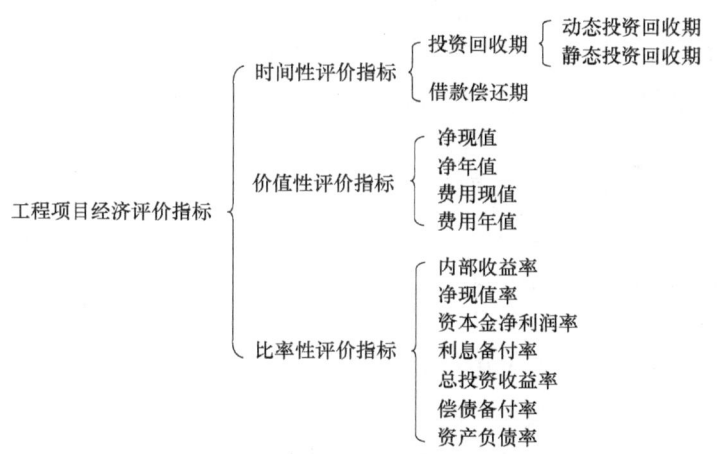

图 4-1　按评价指标的量纲分类

4.2.2 按评价指标的性质分类

按评价指标的性质，可将工程项目经济评价指标分为盈利能力指标、偿债能力指标和生存能力指标，如图 4-2 所示。盈利能力就是项目赚取利润的能力。偿债能力分析是项目融资后分析的主要内容，偿债能力指标是项目融资主体和债权人共同关注的指标。生存能力指标是指通过考查项目计算期内的投资、融资和经营活动所产生的各项现金流入和流出，计算净现金流量和累计盈余资金，分析项目是否有足够的净现金流量维持正常运营，以实现财务可持续性。

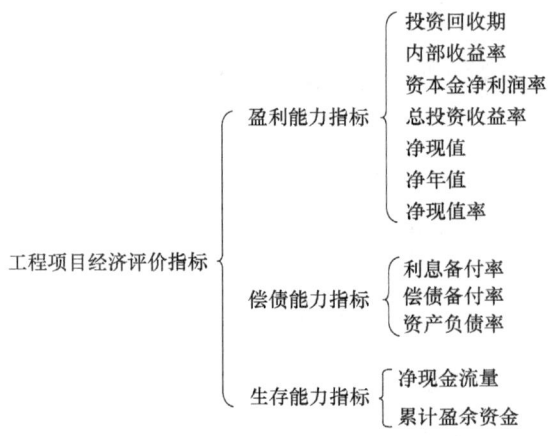

图 4-2　按评价指标的性质分类

4.2.3　按评价指标是否考虑时间因素分类

按评价指标是否考虑时间因素，可将工程项目经济评价指标分为静态评价指标和动态评价指标两大类，如图 4-3 所示。静态评价指标是在不考虑资金时间价值的情况下进行效益和费用计算，即评价指标不进行复利计算，计算简便、直观，适用于评价短期工程项目和逐年收益大致相等的项目，在对工程项目方案进行概略评价或对时间较短、投资规模与收益规模均比较小的投资项目进行评价时经常采用。它的主要缺点是没有考虑资金时间价值，并且不能反映项目整个寿命期的全部情况。动态评价指标是指在考虑资金时间价值的情况下进行效益和费用计算，即将发生在不同时点的效益、费用采用一定的折现率进行等值化处理后计算出的评价指标。动态评价指标更加注重考查项目在计算期内各年现金流量的具体情况，因而可以更直观地反映项目的盈利能力，所以动态评价指标比静态评价指标的应用更加广泛，能够较全面反映投资方案整个计算期的经济性，在项目详细可行性研究阶段经常采用，适于融资前项目整体效益评价及较长期的项目经济评价。

本章的主要内容就是结合上述工程项目经济评价的具体指标，从静态和动态两个角度进行评价。

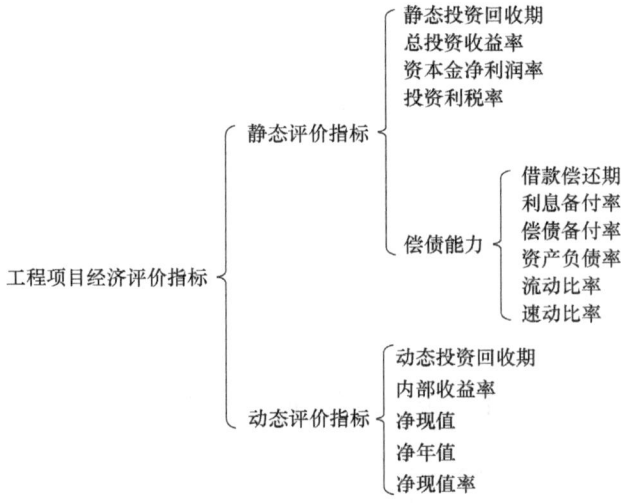

图 4-3　按评价指标是否考虑时间因素分类

延伸思考

在工程项目中,经济评价指标是衡量工程项目经济效益的重要工具。在选择和计算经济评价指标时,需要考虑国家利益。例如,在选择投资回报率这一指标时,需要考虑投资来源、投资去向、投资效益等方面,确保投资能够为国家和人民带来实际收益。又如,在某个交通基础设施项目中,需要对投资进行合理分配,以实现国家整体利益的最大化。在选择经济评价指标时,需要考虑项目对国家经济的拉动作用、对当地社会的贡献程度等方面,确保项目投资能够发挥最大的效益。

工程项目不仅要追求经济效益,还应该兼顾社会效益;应当注重节约能源、减少资源浪费,同时降低对环境的负面影响。因此,在工程项目经济评价中,除了考虑投资回报率等经济指标,也应该评估项目对社会发展、民生改善等方面的影响。选择工程项目经济评价指标应当考虑资源利用效率和环境保护因素。

4.3 静态评价指标

静态投资回收期

4.3.1 静态投资回收期 P_t

1. 静态投资回收期的定义

项目的静态投资回收期是指在不考虑资金时间价值的情况下,以项目的净收益回收项目的全部投资所需要的时间,其单位通常用"年"表示。投资回收期一般从建设开始年算起,也可以从项目建成投产年开始算起,计算时应具体注明。对投资者来说,投资回收期越短越好。

2. 静态投资回收期的计算

$$\sum_{t=0}^{P_t}(CI-CO)_t = 0 \quad (4-1)$$

式中 P_t——静态投资回收期;
CI——第 t 年的现金流入量;
CO——第 t 年的现金流出量;
$(CI-CO)_t$——第 t 年的净现金流量。

以下介绍计算项目静态投资回收期的两种方法。

(1) 直接计算法(公式法)

如果项目建成投产后各年的净收益均相同,则静态投资回收期由下式确定:

$$P_t = \frac{I}{A} + n_0 \quad (4-2)$$

式中 I——项目的全部投资;
A——每年的净收益,即 $A=(CI-CO)_t$;
n_0——项目的建设期。

【例 4-1】 某项目建设投资为 1000 万元，流动资金为 200 万元，建设当年即投产并达到设计生产能力，年净收益为 340 万元。求该项目的静态投资回收期。

【解】 根据式（4-2）可得：

$$P_t = I \div A + n_0 = [(1000+200) \div 340 + 0] \text{年} = 3.53 \text{年}$$

（2）列表计算法（累计法）

如果项目建成投产后各年的净收益不同，通常用表格形式进行计算，从投资开始时刻（即零时点）起依次求出以后各年的净现金流量之和（即累计净现金流量），直至累计净现金流量等于零的时刻为止。累计净现金流量等于零的时刻，即为该方案从投资开始年算起的静态投资回收期。因为不论在什么情况下，都可以通过这种方法确定静态投资回收期，所以此方法又称为一般方法。其计算公式如下：

$$P_t = (\text{累计净现金流量出现正值的年份数} - 1) + \frac{|\text{上一年累计净现金流量}|}{\text{出现正值年份的净现金流量}} \quad (4-3)$$

应当注意，项目寿命期的确定对项目经济分析有较大影响。项目寿命期也称为项目计算期，是指对拟建项目进行现金流量分析时应确定的项目服务年限。对工程项目来说，项目寿命期分为建设期和生产期两个阶段，生产期又分为投产期和达产期两个阶段。

项目建设期是指从开始施工至全部建成投产所需要的时间。项目建设期内只有投资，很少有产出，其长短的确定与投资规模、行业性质和建设方式有关。

项目生产期是指项目从建成到固定资产报废所经历的时间。其中，项目投产期是指尚未达到满负荷生产状态的时期，达产期是指达到 100% 满负荷生产状态的时期。项目生产期不能等同于项目投资后的服务期（物理寿命期），而应根据项目的性质、技术水平及实际服务期的长短合理确定。

在计算经济评价指标时，工程项目寿命期的确定很重要。项目寿命期的确定是否合理将影响项目的最终评价结果。若确定的寿命期过短，则有可能错过一些盈利更多的方案；若确定的寿命期过长，使项目虚增了盈利时间，一些经济上本不可行的项目则有可能被选中实施。

3. 静态投资回收期的评价准则

静态投资回收期是工程项目的一个评价指标，在进行方案评价时，一般将计算出的静态投资回收期与基准投资回收期相比较进行判断。设 P_c 为基准投资回收期。

进行单方案评价时，若 $P_t \leq P_c$，说明项目投入的总资金在规定的时间内可收回，方案的经济效益好，方案可行。

若 $P_t > P_c$，说明项目投入的总资金在规定的时间内不能收回，方案的经济效益不好，方案不可行。

当多个方案进行比较，如果每个方案自身都满足 $P_t \leq P_c$，则投资回收期越短的方案越好。

基准投资回收期 P_c 通常是国家或部门制定的标准（依据全社会或全行业投资回收期的平均水平），但也可以是企业根据自己的目标所期望的投资回收期水平。

第4章 工程项目经济评价指标

【例4-2】 某工程项目期初投资220万元,第1年投资110万元,第2年建成投产并获得收益,每年的收入和支出见表4-1。该项目的寿命期为7年,若基准静态投资回收期为6年,计算该项目的静态投资回收期,并进行方案评价。

表4-1 某项目每年的收入和支出 （单位：万元）

项目年份	0	1	2	3	4	5	6	7
总投资	220	110						
收入			80	100	120	180	200	200
支出			-40	-50	-60	-70	-80	-80

【解】 根据表4-2计算项目每年的净收益,可知该项目的静态投资回收期在第5、6年之间。

表4-2 某项目的现金流量 （单位：万元）

项目年份	0	1	2	3	4	5	6	7
总投资	220	110						
收入			80	100	120	180	200	200
支出			-40	-50	-60	-70	-80	-80
净现金流量	-220	-110	40	50	60	110	120	120
累计净现金流量	-220	-330	-290	-240	-180	-70	50	170

根据式(4-3)可得：

$$P_t = (累计净现金流量出现正值的年份数 - 1) + \frac{|上一年累计净现金流量|}{出现正值年份的净现金流量}$$

$$= [(6-1) + 70 \div 120] 年 = 5.58 年$$

由题意知 $P_c = 6$,则 $P_t < P_c$,所以该工程项目可行。

【例4-3】 某项目三种方案的净现金流量见表4-3,请采用静态投资回收期法判断三种方案的优劣。

表4-3 某项目三种方案的净现金流量 （单位：万元）

方案年份		0	1	2	3	4	5
方案一	现金流量	-1500	750	750	0	0	0
	累计现金流量	-1500	-750	0	0	0	0
方案二	现金流量	-1500	375	375	375	375	375
	累计现金流量	-1500	-1125	-750	-375	0	375
方案三	现金流量	-1500	500	500	500	500	500
	累计现金流量	-1500	-1000	-500	0	500	1000

【解】 比较三种方案,初始投资总额都为1500万元,静态投资回收期分别为2年、4年和3年。如果仅按静态投资回收期的长短来进行方案的取舍,应优先选择方案一,其次选择方案三,最后选择方案二。但是比较发现,方案一收回投资后各年份的净收益为0,是三个方案中效益最差的。因此,静态投资回收期只能作为辅助方法进行方案决策,要想保证决策的科学有效性,必须与其他方法结合使用。

4. 静态投资回收期评价法的优缺点

静态投资回收期可以在一定程度上反映出项目方案的资金回收能力,其计算简便,有助于对技术上更新较快的项目进行评价。但该指标没有考虑资金的时间价值,也没有对投资回收期以后的收益进行分析,无法确定项目在整个寿命期的总收益和获利能力,容易使人接受短期效益好的方案,忽视短期效益差但长期效益好的方案。

4.3.2 总投资收益率 ROI

1. 总投资收益率的定义

总投资收益率又称投资效果系数、投资利润率,是指工程项目在达到设计生产能力后正常生产年份的年息税前利润总额或运营期内年平均息税前利润总额与项目投资总额的比率。

2. 总投资收益率的计算

$$\text{ROI} = \frac{\text{EBIT}}{\text{TI}} \times 100\% \tag{4-4}$$

式中 ROI——项目的总投资收益率;

  EBIT——项目正常年份的年息税前利润总额或运营期内年平均息税前利润总额;

  TI——项目投资总额。

其中,息税前利润是指不支付利息和所得税之前的利润。通俗地说,就是不扣除利息也不扣除所得税的利润。

在营业收入组成及分配中也涉及息税前利润。营业收入组成及分配见表4-4。

表4-4 营业收入组成及分配

税金及附加	教育费附加、城市维护建设税、地方教育费附加等	
总成本费用	折旧及摊销费	
	利息支出*	
	外购原料、燃料、动力费	经营成本
	工资及福利费	
	修理费	
	其他费用	
利润总额	所得税	
	税后利润（净利润）	

在营业收入组成及分配表中，带*号的部分为息税前利润，所以有：

$$EBIT = 利润总额 + 利息支出 \tag{4-5}$$

$$EBIT = 销售收入 - 税金及附加 - 经营成本 - 折旧及摊销费 \tag{4-6}$$

$$EBIT = 销售收入 - 税金及附加 - 年总成本费用 + 利息支出 \tag{4-7}$$

总投资收益率表明项目在正常生产年份中，单位投资每年所创造的年净收益额。总投资收益率越大，说明项目的投资效益越好。

如果项目在正常生产年份内各年收益情况变化幅度较大，也可采用下列公式进行计算：

$$总投资收益率（ROI）= 年平均息税前利润总额 \div 项目投资总额 \times 100\% \tag{4-8}$$

3. 总投资收益率的评价准则

用总投资收益率评价方案，同样要与基准投资收益率 R_c 进行比较。

如果项目的总投资收益率 $\geq$ 基准投资收益率 R_c，则项目是可以接受的。

如果项目的总投资收益率 < 基准投资收益率 R_c，则认为项目是不可行的。

4. 总投资收益率的优缺点

总投资收益率的经济意义明确、直观，计算简便，但没有考虑投资收益的时间因素。因此，该指标主要用于计算期较短，不具备综合分析所需详细资料的项目盈利能力分析，尤其适用于工程项目方案制定的早期阶段，或工艺简单而生产变化不大的工程项目的投资经济效果评价。

【例 4-4】 某项目的投资与收益情况见表 4-5，若行业平均投资收益率为 18%，试判断该项目是否可行？

表 4-5 某项目投资与收益情况　　　　　　　（单位：万元）

项目年份	0	1	2	3	4	5	6
投资	-200						
利润		20	25	30	35	50	60

【解】 根据式（4-8）可得：

$$总投资收益率 = (20+25+30+35+50+60) \div 6 \div 200 \times 100\% = 18.33\%$$

经过计算得出该项目的总投资收益率为 18.33%。它反映项目在正常生产年份的每百万元投资所带来年收益为 18.33 万元。由题意可知，行业平均投资收益率为 18%，因为该项目总投资收益率大于行业平均投资收益率，所以该工程项目可行。

【例 4-5】 某工业项目建设投资额为 8250 万元（不含建设期利息），建设期利息为 620 万元，全部流动资金为 700 万元，项目投产后正常生产年份的息税前利润为 500 万元，计算该项目的总投资收益率。

【解】 根据式（4-4）可得：

$$ROI = EBIT \div TI \times 100\% = 500 \div (8250 + 620 + 700) \times 100\% = 5.22\%$$

4.3.3 资本金净利润率 ROE

1. 资本金净利润率的定义

工程项目资本金净利润率表示项目资本金的盈利水平,是指项目达到设计能力后正常生产年份的年净利润或运营期内年平均净利润与项目资本金的比率。

2. 资本金净利润率的计算

$$\text{ROE} = \frac{\text{NP}}{\text{EC}} \times 100\% \tag{4-9}$$

式中　ROE——资本金净利润率;

　　　NP——项目正常生产年份的年净利润或运营期内年平均净利润;

年净利润用下式确定:

年净利润 = 利润总额 - 所得税
　　　　 = 年产品营业(销售)收入 - 年产品税金及附加 - 年总成本费用 + 补贴收入 - 利息支出 - 所得税

　　　EC——项目资本金。

3. 资本金净利润率的评价准则

资本金净利润率需要与行业净利润率参考值进行比较。资本金净利润率高于行业净利润率参考值时,表明盈利能力达到要求。

4. 资本金净利润率的优缺点

若资本金净利润率高于同期银行利率,适度举债是有利的。反之,过高的负债比率将损害企业和投资者的利益。所以资本金净利润率指标不仅可以用来衡量工程建设方案的获利能力,还可以作为技术方案筹资决策参考的依据。

【例 4-6】 某项目在正常生产年份的工程经济要素数据见表 4-6,假设资本金为 480 万元,计算资本金净利润率。

表 4-6　工程经济要素数据　　　　　　(单位:万元)

要素	计算值
总投资	1000
销售收入	700
税金及附加	42
折旧与摊销	75
利息支出	42
经营成本	300

【解】 资本金净利润率 ROE:(700-75-42-300-42)÷480×100% = 50%

4.3.4 投资利税率 REOI

1. 投资利税率的定义

投资利税率是指项目达到设计生产能力后正常生产年份的年利税总额或项目运营期内的

年平均利税总额与项目总投资的比率。

2. 投资利税率的计算

$$REOI = \frac{EEBIT}{TI} \times 100\% \quad (4-10)$$

式中 REOI——投资利税率；

EEBIT——项目正常生产年份的年利税总额或运营期内年平均利税总额；确定如下：

年利税总额＝年产品营业（销售）收入－年总成本费用

TI——项目总投资。确定如下：

项目总投资＝固定资产投资＋建设期利息＋流动资金

3. 投资利税率的评价准则

投资利税率可以根据利润与利润分配表中的有关数据计算求得。在财务评价中，投资利税率高于行业平均投资利税率时，认为该工程项目可行。

【例 4-7】 某企业投资一项项目，基建投资 5000 万元，生产期为 10 年，预计总利润为 10000 万元，年税金按年平均总利润的 8% 计算，流动资金需要量按年平均总利润的 15% 计算，所需资金全部自筹，试计算该项目的投资利税率。若行业平均投资利税率为 18%，试判断该项目是否可行。

【解】 $EEBIT = (10000 \div 10 + 10000 \div 10 \times 8\%)$ 万元 $= 1080$ 万元

$TI = (5000 + 10000 \div 10 \times 15\%)$ 万元 $= 5150$ 万元

根据式（4-10）可得：

$REOI = 1080 \div 5150 \times 100\% = 20.97\%$

由题意可知，行业平均投资利税率为 18%，因为该项目投资利税率大于行业平均投资利税率，所以该项目可行。

4.3.5 借款偿还期 P_d

1. 借款偿还期的定义

借款偿还期又称贷款偿还期，是指在国家财政规定及具体的财务条件下，用项目投产后可以用作还款的项目收益（税后利润、折旧、摊销及其他收益等）来偿还项目投资借款本金和利息所需要的时间。它是反映项目借款偿债能力的重要指标。

2. 借款偿还期的计算

$$I_d = \sum_{t=1}^{P_d} (R_p + D' + R_0 - R_r)_t \quad (4-11)$$

式中 P_d——借款偿还期（从借款开始年算起，当从投产年算起时，应予以注明）；

I_d——建设投资借款本金和利息（不包括已用自有资金支付的部分）之和；

R_p——第 t 年可用于还款的利润；

D'——第 t 年可用于还款的折旧；

R_0——第 t 年可用于还款的其他收益；

R_r——第 t 年企业留利。

实际计算时,计算数据可通过项目的财务平衡表或借款偿还计划表得出,其单位通常用"年"表示,计算公式如下:

$$P_d = (借款偿还后出现盈余的年份数 - 1) + \frac{当年应偿还借款额}{当年可用于还款的收益额} \tag{4-12}$$

【例 4-8】 某公司借款偿还第 4 年出现盈余,盈余当年应偿还的借款额为 15 万元,盈余当年可用于还款的余额为 260 万元。计算该项目的借款偿还期。

【解】 根据式(4-12)可得:

$$P_d = [(4-1) + 15 \div 260] 年 = 3.058 年$$

3. 借款偿还期的评价准则

借款偿还期指标旨在计算最大偿还能力,适用于尽快还款的项目,不适用已经约定借款偿还期的项目。

根据借款偿还期指标计算出的借款偿还期若小于贷款机构规定的期限,表明企业有足够的偿还能力;若大于规定的期限,表明企业还款能力不足。出现还款能力不足时,要进行原因分析,并在财务和技术方案、投资计划上进行优化,直到偿还期达到项目资金偿还的限定期。

企业对于贷款的使用应该在保证自身建设进度的前提下进行,先使用成本较低的资金,在还款时先偿还成本较高的资金。进行债务偿还的过程中,企业需要对还贷能力进行估算并根据项目的盈利能力确认还款方式。

(1)还贷能力

国家现行政策规定,在企业还清贷款后的第 2 年开始计算所得税。在还贷期间,折旧可以用于还贷。还贷能力也可以认为是企业扣除留存利润后的净利润和可用于还贷的折旧、摊销金额合计。其计算公式如下:

$$年还贷能力 = 净利润 + 折旧 + 摊销 \tag{4-13}$$

$$年净利润总额 = 年销售收入 - 总成本费用 - 税金及附加 - 所得税 \tag{4-14}$$

(2)还款方式

根据项目盈利能力的预测,可以采取不同的还款方式,主要包括等额利息法、等额本金法、等额本息法。

1)等额利息法。等额利息法即还款时,每年归还本金并支付当期利息,每年的利息支付额相同。等额利息法的还款特点是每年支付的利息较少,适用于盈利能力不强的项目。

2)等额本金法。等额本金法即还款时,每年偿还相等的本金,贷款利息按年初剩余贷款本金计算,并逐年结清。等额本金法的还款特点是贷款本金逐年减少,利息也随之减少,贷款期期满时本金、利息全部还清,适用于盈利能力较强的项目。

3)等额本息法。等额本息法即借款人将贷款本金和利息在偿还期内平均分摊,每年等额偿还。等额本息法的还款特点是每年的还款额相等,适用于前期盈利能力不强但收入稳定的项目。

4.3.6 利息备付率

1. 利息备付率的定义

利息备付率也称已获利息倍数，是指工程项目在借款偿还期内各年可用于支付利息的息税前利润与当期应付利息费用的比值。它从付息资金来源的充裕性角度反映支付债务利息的能力。

2. 利息备付率的计算

$$\text{利息备付率} = \text{息税前利润} \div \text{当期应付利息} \quad (4-15)$$

式中 息税前利润用下式确定：

$$\text{息税前利润} = \text{利润总额} + \text{当年计入总成本费用的应付利息}$$

当期应付利息——计入总成本费用的全部利息。

3. 利息备付率的特点

1）逐年考查偿还利息的资金的充裕性。

2）项目收入中可用于偿还利息的资金是利息支出。

3）评价标准为利息备付率≥2。利息备付率<1，表明项目没有足够资金支付利息，偿债风险很大。

4.3.7 偿债备付率

1. 偿债备付率的定义

偿债备付率从偿债资金来源的充裕性角度反映偿付债务本息的能力，是指在借款偿还期内，各年可用于还本付息的资金与当期应还本付息金额的比值。

2. 偿债备付率的计算

$$\text{偿债备付率} = \text{可用于还本付息的资金} \div \text{当期应还本付息金额} \quad (4-16)$$

$$\text{可用于还本付息的资金} = \text{息税前利润} + \text{折旧} + \text{摊销} - \text{所得税}$$

$$\text{当期应还本付息金额} = \text{当期应还贷款本金额} + \text{计入总成本费用的全部利息}$$

3. 偿债备付率的特点

1）逐年衡量还本付息的资金保障能力。

2）项目销售收入中可用于本金偿还的资金有折旧、摊销和净利润。

3）评价标准为偿债备付率≥1.3。

【**例 4-9**】 某项目与备付率有关的数据见表 4-7，计算该项目的利息备付率和偿债备付率。

表 4-7 某项目与备付率有关的数据   （单位：万元）

项目年份	2	3	4	5
应还本付息额	96.4	96.4	96.4	96.4
应付利息额	23.7	19.5	16.8	12.8
息税前利润	50	206.5	206.5	206.5
折旧	169.7	169.7	169.7	169.7
所得税	6.5	68.7	67.4	68

【解】 根据式（4-15）和式（4-16）计算。
第2年：利息备付率=50÷23.7=2.11
　　　　偿债备付率=(50+169.7-6.5)÷96.4=2.21
第3年：利息备付率=206.5÷19.5=10.59
　　　　偿债备付率=(206.5+169.7-68.7)÷96.4=3.19
第4年：利息备付率=206.5÷16.8=12.29
　　　　偿债备付率=(206.5+169.7-67.4)÷96.4=3.20
第5年：利息备付率=206.5÷12.8=16.13
　　　　偿债备付率=(206.5+169.7-68)÷96.4=3.20

4.3.8 资产负债率

1. 资产负债率的定义

资产负债率是指各期期末负债总额与期末资产总额的比率，是反映项目各年所面临的财务风险程度及偿债能力的指标。

2. 资产负债率的计算

$$资产负债率 = 期末负债总额 \div 期末资产总额 \times 100\% \quad (4\text{-}17)$$

3. 资产负债率的特点

1）逐年衡量资产负债的能力。适度的资产负债率反映企业经营安全的筹资能力。项目权益所有者从盈利角度出发，希望保持较高的资产负债率，从而可以利用较少的资本来经营整个项目。

2）资产负债率应小于一个规定值。资产负债率越高，项目风险越大，在一定程度上会损害债权人的利益。因此，在分析资产负债率时，应结合具体对象分析资产负债水平。一般资产负债率应为 40%～60%。

【例4-10】 某建筑公司无优先股，上年每股盈余为4元，每股发放股利2元，保留盈余在过去一年中增加了500万元，年底每股账面价值为30元，负债总额为5500万元。试计算该公司的资产负债率。

【解】 总股数=[500÷(4-2)]万股=250万股
　　　　所有者权益总额=(250×30)万元=7500万元
根据式（4-17）可得：
　　　　资产负债率=5500÷(7500+5500)×100%=42.31%

4.3.9 流动比率

1. 流动比率的定义

流动比率是反映项目各年流动资产总额和流动负债总额之比，以及衡量短期债务偿债能力最常用的比率，也是衡量项目短期风险的指标。

2. 流动比率的计算

$$流动比率 = 流动资产总额 \div 流动负债总额 \times 100\% \quad (4\text{-}18)$$

$$流动资产总额 = 现金 + 有价证券 + 应收账款 + 存货$$

$$流动负债总额 = 应付账款 + 短期应付票据 + 应付未付工资 + 税收 + 其他债务$$

3. 流动比率的特点

1) 通常流动比率越高，债权人的安全率越高。特殊情况下，流动比率高并不能保证有足够的现金或存款用于偿债，也可能是存货积压、应收账款增多或待摊费用增加所致，应进一步考查现金流量。

2) 流动比率应在区间内取值。流动比率太低，说明缺乏短期偿债能力；流动比率太高，说明负债利用不足，流动资产会闲置。一般流动比率的下限为 1，取值在 1.2~2.0 比较合适，具体情况视行业的特点、项目流动资产的构成、流动负债的性质而定。

3) 债权人希望流动比率高，但从企业经营角度看，闲置资金过多会增加企业的机会成本，降低资金获利能力。流动比率应维持在不使资金闲置的安全偿债范围内，用于评价短期偿债能力是否合理。不同企业或同一企业在不同时期的资金安全能力也会不同。

4.3.10 速动比率

1. 速动比率的定义

速动比率是指速动资产对流动负债的比率。它用来衡量流动资产中可以立即变现的部分用于偿还流动负债的能力。

2. 速动比率的计算

$$速动比率 = 速动资产 \div 流动负债 \times 100\% \quad (4\text{-}19)$$

$$速动资产 = 流动资产 - 存货 - 预付账款 - 待摊费用$$

3. 速动比率的特点

由于速动比率排除了变现能力较差的资产（如存货）的影响，因此相比流动比率，速动比率更能准确地反映企业的短期偿债能力。速动比率越高，偿还短期负债的能力越强。速动比率不应小于 1.0，一般保持在 1.2~2.0 比较合适。当流动比率和速动比率过小时，应减少流动负债，或减少利润分配、库存等方法增加盈余资金，也可增加长期借款等来缓解资金风险。

【例 4-11】 某生产项目在某一年份的资产负债表显示其总资产为 8000 万元，短期借款为 600 万元，长期借款为 2500 万元，应收账款为 1000 万元，存货为 800 万元，现金为 200 万元，累计盈余资金 300 万元，应付账款为 700 万元，所有者权益为 4500 万元。计算该项目的偿债能力指标。

【解】 流动比率 = 流动资产 ÷ 流动负债 × 100%
= （应收账款 + 存货 + 现金 + 累计盈余资金）÷（短期借款 + 应付账款）× 100%
= （1000 + 800 + 200 + 300）÷（600 + 700）× 100% = 176.9%

速动比率＝速动资产÷流动负债×100%
　　　　＝（应收账款+现金+累计盈余资金）÷（短期借款+应付账款）×100%
　　　　＝（1000+200+300）÷（600+700）×100%＝115.4%
资产负债率＝期末负债总额÷期末资产总额×100%
　　　　　＝（短期借款+长期借款+应付账款）÷资产总额×100%
　　　　　＝（600+2500+700）÷8000×100%＝47.5%

【例 4-12】 根据某建筑公司资料，2011 年年初的流动资产为 612 万元，存货为 387 万元，流动负债为 297 万元；年末的流动资产为 557 万元，存货为 386 万元，流动负债为 164 万元。试计算年初和年末的速动比率。

【解】 根据式（4-19）可得：

年初速动比率＝（612-387）÷297×100%＝75.8%

年末速动比率＝（557-386）÷164×100%＝104.3%

4.4 动态评价指标

4.4.1 动态投资回收期

1. 动态投资回收期的定义

动态投资回收期是指把投资项目各年的净现金流量按基准收益率折成现值后推算出的投资回收期。它与静态投资回收期的根本区别是考虑了资金的时间价值。动态投资回收期就是净现金流量现值累计等于 0 时的年份。

动态投资
回收期

2. 动态投资回收期的计算

$$\sum_{t=0}^{P'_t}(CI-CO)_t(1+i_c)^{-t}=0 \qquad (4\text{-}20)$$

式中　P'_t——动态投资回收期；
　　　CI——现金流入量；
　　　CO——现金流出量；
　　$(CI-CO)_t$——第 t 年的净现金流量；
　　　i_c——基准折现率。

在实际计算中，常用与求静态投资回收期相似的"累计计算法"求解动态投资回收期 P'_t，计算公式如下：

$$P'_t=（累计净现金流量出现正值的年份数-1）+\frac{|上一年累计净现金流量的折现值|}{出现正值年份的净现金流量折现值} \qquad (4\text{-}21)$$

动态投资回收期也是在现金流量的基础上进行计算的。计算步骤如下：

1）计算现金流入、现金流出、净现金流量。

2) 确定资金折现率,依据公式 $P=F(P/F,i,n)$,逐年计算净现金流的折现值。
3) 逐年累计计算净现金流的折现值,直到累计值为 0 或大于 0。
4) 依据动态投资回收期公式(式 4-20)进行计算。

3. 动态投资回收期的评价准则

动态投资回收期应与行业或部门的基准投资回收期 P_c 进行比较。

若 $P'_t \leq P_c$,表明项目投入的总资金在规定的时间内可收回,则认为项目是可以考虑接受的;若 $P'_t > P_c$,表明项目投入的总资金在规定的时间内不能收回,则认为项目是不可行的。

4. 动态投资回收期评价法的优缺点

动态投资回收期是一个常用的经济评价指标,它考虑了资金的时间价值。该指标容易理解,计算也比较简便,在一定程度上显示了资本的周转速度。显然,资本周转速度越快,回收期越短、风险越小、盈利越多。动态投资回收期适用于三类项目:一是技术上更新迅速的项目;二是资金相当短缺的项目;三是未来的情况很难预测而投资者又特别关注资金补偿的项目。

动态投资回收期的不足之处在于没有全面地考虑投资方案整个计算期内的现金流量,即忽略了发生在投资回收期以后的所有情况,只考虑回收之前的效果,无法准确衡量方案在整个计算期内的经济效果。所以它同静态投资回收期一样,通常只适用于辅助性评价。只有在静态投资回收期较长和基准收益率较大的情况下,才需计算动态投资回收期。同时,由于投资回收期只能反映被评价方案的投资回收速度,不能反映方案之间的比较结果,因此不能单独用于两个或两个以上方案的比较评价。

【例 4-13】 某项目的动态投资回收期计算见表 4-8。

表 4-8 动态投资回收期计算表($i_c=5\%$)   (单位:万元)

项目	计算期				
	1	2	3	4	5
现金流入		8	8	8	8
现金流出	12	4	4	4	4
净现金流量	-12	4	4	4	4
净现金流量现值	-11.42	3.628	3.455	3.290	3.134
累计净现金流量现值	-11.42	-7.80	-4.34	-1.05	2.08

【解】 根据表 4-8 中数据可得:

动态投资回收期 $=(5-1)+1.05 \div 3.13 = 4.34$ 年

【例 4-14】 某项目收支有关数据见表 4-9,$i_c=10\%$,$P_c=7$ 年。试计算静态和动态投资回收期。

表 4-9 某项目收支表   (单位:万元)

项目年份	0	1	2	3	4	5	6
投资支出	40	450	100				
其他支出				300	450	450	450
收入				400	700	700	700

【解】 根据表4-9计算可得某项目净现金流量，结果填入表4-10。

表4-10 某项目净现金流量表 （单位：万元）

项目年份	0	1	2	3	4	5	6
净现金流量	-40	-450	-100	100	250	250	250
累计净现金流量	-40	-490	-580	-480	-230	20	270
折现系数	1	0.9091	0.8264	0.7513	0.6830	0.6209	0.5645
折现值①	-40	-409.10	-82.64	75.13	170.75	155.23	141.13
累计折现值	-40	-449.10	-531.74	-456.61	-285.86	-130.63	10.50

① 折现值=净现金流量×折现系数

根据式（4-3）可得：

$$P_t = [(5-1) + |-230| \div 250] 年 = 4.92 年$$

根据式（4-21）可得：

$$P_t' = [(6-1) + |-130.63| \div 141.13] 年 = 5.93 年$$

经过计算得出 $P_t < P_c$，$P_t' < P_c$，所以此项目可行。

4.4.2 净现值 NPV

1. 净现值的定义

净现值是指将项目整个计算期内各年的净现金流量（或净效益费用流量）按一定的折现率（基准收益率）折现到计算基准年（通常是期初，即第0年）的现值的代数和。

净现值

在工程项目评价中，净现值分为财务评价的财务净现值（用FNPV表示）和国民经济（费用效益）评价的经济净现值（用ENPV表示）。本书由于是对工程项目的现金流量进行分析评价，所以计算的是财务评价指标。为不失一般性，采用NPV表示。

2. 净现值的计算

$$\text{NPV} = \sum_{t=0}^{n}(CI-CO)_t(1+i_c)^{-t} = \sum_{t=0}^{n}\text{NFC}_t(P/F, i_c, t) \tag{4-22}$$

式中 NPV——净现值；

n——项目的计算期，包括项目的建设期、投产期和达产期；

i_c——基准折现率；

NFC——净现金流量。

净现值是考查项目在计算期内盈利能力的主要动态评价指标。

净现值的计算方法有以下两种。

（1）列表法

列表法是指在项目的现金流量表基础上按基准折现率计算寿命期内的累计折现值。

（2）公式法

公式法是指利用一次支付现值公式或等额支付现值公式将项目寿命期内每年发生的现金

流量按基准折现率折现到期初，然后累加起来。

3. 净现值的评价准则

若净现值大于 0 则方案可行，且净现值越大，方案越优、投资效益越好。

（1）单一方案

根据式（4-22）计算出 NPV 后，将其用于投资方案的经济评价时的判别准则如下：

1）若 NPV>0，说明方案可行。这种情况下，投资方案实施后的投资收益水平不仅能够达到基准折现率的水平，而且还会有盈余，即项目的盈利能力超过其投资收益期望水平，同时表明方案的动态投资回收期小于该方案的计算期。

2）若 NPV=0，说明方案可考虑接受。这种情况下，投资方案实施后的收益水平恰好等于基准折现率，即盈利能力能达到所期望的最低财务盈利水平，同时表明方案的动态投资回收期等于该方案的计算期。

3）若 NPV<0，说明方案不可行。这种情况下，投资方案实施后的投资收益水平达不到基准折现率，即盈利能力水平比较低，甚至有可能出现亏损，同时表明方案的动态投资回收期大于该方案的计算期。

（2）多方案

多方案进行比选时，应选择 NPV>0 且值最大的方案。

净现值是计算期内全部净现金流量现值的累计。计算步骤如下：

1）计算现金流入、现金流出、净现金流量。

2）确定资金折现率。依据终值对现值的计算公式 $P = F(P/F, i, n)$，逐年计算净现金流量的折现值。

3）逐年累加计算净现金流量折现值。特别注意是先折现后累计，而不是先累计后折现。

4. 净现值指标的优缺点

（1）优点

1）考虑了资金的时间价值，并全面考虑了项目在整个寿命期内的经济情况。

2）经济意义明确直观，能够直接以货币额表示项目的净收益。

3）能够直接说明项目投资额与资金成本之间的关系。

4）不仅适用于单一方案的比选，也适用于多方案的选择。

（2）缺点

1）$(CI-CO)_t$ 的准确预测比较困难。计算期内各期的 $(CI-CO)_t$ 都会对净现值指标的计算产生影响，特别是计算期较长的方案，因此准确预计计算期内各年的净现金流量很困难。

2）基准折现率 i_c 的选取比较困难。由式（4-22）可以看到，项目的 $(CI-CO)_t$ 和计算年限 n 是确定的，此时净现值仅是折现率 i 的函数，即净现值函数。

净现值函数反映净现值与折现率之间的一种变化关系。如图 4-4 所示的单一方案的净现值函数曲线可以看到：净现值函数曲线是一条以 NPV 值趋近于 $-C$ 的渐近线，折现率 i 越大，净现值 NPV 越小；净现值曲线在横轴上至少有一个交点 B，该交点处 NPV=0，i=IRR；A 点是折现率 i 为 0（即不考虑资金的时间价值）时的净现值，也称为累计净现金流量。

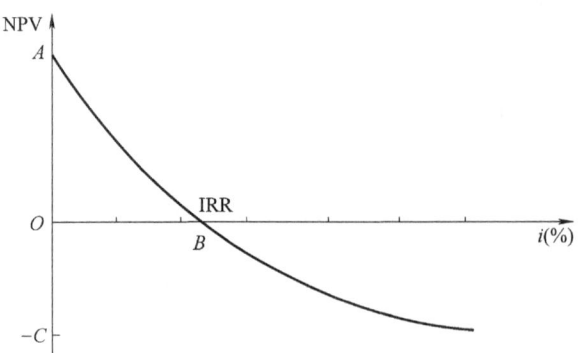

图 4-4 单一方案的净现值函数曲线

【例 4-15】 某项目的净现金流量见表 4-11，基准折现率 $i_c=15\%$，计算 NPV 并判断该项目的经济可行性。

表 4-11 某项目的净现金流量表 （单位：万元）

t 年年末	0	1	2	3	4	5~12
净现金流量	−20	−40	−40	17	22	32

【解】 由式（4-22）计算该项目的净现值：

$$\text{NPV} = [-20 - 40 \times (P/F, 15\%, 1) - 40 \times (P/F, 15\%, 2) + 17 \times (P/F, 15\%, 3) + 22 \times (P/F, 15\%, 4) + 32 \times (P/A, 15\%, 8)(P/F, 15\%, 4)] \text{万元}$$

$$= 20.86 \text{ 万元}$$

由于该项目的净现值 NPV>0，因此项目可行。

【例 4-16】 某工程项目的建设期为 2 年，第 1 年投资 200 万元，第 2 年投资 150 万元，生产期 20 年，投产后年均收益 80 万元，若行业的基准收益率为 20%，试分析该项目是否可行？如果要使净现值为 0，第 2 年实际应投资多少？

【解】（1）由式（4-22）计算该工程项目的净现值：

$$\text{NPV} = [-200 - 150 \times (P/F, 20\%, 1) + 80 \times (P/A, 20\%, 20)(P/F, 20\%, 2)] \text{万元}$$

$$= (-200 - 150 \times 0.8333 + 80 \times 4.8696 \times 0.6944) \text{万元} = -54.48 \text{ 万元}$$

因为 NPV<0，所以该工程项目不可行。

（2）如果要使净现值为 0，设第 2 年投资 x 万元，则：

$$-200 - x(P/F, 20\%, 1) + 80 \times (P/A, 20\%, 20)(P/F, 20\%, 2) = 0$$

解得 $x=84.65$

结果显示，要使净现值为 0，第 2 年实际应投资 84.65 万元。

4.4.3 净现值率 NPVR

1. 净现值率的定义

净现值率是指项目的净现值与投资总额现值的比值，其经济含义是单位投资现值所能带来的净现值,是一个考查项目单位投资盈利能力的指标。

净现值率常用于有资金约束条件下多个方案的排队和优选。净现值指标用于多个方案的比选时,没有考虑各方案投资额的大小,因而不能直接反映资金的利用效率。为了考查资金的利用效率,通常采用净现值率作为净现值的辅助指标。

2. 净现值率的计算

$$NPVR = \frac{NPV}{I_p} \tag{4-23}$$

式中 NPVR——净现值率;
   NPV——净现值;
   I_p——项目总投资现值。

3. 净现值率的评价准则

(1) 单一方案

净现值率与净现值的判别准则一样,当 NPVR≥0 时,方案可行;当 NPVR<0 时,方案不可行。

(2) 多方案比选

用净现值率法进行多方案比较时,以 NPVR>0 且最大的方案为优,它体现了投资资金的使用效率,此指标主要适用于方案的优劣排序。

采用净现值率评价项目时应注意:

1) 投资现值与净现值的研究期应一致,即净现值的研究期是 n 期,则投资现值的研究期也是 n 期。

2) 计算投资现值与净现值的折现率应一致。

4.4.4 净将来值与净年值

根据资金等值计算的原理,可以用净现值分别计算净将来值和净年值。

1. 净将来值 NFV

净将来值是净现值的终值计算,计算公式如下:

$$NFV = NPV(F/P, i, n) \tag{4-24}$$

2. 净年值 NAV

净年值是净现值的年值计算,计算公式如下:

$$NAV = NPV(A/P, i, n) \tag{4-25}$$

净将来值与净年值指标的特点如下:

1) 均是净现值的等值计算,只是计算的时点不同。净将来值在计算期期末计算而净年值在每一期期末计算,因此两者与净现值反映的经济评价结果相同。

2) 两者评价标准与净现值相同,因为净现值大于或等于零,必然要求等值换算的净将来值大于或等于零,净年值大于或等于零时,则项目可行。

3) 以上三个指标可以根据项目评价的目标要求选择使用。特别是在方案比较时,可采用年值法进行方案的优选。

【例 4-17】 计算【例 4-13】的净年值、净将来值。

【解】 NFV：$2.08 \times (F/P, 5\%, 5) = 2.08 \times 1.2763 = 2.65$

NAV：$2.08 \times (A/P, 5\%, 5) = 2.08 \times 0.2310 = 0.48$

4.4.5 内部收益率 IRR

1. 内部收益率的定义

内部收益率

内部收益率又称内部报酬率，是指资金流入现值总额与资金流出现值总额相等、净现值等于 0 时的折现率。选取这个折现率时，项目现金流入的现值和等于其现金流出的现值和，它是净现值以外另一个最重要的动态经济评价指标。从投入的角度看，内部收益率反映项目所能承受的最高利率；从产出的角度看，内部收益率代表项目能得到的收益程度。因此，内部收益率与净现值、净年值的评价结论一致。

2. 内部收益率的计算

$$\text{NPV}(\text{IRR}) = \sum_{t=0}^{n} (\text{CI} - \text{CO})_t (1+\text{IRR})^{-t} = 0 \quad (4\text{-}26)$$

式中　IRR——内部收益率。

其余符号意义同前。

内部收益率是使项目在整个计算期内各年净现金流量现值累计之和等于 0 时的折现率。内部收益率的计算式是一个高次方程，计算复杂，一般根据现金流量表中的累计净现值，采用线性内插法求出近似解。从经济意义上讲，内部收益率 IRR 的取值范围为 $-1 < \text{IRR} < \infty$，大多数情况下的取值范围为 $0 < \text{IRR} < \infty$。采用线性内插法求应首先明确折现率与现值的关系。一般情况下，折现率越大，现值越小；折现率越小，现值越大，其原理如图 4-5 所示。

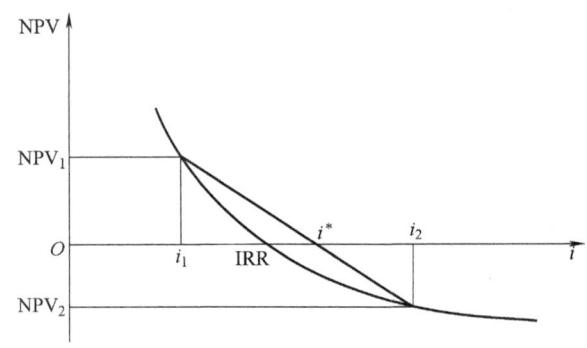

图 4-5　线性内插法求 IRR 原理

假设在很小的折现率区间内，可根据线性内插法求出净现值函数直线和横坐标的交点 i^*，以此作为 IRR 的近似值。计算过程如下：

1）根据经验选择一个现折率 i_1（i_1 可以按给出的基准收益率 i_c 来确定），计算 NPV_1，使得 $\text{NPV}_1 > 0$。

2）给出第 2 个折现率 i_2，计算 NPV_2，使得 $NPV_2<0$。
3）利用线性内插法公式，计算内部收益率：

$$IRR \approx i^* = i_1 + \frac{NPV_1}{NPV_1 + |NPV_2|}(i_2 - i_1) \qquad (4\text{-}27)$$

式中　IRR——内部收益率；
　　　i_1——计算使用的较低的折现率；
　　　i_2——计算使用的较高的折现率；
　　　i^*——NPV 为 0 时的折现率；
　　NPV_1——使用 i_1 计算得出的净现值；
　　NPV_2——使用 i_2 计算得出的净现值。

应当指出，用式（4-27）计算的误差（i^* – IRR）与估计选用的两个折现率差额（$i_2 - i_1$）的大小有直接关系。为了控制误差不能过大，通常试算用的两个折现率之差（$i_2 - i_1$）一般为 2%～5%。

3. 内部收益率的评价准则

内部收益率指标是指项目占用的尚未回收资金的获利能力，能反映项目自身的盈利能力，其值越高，方案的经济性越好。因此，在进行工程项目经济分析时，内部收益率是考查项目盈利能力的主要动态评价指标。

若给定基准折现率 i_c，将所求得的内部收益率与基准折现率 i_c 进行比较，若 IRR ≥ i_c，表明项目达到了基准折现率的获利水平，方案可以接受；若 IRR < i_c，项目不能接受。

4. 内部收益率的使用条件

以上所讨论的内部收益率的计算及经济意义都是针对具有常规现金流量的投资方案，这类现金流量的特点为在计算期内，开始时有支出，然后有收益，且方案的现金流量序列的符号只改变一次，直到寿命期末现金流量始终为正值，而且所有现金流量的代数和为正。这类项目的净现值函数如图 4-5 所示，项目的净现值随着 i 值的增加而减小，且与横轴有且只有一个交点，这种情况下，内部收益率有唯一解。

净现值符号变化多次的项目称为非常规项目。非常规项目的内部收益率的解有两种情况：一是有多个正根，则所有的根都不是真正的项目收益率，这样的项目不能使用内部收益率指标考查经济效果，即内部收益率法失效；二是只有一个正根，则这个根就是项目的内部收益率。

5. 内部收益率的优缺点

（1）优点

1）内部收益率的计算考虑了资金时间价值并全面考虑了项目在整个计算期间的经济状况，能直观反映投资的最大可能盈利能力或最大利息偿还能力。

2）将项目寿命期内的收益与其投资总额联系起来，得出这个项目的收益率，从中选取投资收益大的方案，可以达到提高资金使用效率的目的。

3）内部收益率的计算不需要确定基准折现率，只需要知道基准收益率的大致范围即可，而计算净现值或净年值都需要事先确定基准折现率。

（2）缺点

1）内部收益率的计算比较麻烦。

2）对于非常规项目来讲，在某些情况下可能不存在或存在多个内部收益率。

3）使用内部收益率评价经济效果隐含了再投资假设，降低了准确程度。如果只根据IRR指标大小进行多方案投资决策，可能会使那些投资大、IRR小，但收益总额大的方案落选，因此IRR指标需要同其他指标，如NPV指标结合使用，因为NPV指标大的方案，IRR指标未必大，反之亦然。

尽管如此，内部收益率指标仍然是反映工程项目投资收益能力最重要的指标之一。

【例4-18】 某项工程方案的净现金流量见表4-12，设其行业基准收益率为10%。试用内部收益率法分析判断该方案是否可行。

表4-12　某项工程方案净现金流量表　　　　（单位：万元）

计算期	0	1	2	3	4	5
净现金流量	-2000	300	500	500	500	1200

【解】 $NPV(12\%) = [-2000 + 300 \times (P/F, 12\%, 1) + 500 \times (P/A, 12\%, 3)(P/F, 12\%, 1) + 1200 \times (P/F, 12\%, 5)]$万元 $= 21$ 万元 > 0

$NPV(14\%) = [-2000 + 300 \times (P/F, 14\%, 1) + 500 \times (P/A, 14\%, 3)(P/F, 14\%, 1) + 1200 \times (P/F, 14\%, 5)]$万元 $= -95$ 万元 < 0

$$IRR = i_1 + \frac{NPV_1}{NPV_1 + |NPV_2|} \times (i_2 - i_1)$$

$= 12\% + 21 \div (21 + 95) \times (14\% - 12\%) = 12.36\% > 10\%$

因为12.36%大于行业基准收益率10%，所以方案可行。

本章小结

建设项目经济评价方法是人们分析和衡量技术方案和项目的手段。本章主要介绍了建设项目经济评价指标体系，从静态评价指标和动态评价指标两个维度对多个指标进行了分析，并介绍了这些评价指标的计算。

习题

1. 项目经济评价的特点有哪些？
2. 根据评价指标所反映的经济性质，工程项目评价的指标可分为哪些类型？
3. 常用的静态评价指标和动态评价指标有哪些？
4. 静态投资回收期评价法和动态投资回收期评价法的优缺点分别有哪些？
5. 反映工程项目盈利能力的经济评价指标有哪些？
6. 反映工程项目偿债能力的经济评价指标有哪些？

7. 净现值的概念是什么？计算方法有哪些？
8. 什么是净年值率？其优缺点有哪些？
9. 什么是内部收益率？其使用条件是什么？
10. 某项目一次性投资 200 万元，当年即可投产，投产后项目年净收益为 40 万元。求该项目的投资回收期。
11. 某项目各年净现金流量见表 4-13，试计算该项目的静态投资回收期。

表 4-13　某项目各年净现金流量　　　　　　（单位：万元）

年份	1	2	3	4	5	6	7~20	21
净现金流量	-400	-600	-500	900	400	600	14×600	400

12. 某项目总资金为 2400 万元，其中，资本金为 1900 万元；项目正常生产年份的销售收入为 1800 万元，总成本费用为 924 万元（含利息支出 60 万元），销售税金及附加 192 万元，所得税税率为 25%。试计算该项目的总投资收益率、投资利税率、资本金利润率。

13. 某公司借款偿还第 6 年出现盈余，盈余当年应偿还的借款额为 18.1 万元，盈余当年可用于还款的余额为 300 万元，计算该项目的借款偿还期。

14. 某项目应还本付息额为 96.4 万元，应付利息额为 23.7 万元，息税前利润为 50 万元，折旧为 169.7 万元，所得税为 6.5 万元。计算该项目的利息备付率和偿债备付率。

15. 某项目资产总计 4590220 万元，负债总计 730659 万元，负债和所有者权益（或股东权益）总计 4590220 万元。计算该项目的资产负债率。

16. 某项目年末流动资产合计 1980 万元，流动负债合计 1000 万元，存货 690 万元。计算该项目的流动比率和速动比率。

17. 已知一个项目的基准收益率为 10%，各年净现金流量（单位：万元）为-80，-80，40，50，60，70。计算该项目的净现值。

18. 某工程项目预计建设期为 1 年，所需原始投资 200 万元于建设起点一次投入，项目预计使用寿命为 5 年。建成后每年的产值收入为 100 万元。假定适用的行业基准折现率为 10%，计算项目净现值及净现值率。

19. 设备 A 的购置价格为 8 万元，寿命期为 5 年，运行费用折算至每年年末为 5 万元；设备 B 的购置价格为 15 万元，寿命期为 10 年，折算至每年年末的运行费用也为 5 万元。两种设备的净残值都是 0，基准收益率为 8%。用净年值分析使用设备 A 还是设备 B 划算。

第5章 工程项目多方案经济性评价

本章概要
1. 独立型方案经济评价
2. 互斥型方案经济评价
3. 混合型方案经济评价

重点提示
工程项目方案经济评价类型；单一方案、互斥方案等多方案类型的评价方法。

学习目标
了解投资决策指标的概念及分类，掌握不同类型投资方案适用的评价指标和方法；掌握建设项目多方案比选的方法。

相关知识
工程项目方案经济评价除了采用前述的评价指标（如投资回收期、净现值、内部收益率等）对单个方案进行评价，决策者往往还需要在多个备选方案之间进行比较，选择满足需求的技术先进、经济效益好的最佳方案或满意方案。而多方案的比选与备选方案之间的关系、资源状况等客观因素有关。根据各备选方案之间不同的关系，可将各备选方案划分为不同的类型，针对不同类型的备选方案有不同的经济评价方法。

5.1 工程项目多方案经济性评价概述

工程经济中的项目方案是指投资的一种可能性，实际的工程经济分析中用得较多的是方案的比较和选择。由于资金来源、原料、施工工艺等方面的不同，为了实现某一目标会形成众多的工程方案，为了保证某项投资活动得到较好的预期收益，通常需要制定多个方案，通过选择适当的经济评价方法和指标，对各个方案的经济效益进行比较，看哪个方案更经济、成本费用更低，最终选择最佳投资方案。

5.1.1 方案类型

与单一方案经济评价相比,多方案的比较和选择更复杂。由于不同投资方案的投资、收益、费用及方案的寿命期都不相同,因而在单一方案分析中所得出的一些结论不能直接用于多方案的比较和选择。多方案比选不仅要考虑单一方案的经济可行性,还要考虑项目群的整体最优。多方案的比较和选择不仅涉及经济因素,还涉及技术因素及项目内、外部环境等其他相关因素(如产品质量、市场竞争、市场营销等)。只有对这些因素进行全面、系统的调查、分析和研究,才能选出最佳方案,做出科学的投资决策。

此外,并不是任何方案之间都是绝对可以比较的。不同的方案产出的数量和质量、产出的时间、费用的大小和寿命期都不相同,因此,在进行多方案的比选时,就需要有一定的前提条件和判别标准。

在进行投资方案的比较和选择时,应明确投资方案之间的相互关系,确定方案之间是否可以比较,然后才能考虑选用适宜的评价指标和方法进行方案的比选。备选方案之间的关系不同,决定了所采用的评价方法和评价指标也会有所不同。如图5-1所示,按照多方案之间的经济关系,可以将多方案分为独立型方案、互斥型方案、混合型方案及其他类型方案。

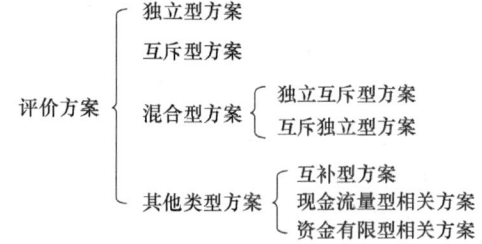

图 5-1 评价方案的分类

1. 独立型方案

独立型方案是指作为评价对象的各个方案之间的现金流是独立的,在经济上互不相关,选择某一方案并不排斥另一方案,也就是说,方案的选择彼此独立,方案的效果不受选择的影响。例如,企业进行投资,可以购买股票,也可以购买债券,还可以投资实业等,既可以选择其中一个方案,也可选择其中两个或三个方案。单一方案是独立型方案的特例。独立型方案的比较选择与单一投资项目的经济评价本质上相同,方案采用与否只取决于方案自身的绝对经济性。

独立型方案的特点是效果之间具有"加和性"。具有加和性的方案组可以认为是独立型方案。例如,甲、乙两个方案,只选择甲方案时,投资15万元,净收益现值25万元;只选择乙方案时,投资20万元,净收益现值30万元。当同时选择甲、乙两个方案时,需投资15+20=35(万元),得到净收益现值为25+30=55(万元)。可见,甲、乙两个方案具有加和性,可认为甲、乙两个方案之间相互独立。

在若干可采用的独立型方案中,如果资源受到制约,就只能在众多方案中选择一个方案或多个方案的组合。例如,现有A、B、C、D四个独立型方案,它们所需投资分别为30万元、40万元、50万元、60万元。目前资金总量为100万元,则可能选择的方案有A、B、C、D、A+B、A+C、A+D、B+C、B+D和不投资共10个方案组合。这些方案组合之间的关系是互斥的,上述将独立型方案转化为互斥型方案的过程叫作独立型方案互斥化,这样的方案组合又叫"组合-互斥方案"。对于这种类型的项目决策,需要认真研究各方案之间的相互关系，最终应选择的不是单个方案，而是最佳的方案组合。

2. 互斥型方案

在若干备选方案中，各个方案之间彼此可以相互替代，具有排他性，选择其中任何一个方案，则其余方案必须放弃，这种择此就不能择彼的多方案组合即为互斥型方案。互斥型各方案之间的效果不具有加和性。

例如，同一建筑项目的基础开挖形式按基础构造形式可分为条形基础、独立基础、满堂基础和桩基础，这四种构造形式可以根据实际情况选择其中的一种，而不能将几种构造形式同时使用。

互斥型方案还可以按以下因素进行分类。

(1) 按服务期寿命长短不同分类

1) 相同寿命期的方案，即参与对比或评价方案的寿命期均相同。

2) 不同寿命期的方案，即参与对比或评价方案的寿命期均不相同。

3) 无限寿命的方案，即大型基础设施和市政工程可视为无限寿命的工程。例如，南水北调工程、大型水电站工程等。

(2) 按规模不同分类

1) 相同规模的方案，即参与对比的或评价的方案具有相同的产出量或容量，在满足相同功能的数量方面具有一致性和可比性。

2) 不同规模的方案，即参与评价的方案具有不同的产出量或容量，在满足相同功能的数量方面不具有一致性和可比性。

对于互斥型方案的比选，不仅要考虑各个备选方案的经济合理性，还要对可行方案进行排序，以解决优选问题。互斥型方案优选指标的选择至关重要，在互斥型方案的优劣排序过程中和对方案进行优选时，不能直接采用内部收益率法，但是可以直接采用净现值法。因为净现值法采用绝对值衡量各种方案对项目价值的影响，所以采用净现值最大化的选择法选择投资方案与实现投资效益最大化的投资政策目标是一致的，可以据此进行项目经济可行性的判断，并对项目进行优劣排序。而内部收益率采用相对量反映方案盈利能力，能准确反映出实际投资的投资报酬率，但无法体现投资方案的价值。内部收益率的最大化并不完全意味着投资效益的最大化，即以内部收益率最大化的选择方法选择投资方案与实现投资效益最大化的投资目标可能不一致。

3. 混合型方案

混合型方案是独立型方案与互斥型方案的混合情况，即在一组方案中，方案之间有些具有互斥关系，有些具有独立关系。混合型方案在结构上可组成两种基本形式。

第一种基本形式是在一组独立型方案中，每个独立型方案又有若干个互斥型方案的形式。例如，某集团公司有三个投资项目A、B、C：A是工业生产类项目，有A_1、A_2、A_3三个生产方案；B是一个房地产开发项目，有B_1、B_2、B_3三种不同用途的开发方案；C是一个高速公路项目，有C_1、C_2两个建设方案。对该集团公司而言，A、B、C三个投资项目是相互独立的，即在资金允许的情况下，三个项目可以同时投资，或者可以投资其中的一个或两个项目。但是，对于A项目，因为A_1、A_2、A_3彼此互斥，所以只能选择A_1、A_2、A_3三个生产方案中的一个生产方案；对于 B 项目，因为 B_1、B_2、B_3 彼此互斥，所以只能选择 B_1、B_2、B_3 三种用途的房地产开发项目中的一种方案；对于 C 项目，因为 C_1、C_2 两个建设方案是互斥的，所以只能开工建设其中一种方案的高速公路项目。

第二种基本形式是在一组互斥型方案中，每个互斥型方案又有若干个独立型方案的形式。例如某房地产开发商获得一块地的开发权，按照当地城市规划的规定，这块地不能建设商居混合物业或工业，只能作为住宅小区（A 方案）或商业物业（B 方案）用地，A、B 两个方案之间是互斥关系。具体来说，如果开发商建住宅小区，可以有多个户型方案，这些方案之间是独立关系；如果开发商建商业物业，可以在商场、写字楼、餐饮酒楼、娱乐休闲服务等方案间选一个或多个组合来实施，这些方案之间也是独立关系（表 5-1）。

表 5-1 地产开发项目各方案之间的关系

项目	互斥型方案	独立型方案
地产开发项目	住宅小区（A 方案）	户型 1
		户型 2
		户型 3
	商业物业（B 方案）	商场
		写字楼
		餐饮酒楼
		娱乐休闲

在不同的方案类型中，经济比较的原则只有一个，即最有效地分配有限的资源，以获得最好的经济效益。重要的是根据不同的方案类型正确地选择和使用评价方法。除了使用绝对经济效果指标筛选方案，还要使用相对经济效果指标优选方案，具体包括：

1）确定项目方案自身的绝对经济效果，通过方案本身的经济效果指标绝对值（如投资回收期、净现值、内部收益率等）的计算，来确定方案自身的经济性，评价和选择方案。

2）确定方案之间的相对经济效果，通过方案对比来考查哪个方案最优，从而选择方案。

不同方案类型的经济比较可以对上述绝对经济效果指标值及其相应的效率型指标（如净现值率、内部收益率）进行大小排序，也可采用上述指标的增量分析（或差额分析）方法，如通过计算差额净现值、差额内部收益率及差额投资回收期等指标进行排序。这两种方法的目的和作用不同，前者是筛选方案，后者是优选方案。在工程经济评价中两种方法相辅相成。一般情况下，独立型或单一型方案采用前一种方法，互斥型方案、混合型方案的评价和优选通常需要同时采用两种方法。

4. 其他类型方案

（1）互补型方案

在多方案中，经济互补的方案称为互补型方案。互补型方案之间存在着相互依存的关系，如建一个居民区，就必须建设与之配套的道路、消费场所等，它们在建设时间、建设规模、等级等各方面都要彼此配套，才能发挥各自的功能。从经济角度来说，它们既互相补充，又互为条件，缺一不可。

（2）现金流量型相关方案

现金流量型相关方案是指各方案的现金流量之间相互影响，方案之间的关系既不完全排斥，也不完全互补，但若干方案中任一方案的取舍都会导致其他方案现金流量的变化，这些方案之间存在相关性。例如，在相隔不远处建设两家商场，这两个方案既非完全排斥，也非完全独立，但一个方案的实施必然影响另一个方案的收入。

可见，经济评价前分清楚工程项目方案属于何种类型非常重要。方案类型不同，其评价方法、评价标准和评价结论会有很大差别。从分析可看出，一组方案之间的结构类型不是一成不变的，因为方案之间的关系取决于内部因素（方案自身特点）和外部因素（环境制约因素）的共同影响。内部因素较难改变，但是外部因素可能经常变化。例如，没有资金制约时，无论投资者投资哪个项目，只要单个方案可行，就可以实施。但是如果有资金制约，且只能满足其中一个项目的投资需求，那么多个投资方案就只能选择其一，方案之间的关系就变成了互斥关系。所以，随着内外部条件的变化，独立关系和互斥关系可以相互转化。

（3）资金有限型相关方案

由于资金有限只能选择若干可采用的独立型方案中的一部分实施，这些独立型方案就是资金有限型相关方案。对于资金约束条件下相关方案的经济性比选，除了要考查备选方案的经济合理性，还要在资金的约束框架内进行可行方案的优选。例如，现有独立方案 A、B、C、D，它们所需的投资分别为 200 万元、120 万元、80 万元、60 万元，当资金总额限量为 300 万元时，方案可以相互组合。这样，可供选择的方案有：A、B、C、D、AC、AD、BC、BD、CD、BCD 等 10 个组合方案。

5.1.2 方案比选时应注意的问题

1. 备选方案应满足的条件

1）备选方案提供的信息资料应真实、可靠。
2）备选方案的整体功能应达到目标要求。
3）备选方案的经济效果应达到可以被接受的水平。
4）备选方案包含的范围和时间应一致，效益和费用计算口径应一致。

2. 方案比选时的注意事项

1）同时进行财务评价和国民经济评价时，方案经济比选主要按国民经济评价结论选择方案。
2）在进行工程项目备选方案比选时，首先要进行绝对经济效果检验，运用经济评价方法评判各备选方案是否达到相关标准要求，删除不合要求的方案；其次进行相对经济效果检验，按照本书介绍的相关方法对备选方案进行优选。
3）方案比选时使用不同的指标和方法可能导致相反的结论，因此需要根据方案确定计算期是否一样、资金有无约束、效益是否相同等，选用适当的指标和方法。从不同方案的效益、费用等方面出发，可以根据实际情况分别选择差额内部收益率法、净现值法、净年值法或净现值率法等进行比选。
4）备选方案计算期不同时，可采用净年值法和费用现值法。如果采用净现值法或差额内部收益率法，可统一各方案的计算期。

5）在项目无资金约束的条件下，一般采用财务净现值法、财务净年值法和差额内部收益率法。

6）方案效益相同或基本相同时，可采用最小费用法，即费用现值法和费用年值法。

延伸思考

> 分配制度是促进共同富裕的基础性制度。我国社会主义制度，坚持按劳分配为主体、多种分配方式并存，构建初次分配、再分配、第三次分配协调配套的制度体系。努力提高居民收入在国民收入分配中的比重，提高劳动报酬在初次分配中的比重。坚持多劳多得，鼓励勤劳致富，促进机会公平，增加低收入者收入，扩大中等收入群体。完善按要素分配政策制度，探索多种渠道增加中低收入群众要素收入，多渠道增加城乡居民财产性收入。加大税收、社会保障、转移支付等的调节力度。完善个人所得税制度，规范收入分配秩序，规范财富积累机制，保护合法收入，调节过高收入，取缔非法收入。引导、支持有意愿有能力的企业、社会组织和个人积极参与公益慈善事业。
>
> 在进行工程项目经济评价时，应考虑多个方案，而不仅仅是单一的方案。这样可以确保项目选择符合国家的整体战略需求，而不仅仅是经济效益最大化。综合评价应包括方案的经济、社会、环境等方面的效益。

5.2 独立型方案经济评价

独立型方案经济评价的实质是看方案是否达到或超过了预定的评价准则。独立型方案经济评价可将每个方案作为单一方案进行评判，方案之间彼此独立，评价结果互不干扰。独立型方案评价是在"可行"与"不可行"之间进行选择。独立型方案是否可行取决于方案自身的经济性，即方案的经济效果是否达到预先确定的评价标准。具体就是计算方案的经济效果指标，并按照判别规则进行判断即可。

5.2.1 独立型方案经济评价的静态评价

对独立型方案进行经济效果静态评价，主要是对投资方案的静态投资回收期和总投资收益率指标进行计算，并与相应的基准投资回收期 P_c 或行业平均利润率进行比较，判断经济效果的优劣。若方案的总投资收益率大于行业平均投资收益率，方案可行；若方案投资回收期 P_t 小于或等于行业基准投资回收期 P_c，方案可行。当然，也可以根据实际情况选择投资利税率、资本金净利润率等指标进行计算评判。

独立型方案经济评价

【例 5-1】 A、B、C 三个独立方案的寿命期相同，基准投资回收期为 5 年，三个方案的初始投资、年净收益和寿命数据见表 5-2。试计算三个方案的静态投资回收期，并判断方案是否可行。

表5-2 三个方案的初始投资、年净收益和寿命

方案	初始投资（万元）	年净收益（万元）	寿命（年）
A	3000	600	10
B	5000	850	10
C	7000	1200	10

【解】 经过计算，三个方案的累计净现金流量见表5-3。

表5-3 三个方案的累计净现金流量

	年份（年）	0	1	2	3	4	5	6	7	8	9	10
A	净现金流量	-3000	600	600	600	600	600	600	600	600	600	600
	累计净现金流量	-3000	-2400	-1800	-1200	-600	0	600	1200	1800	2400	3000
B	净现金流量	-5000	850	850	850	850	850	850	850	850	850	850
	累计净现金流量	-5000	-4150	-3300	-2450	-1600	-750	100	950	1800	2650	3500
C	净现金流量	-7000	1200	1200	1200	1200	1200	1200	1200	1200	1200	1200
	累计净现金流量	-7000	-5800	-4600	-3400	-2200	-1000	200	1400	2600	3800	5000

计算三个方案的静态投资回收期。

A方案：$P_t = I \div A + n_0 = (3000 \div 600)$ 年 $= 5$ 年

B方案：$P_t = [(6-1) + (|-750|) \div 850]$ 年 $= 5.88$ 年 > 5 年

C方案：$P_t = [(6-1) + (|-1000|) \div 1200]$ 年 $= 5.83$ 年 > 5 年

由此可得出结论：A方案可行，B方案不可行，C方案不可行。

【例5-2】 某公司拟建两个工程项目A和B，项目A总投资5000万元，预计年净收益1000万元；项目B总投资30000万元，每年的净收益见表5-4。若基准投资收益率为12%，试评判两个项目是否可行。

表5-4 项目B每年的净收益　　　　　　（单位：万元）

年份	1	2	3~9	10
净收益	1200	2000	2800	3000

【解】 分别计算项目A和B的总投资收益率：

项目A的总投资收益率：$ROI(A) = 1000 \div 5000 \times 100\% = 20\%$

项目B的平均利润总额：$[(1200 + 2000 + 2800 \times 7 + 3000) \div 10]$ 万元 $= 2580$ 万元

项目B的总投资收益率：$ROI(B) = 2580 \div 30000 \times 100\% = 8.6\%$

由题意知基准投资收益率为12%，项目A的总投资收益率大于基准投资收益率，所以项目A可行；项目B的总投资收益率小于基准投资收益率，所以项目B不可行。

5.2.2 独立型方案经济评价的动态评价

对独立型方案进行经济效果动态评价，可以采用动态投资回收期、净现值、内部收益率、净现值率、净年值等指标。总结如下：

1）动态投资回收期 P_t' ≤基准投资回收期 P_c'，项目可行；反之，不可行。
2）对于常规投资方案，IRR≥i_c，项目可行；反之，不可行。
3）净现值 NPV≥0，项目可行；反之，项目不可行。

经前面讨论得出结论，对于独立型方案，净现值、净年值、净现值率和内部收益率 4 个指标所得结论是一致的。

【例 5-3】 某项目有 A、B 两个规划设计方案，其现金流量见表 5-5。试判断其经济可行性（假设项目的基准收益率为 8%）。

表 5-5 某项目 A、B 两个方案现金流量

方案	初始投资（0年）(万元)	年收入（万元）	年支出（万元）	寿命（年）
A	5000	2400	1000	10
B	10000	4000	1500	10

【解】 (1) 采用 NPV 指标评价两个方案的经济性。

$$NPV(A) = [-5000+(2400-1000)\times(P/A,8\%,10)] 万元 = 4394 万元$$
$$NPV(B) = [-10000+(4000-1500)\times(P/A,8\%,10)] 万元 = 6775 万元$$

由计算结果可知，两个方案的净现值均大于零，因此 A、B 两个方案均可被采用。

(2) 采用 IRR 指标评价两个方案的经济性。解方程：

$$-5000+(2400-1000)\times(P/A,IRR,10) = 0$$

得 IRR(A) = 25%，同理可得 IRR(B) = 22%。由计算结果可知，两个方案的内部收益率均大于基准收益率 8%，因此 A、B 两个方案均可被采用。

可见，对于独立型方案，用净现值和内部收益率两种方法分别进行方案评判时的结论相同。

5.3 互斥型方案经济评价

由于互斥型方案的排他性，只能在若干方案中选择一个方案作为最佳方案实施。互斥型方案的评价不仅要考查各方案本身的经济性并进行筛选，而且要对通过筛选的方案按特定指标进行排序，从而选取最优方案。该类型方案的经济效果评价包括绝对效果检验（备选方案中各方案自身的经济效果是否满足评价准则的要求）和相对效果检验（考查备选方案中哪个方案最优）。必须注意的是，互斥型方案的比较必须具备如下可比条件：一是对于被比较方案，比较指标的计算方法要一致；二是各方案在时间上可比。要求比较方案有相同的计算期，当方案的计算期不同时，应采用一定方式转化为在相等的条件下进行比选，而且比较

方案要具有相同的时间点，应考虑资金投入时间先后产生的影响，不同时间点发生的现金流量不能直接相加。

考虑互斥型方案的时间可比性问题，按互斥型方案的寿命期是否相等，把互斥型方案分为各方案寿命期相等、各方案寿命期不等两种情况。下面结合起来分析。

5.3.1 互斥型方案经济评价的静态评价

互斥型方案常用的静态评价指标有增量投资收益率法、增量投资回收期法和年折算费用法。

增量分析法

1. 增量投资收益率法

增量投资收益率是指增量投资所带来的经营成本上的节约额与增量投资之比。其计算公式如下：

$$R_{(2-1)} = \frac{C_1 - C_2}{I_2 - I_1} \times 100\% \tag{5-1}$$

式中　$R_{(2-1)}$——增量投资收益率；
　　　C_1——方案 1 的经营成本；
　　　C_2——方案 2 的经营成本；
　　　I_1——方案 1 的投资额；
　　　I_2——方案 2 的投资额。

评判准则：将计算出来的增量投资收益率与基准投资收益率进行比较，若增量投资收益率大于基准投资收益率，则投资大的方案可行，说明投资的增量完全可以用经营成本的节约进行补偿；反之，投资小的方案为优。

应当注意，式（5-1）仅限用于对比方案的产出量（或年营业收入、生产率等）相同的情形。当对比方案的产出量不同时，则要做产量等同化处理，再计算增量投资收益率。

产量等同化处理是指用单位生产能力投资和单位产品经营成本计算增量投资收益率。设方案 1、方案 2 的产量为 Q_1 和 Q_2，分别除对应的投资（I_1、I_2）或经营成本（C_1、C_2），得到单位生产能力投资或单位产品经营成本。产量等同化增量投资收益率 $R_{(2-1)}$ 的计算公式如下

$$R_{(2-1)} = \frac{C_1/Q_1 - C_2/Q_2}{I_2/Q_2 - I_1/Q_1} \times 100\% \tag{5-2}$$

【**例 5-4**】　某工程项目有计算期相同的 A、B 两个方案，A 方案投资为 12000 元，年经营成本为 8000 元；B 方案投资为 8000 元，年经营成本为 9000 元。两个方案同时投入使用，效益相同，若基准投资收益率为 11%，试选择较优的方案。

【**解**】　由式（5-1）计算 A、B 两个方案的增量投资收益率，得：

$$R_{(2-1)} = (9000 - 8000) \div (12000 - 8000) \times 100\% = 25\%$$

由于 $R_{(2-1)}$ 大于基准投资收益率 11%，因此，投资大的 A 方案为优选方案。

2. 增量投资回收期法

增量投资回收期是指用互斥型方案经营成本的节约或增量净收益来补偿其增量投资的年

限。其计算公式如下：

$$P_{t(2-1)} = \frac{I_2 - I_1}{C_1 - C_2} \times 100\% \quad (5\text{-}3)$$

式中 $P_{t(2-1)}$ ——增量投资回收期。

其余符号意义同前。

评判准则：将计算出来的增量投资回收期与基准投资回收期进行比较，若增量投资回收期小于基准投资回收期，则投资大的方案可行；反之，投资小的方案可行。

同样，当对比方案的产出量（或生产率）不同时，增量投资回收期确定如下：

$$P_{t(2-1)} = \frac{I_2/Q_2 - I_1/Q_1}{C_1/Q_1 - C_2/Q_2} \times 100\% \quad (5\text{-}4)$$

【例 5-5】 已知基准投资回收期为 3.5 年，其余数据同【例 5-4】。试选择较优的方案。

【解】 由式（5-3）计算 A、B 两个方案的增量投资回收期：

$$P_{t(2-1)} = [(12000-8000) \div (9000-8000) \times 100\%] \text{ 年} = 4 \text{ 年}$$

由于 $P_{t(2-1)}$ 大于基准投资回收期 3.5 年，因此，投资小的 B 方案为优选方案。

3. 年折算费用法

年折算费用是指将投资方案的投资额用基准投资回收期分摊到各年，再与年经营成本相加的费用之和。年折算费用法是通过计算互斥型方案的年折算费用，判断互斥型方案的相对经济效果，据此选择最优方案的评价方法。其计算公式如下：

$$Z_j = \frac{I_j}{P_c} + C_j \quad (5\text{-}5)$$

式中 Z_j ——第 j 个方案的年折算费用；
I_j ——第 j 个方案的投资额；
P_c ——基准投资回收期；
C_j ——第 j 个方案的年经营成本。

评判准则：进行方案比选时，年折算费用最小的方案为最优方案。

当互斥型方案个数较多时，用增量投资收益率法和增量投资回收期法进行方案经济评价需要进行两两比较淘汰，计算量很大；而运用年折算费用法只需计算各方案的年折算费用，计算简便，评价准则比较直观。

【例 5-6】 某工程项目有三个备选方案，费用见表 5-6，基准投资回收期为 5 年，试用年折算费用法选择最优方案。

表 5-6 三个备选方案的费用 （单位：万元）

方案	方案 1	方案 2	方案 3
投资	2500	2450	2800
年经营成本	2900	2850	2830

【解】 由式（5-5）计算三个备选方案的年折算费用：

$$Z_1 = (2500 \div 5 + 2900) 万元 = 3400 万元$$
$$Z_2 = (2450 \div 5 + 2850) 万元 = 3340 万元$$
$$Z_3 = (2800 \div 5 + 2830) 万元 = 3390 万元$$

由上述计算结果可知，方案 2 的年折算费用最小，因此方案 2 为最优方案。

5.3.2 互斥型方案经济评价的动态评价

对互斥型方案进行经济效果的动态评价，要将不同时间点资金的流入和流出根据时间价值换算成同一时点的价值，以消除方案时间上的不可比性。常用的主要经济指标有净现值 NPV、内部收益率 IRR、净年值 NAV、净现值率 NPVR 等。

寿命期相等和不等时的互斥方案比选

1. 寿命期相等的互斥型方案的比较与选择

考虑互斥型方案时间上的可比性，可将互斥型方案比选根据计算期是否相同，分为计算期相同的互斥型方案比选和计算期不同的互斥型方案比选两种。寿命期相等的互斥型方案的比选又分为两种情形：一是各备选方案各年的净现金流量可以估算的情形；二是各备选方案各年的净现金流量不可估算，只能估算对比方案之间的差额净现金流量的情形。

（1）各备选方案各年的净现金流量可估算

如果各备选方案各年的净现金流量可以估算，则评价指标可以采用净现值、净年值、费用现值及费用年值等。下面介绍净现值法（净年值法）比选过程所遵循的两个步骤。

第一步：进行方案的绝对效果检验。分别计算各个方案的净现值（净年值），剔除不能通过评价标准（NPV<0 或 NAV<0）的方案。

第二步：进行方案的相对效果检验，即对所有 NPV≥0（或 NAV≥0）的方案进行优选，NPV（或 NAV）≥0 且值最大的方案即为最优方案。

同理，使用其他指标分析时，根据净年值最大准则或费用现值（费用年值）最小准则对方案进行选优。其中，净现值法的优点是概念清晰而且分析简单，在实际工作中是首选的方法。

【例 5-7】 某建筑公司有两个施工机械购置方案 A 和 B 可供选择，其现金流量见表 5-7。试用 NPV 指标选择最佳购置方案（基准收益率为 15%）。

表 5-7 方案 A 和 B 的现金流量

方案	初始投资（万元）	年净收益（万元）	寿命（年）
A	35	12	10
B	82	20	10

【解】 计算各方案的 NPV：

$$NPV(A) = [-35 + 12 \times (P/A, 15\%, 10)] 万元 = (-35 + 12 \times 5.019) 万元 = 25.23 万元$$
$$NPV(B) = (-82 + 20 \times 5.019) 万元 = 18.38 万元$$

A 和 B 两个方案的 NPV 都大于 0，皆可选。但由于方案 A 的 NPV 数额较大，经绝对效果检验和相对效果检验后，应选择方案 A。

【例 5-8】 试采用 NAV 指标对【例 5-7】的两个施工机械购置方案 A 和 B 进行选优。假定基准收益率为 15%。

【解】 计算各方案的 NAV：
NAV(A) = [$-35 \times (A/P, 15\%, 10) + 12$] 万元 = ($-35 \times 0.1993 + 12$) 万元 = 5.02 万元
NAV(B) = ($-82 \times 0.1993 + 20$) 万元 = 3.66 万元

由于方案 A 和 B 的 NAV 都大于 0，且方案 A 的 NAV 数额较大，故应选择方案 A。

在工程项目经济分析中，如果各方案所产生的效益相同（或基本相同），或者当各方案所产生的效益无法或很难用货币直接计量时（如教育、环保等项目），常用费用现值 PC 或费用年值 AC 替代净现值进行评价。采用费用现值或费用年值只能进行相对效果评价，计算各个方案的费用现值或费用年值，以费用现值或费用年值最低的方案作为最佳方案。

费用年值的表达式如下：

$$AC = \left[\sum_{t=0}^{n} CO_t (1+i_c)^{-t} \right] \frac{i_c(1+i_c)^t}{(1+i_c)^t - 1} \tag{5-6}$$

费用现值的表达式如下：

$$PC = \sum_{t=0}^{n} CO_t (1+i_c)^{-t} = AC(P/A, i, n) \tag{5-7}$$

采用费用年值（AC）法或净年值（NAV）法进行评价所得出的结论是完全一致的，因此在互斥型方案评价实际应用中，视互斥型方案的实际情况任意选择其中一种方法即可。

（2）各备选方案各年的净现金流量不可估算

如果各备选方案各年的净现金流量不可估算，只能估算对比方案之间的差额净现金流量，此时采用的评价指标是差额内部收益率（ΔIRR）。差额内部收益率（ΔIRR）是两方案各年净现金流量的差额的现值之和等于 0 时的折现率。其表达式如下：

$$\Delta NPV(\Delta IRR) = \sum_{t=0}^{n} (A_1 - A_2)_t (1 + \Delta IRR)^{-t} = 0 \tag{5-8}$$

式中 ΔIRR——差额内部收益率。

从式（5-8）中得出，差额内部收益率就是 NPV(1) = NPV(2) 时的折现率。即 $\Delta NPV = NPV_1 - NPV_2 = 0$。

评价准则：

差额内部收益率大于基准收益率，则投资大的方案为最优方案；差额内部收益率小于基准收益率，则投资小的方案为最优方案。

应用差额内部收益率评价互斥型方案经济效果的基本步骤如下：

1）计算各备选方案的 IRR，分别与基准收益率 i_c 进行比较，IRR<i_c 的方案则淘汰。

2）将 IRR$_j \geq i_c$ 的方案按初始投资额由小到大依次排列。依次用初始投资额大的方案的

现金流量减去初始投资额小的方案的现金流量,所形成的差额投资方案的现金流量是常规投资的形式。

3) 按初始投资额由小到大的顺序依次计算相邻两个方案的差额内部收益率 ΔIRR,若 ΔIRR≥i_c,则说明初始投资额大的方案优于初始投资额小的方案,保留投资额大的方案;反之,保留投资额小的方案。直至全部方案比较完毕,保留的方案就是最优方案。

【例 5-9】 现有两个互斥型方案,其净现金流量见表 5-8,设基准收益率为 10%。试用净现值、内部收益率和差额内部收益率评价方案。

表 5-8 两个互斥型方案各年的净现金流量　　　　　　(单位:万元)

年份	0	1	2	3	4
方案 1	-7000	1000	2000	6000	4000
方案 2	-4000	1000	1000	3000	3000

【解】 (1) 净现值 NPV 的计算。

NPV_1 = [-7000+1000×(P/F,10%,1)+2000×(P/F,10%,2)+6000×(P/F,10%,3)+
　　　　4000×(P/F,10%,4)]万元 = 2801.7 万元

NPV_2 = [-4000+1000×(P/F,10%,1)+1000×(P/F,10%,2)+3000×(P/F,10%,3)+
　　　　3000×(P/F,10%,4)]万元 = 2038.4 万元

(2) 内部收益率 IRR 的计算。

由 NPV(IRR_1) = -7000+1000×(P/F,IRR_1,1)+2000×(P/F,IRR_1,2)+6000×
　　　　(P/F,IRR_1,3)+4000×(P/F,IRR_1,4) = 0

解得:IRR_1 = 23.67%。

由 NPV(IRR_2) = -4000+1000×(P/F,IRR_2,1)+1000×(P/F,IRR_2,2)+3000×
　　　　(P/F,IRR_2,3)+3000×(P/F,IRR_2,4) = 0

解得:IRR_2 = 27.29%。

从以上分析中得出,方案 1 的内部收益率低,净现值高;而方案 2 的内部收益率高,净现值低。即 IRR_1<IRR_2,NPV_1>NPV_2。

如果以内部收益率作为评价标准,方案 2 优于方案 1。

如果以净现值作为评价标准,当基准收益率 i_c=10%时,方案 1 优于方案 2。

两种评判方法产生了矛盾,哪个指标的评判结果是正确的呢?这需要从净现值和内部收益率的经济含义进行探讨。

由净现值的经济含义可知,净现值最大准则符合收益最大化的决策准则,因此应选净现值较大的方案。

内部收益率是投资方案占用的尚未回收资金的获利能力,它取决于项目自身。若以内部收益率为评价标准,就不能仅看方案自身内部收益率,而要看方案 1 多于方案 2 的投资的内部收益率(即差额内部收益率 ΔIRR)是否大于基准投资收益率 i_c。

评判原则：

若 $\Delta\text{IRR} > i_c$，则投资大的方案1是最优方案；若 $\Delta\text{IRR} < i_c$，则投资小的方案2是最优方案。

（3）采用差额内部收益率法进行方案选择。

根据 $\Delta\text{NPV}(\Delta\text{IRR}) = \sum_{t=0}^{n}(A_1-A_2)_t(1+\Delta\text{IRR})^{-t} = 0$，得：

$-7000 + 1000 \times (P/F, \Delta\text{IRR}, 1) + 2000 \times (P/F, \Delta\text{IRR}, 2) + 6000 \times (P/F, \Delta\text{IRR}, 3) + 4000 \times (P/F, \Delta\text{IRR}, 4) = -4000 + 1000 \times (P/F, \Delta\text{IRR}, 1) + 1000 \times (P/F, \Delta\text{IRR}, 2) + 3000 \times (P/F, \Delta\text{IRR}, 3) + 3000 \times (P/F, \Delta\text{IRR}, 4)$

试算得到差额内部收益率 $\Delta\text{IRR} = 18.80\%$。

由于差额内部收益率 $\Delta\text{IRR} = 18.80\% >$ 基准收益率 $i_c = 10\%$，故投资大的方案1为最优方案，与净现值评价准则的结果一致。净现值最大准则的正确性是由基准收益率——最低希望收益率的经济意义决定的。一般来说，最低希望收益率应该等于被拒绝的投资机会中最佳投资机会的盈利率，因此，净现值就是拟采纳方案与被拒绝的最佳投资机会相比多出的盈利，其值越大越好，这符合盈利最大化的决策目标的要求。

2. 寿命期不等的互斥型方案的比较与选择

当备选方案的计算期不同时，方案间不具有可比性，不能直接采用净现值法、差额内部收益率法等进行方案选择。这时必须对计算期做出某种假定，使计算期不等的互斥型方案能在一个共同的计算期基础上进行比较，以保证得到合理的结论。建立时间可比的方法有净年值法、净现值法。净现值法包含最小公倍数法和研究期法两种。

（1）净年值（NAV）法

净年值法是指分别计算各备选方案净现金流量的等额净年值 NAV，并比较大小，选择 $\text{NAV} \geqslant 0$ 且 NAV 最大者为最优方案。

此种评价方法基于一种假定：各备选方案在其寿命结束时，均可按原方案重复实施或以与原方案经济效果水平相同的方案接续。净年值以"年"为时间单位比较各方案的经济效果，从而使寿命不等的互斥型方案间具有可比性，因此净年值更适合评价具有不同计算期的互斥型方案的经济效果。由于只需要计算一个计算期，所以净年值法计算最为简便。当参加比选的方案数目众多时，宜采用此方法。

（2）净现值（NPV）法

采用价值性指标净现值（NPV）进行方案比选时，必须考虑时间的可比性，即在相同的计算期下比较净现值（NPV）的大小。因此需要将各方案不同的计算期转化成相同的计算期，常用的方法有最小公倍数法和研究期法。

1）最小公倍数法（方案重复法）。最小公倍数法是以各备选方案计算期的最小公倍数作为比较期，并假设在比较期内各个方案可重复实施，完全相同的现金流量系列可以周而复始地循环下去，直到比较期结束，在此基础上计算出各个方案的净现值，以净现值最大的方案为最佳方案。

利用最小公倍数法可以使各备选方案具有相同的比较期，具备时间上的可比性。但这种方法所依赖的方案可重复实施的假定不是在任何情况下都适用的。当最小公倍数不大时，考虑技术进步和通货膨胀两种因素的作用，现金流量重复发生假定基本符合实际，但是，当利用最小公倍数法求得的计算期过长，甚至远远超过所需的项目寿命期或计算期的上限，如三个备选方案的计算期分别为 7 年、9 年、10 年时，比较期为 7×9×10 = 630（年），此时采用现金流量重复计算、比较方案就不可取了。另外，对于某些不可再生资源开发型项目，方案可重复实施的假定不再成立，这种情况下就不能用最小公倍数法确定计算期，可以选择研究期法。

2）研究期法。研究期法是一种通过研究分析直接选取一个适当的计算期作为各个方案共同的计算期的方法。这种方法要求计算各个方案在该计算期内的净现值，并以净现值较大的方案为优。

研究期的确定一般以各方案中最短的计算期作为共同计算期。这是因为较短的计算期更容易被接受和理解，同时也避免了过长的计算期可能带来的不确定性和风险。具体操作时，也可以选择最长方案的计算期，或选择所期望的计算期作为共同研究期。

【例 5-10】 已知表 5-9 中数据，试用 NPV、NPVR 指标进行方案比较。设基准收益率 $i_c = 10\%$。

表 5-9 方案数据表

方案	1	2
投资（万元）	2800	6500
年收益值（万元）	1400	2400
年支出值（万元）	345	880
估计寿命（年）	4	8

【解】 绘制现金流量图如图 5-2 所示。

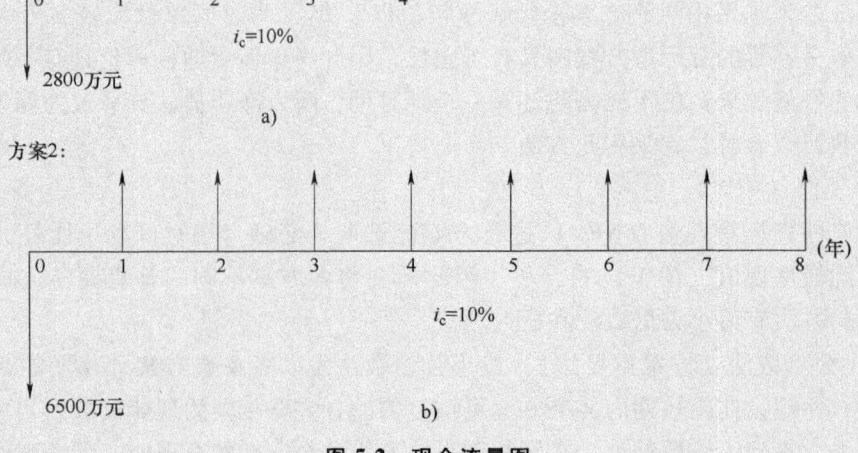

图 5-2 现金流量图

(1) 采用净现值指标评价。

1) 利用各方案研究期的最小公倍数计算。本例的研究期为 8 年。

$$NPV_1 = -2800 \times [1+(P/F,10\%,4)] + (1400-345) \times (P/A,10\%,8)$$
$$= [-2800 \times (1+0.6830) + 1055 \times 5.3349] 万元 = 915.92 万元$$
$$NPV_2 = [-6500 + (2400-880) \times (P/A,10\%,8)] 万元$$
$$= (-6500 + 1520 \times 5.3349) 万元 = 1609.05 万元$$

因为 NPV_2 大于 NPV_1,故选择方案 2。

2) 取年限短的方案的计算期作为共同的研究期,本例为 4 年,设第 4 年年末和第 8 年年末期初投入的固定资产的余值均为 0。

$$NPV_1 = -2800 + (1400-345) \times (P/A,10\%,4)$$
$$= (-2800 + 1055 \times 3.1699) 万元 = 544.24 万元$$
$$NPV_2 = [-6500 \times (A/P,10\%,8) + (2400-880)] \times (P/A,10\%,4)$$
$$= [(-6500 \times 0.1874 + 1520) \times 3.1699] 万元 = 956.99 万元$$

因为 NPV_2 大于 NPV_1,故选择方案 2。

(2) 采用净现值率 (NPVR) 指标评价。

$$NPVR_1 = 544.24 \div 2800 = 0.194$$

或

$$NPVR_1 = 915.92 \div 2800 \times [1+(P/F,10\%,4)] = 915.52 \div 4712.45 = 0.194$$

$$NPVR_2 = 1609.05 \div 6500 = 0.248$$

或

$$NPVR_2 = 956.99 \div [6500 \times (A/P,10\%,8)(P/A,10\%,4)]$$
$$= 956.99 \div 3862.19 = 0.248$$

因为 $NPVR_2$ 大于 $NPVR_1$,故选择方案 2。

3. 无限服务期的互斥型方案评价

有些工程使用寿命很长,如运河、铁路、地铁、水坝、隧道、机场等,可以通过反复维修使其寿命延长,甚至可以近似看作无限服务期。评价这类项目技术方案的经济性,可以采用净现值、净年值指标来处理。

(1) 净现值法

由净现值公式得:

$$P = A(P/A, i_c, n) = A \frac{(1+i)^n - 1}{i(1+i)^n} = \frac{A}{i} \left[1 - \frac{1}{(1+i)^n} \right]$$

当 $n \to \infty$ 时,$(1+i)^n \to \infty$,则:

$$P = \frac{A}{i} \tag{5-9}$$

应用式 (5-9) 可以很容易地解决无限服务期互斥型方案的比较问题。评价时将初始投资费用加上假设永久运营所需要的成本支出和维护费用支出的现值作为方案的费用现值,此过程称为资本化成本,式 (5-9) 被称为"资本化成本"公式。

同理：

$$NPV = NAV(P/A, i_c, n) = NAV \frac{(1+i)^n - 1}{i(1+i)^n}$$

当 $n \to \infty$ 时，即工程项目计算期为无限大时，$(1+i)^n \to \infty$，则：

$$NPV = \frac{NAV}{i} \tag{5-10}$$

如果评价方案的最小公倍数计算期很大，常规计算很麻烦，则可取无穷大计算期法计算 NPV。

对于无限服务期互斥型方案采用净现值法比较的判别准则为净现值大于等于 0 且净现值最大的方案为最优方案。

（2）净年值法

由式（5-9）推出无限服务期的等额年金计算公式：

$$A = Pi \tag{5-11}$$

对于无限服务期互斥型方案，采用净年值法比较的判别准则为净年值大于等于 0 且净年值最大的方案为最优方案。

对于仅有或仅需计算费用现金流量且对比方案的产出基本相同时，可以采用费用年值法进行比选。比较互斥型方案的费用年值，费用年值最小的方案为优。

【例 5-11】 在某河道上修建大桥，经考虑有 A、B 两处可选：在 A 地建桥建设投资为 1200 万元，年维护费为 2 万元，水泥桥面每 10 年翻修一次，每次需要 5 万元；在 B 地建桥建设投资为 1100 万元，年维护费 8 万元，水泥桥面每 10 年翻修一次，每次需要 4 万元，每 3 年粉刷一次，每次花费 3 万元。若基准折现率为 10%，如何选择建设方案？

【解】 费用年值比选法必须首先确定计算期，再进行资金时间价值的计算。本例中，A、B 方案的计算期均设定为 10 年。

费用年值的资金时间价值计算如下：

$AC_A = [1200 \times (A/P, 10\%, 10) + 2 + 5 \times (A/F, 10\%, 10)]$ 万元 = 197.61 万元

$AC_B = [1100 \times (A/P, 10\%, 10) + 8 + 4 \times (A/F, 10\%, 10) + 3 \times (A/F, 10\%, 3)]$ 万元 = 188.18 万元

从结果可以看出，B 方案的年费用最小，因此应投资 B 方案。

5.4 混合型方案经济评价

混合型方案分为无资金约束和有资金约束条件下的方案选择两种情况。

无资金约束时的混合型方案选择应首先从每组互斥型方案中选择最优方案；然后，将从各互斥型方案组选出的最优方案进行组合，组合方案即为实施方案。

有资金约束时的混合型方案选择比较复杂，具体方法是采用差额投资效率指标排序法，即设法将混合型方案中的互斥型方案转化为独立型方案，然后按独立型方案的内部收益率排

序法进行方案选择。具体步骤如下：

1）在各组互斥型方案中淘汰不合要求方案。不合要求方案是指在投资额递增的 n 个方案中，如果第 $(t+1)$ 个方案对第 t 个方案的差额内部收益率高于第 t 个方案对第 $(t-1)$ 个方案的差额内部收益率，则第 t 个方案是不合要求方案。因此，需要计算各组互斥型方案中的差额内部收益率，淘汰不合要求方案，确保各组互斥型方案的差额内部收益率数值顺序递减。

2）混合型方案独立化。将各组互斥型方案转化为独立型方案。例如，A_1、A_2、A_3 为互斥型方案，假设存在一个"0投资""0收益"的 A_0 方案，构建 A_1-A_0、A_2-A_1、A_3-A_2 一组方案代替。实践中该组方案既可以任选一个方案，也可以同时选两个方案，还可以同时选三个方案 A_1-A_0、A_2-A_1、A_3-A_2，或者还有其他选择。因此，A_1-A_0、A_2-A_1、A_3-A_2 为相互独立型方案。同理，可将其他互斥型方案转化为独立型方案，将原混合型方案转化为一组独立型方案。

3）按独立型方案选择的内部收益率排序法进行方案选择。这样选出的符合条件的方案组合即为混合型方案选择的最优方案组合。

5.5 其他类型方案经济评价

其他类型方案指独立型方案、互斥型方案和混合型方案以外的方案，具体包括现金流量型相关方案、资金有限型相关方案等。

5.5.1 现金流量型相关方案经济评价

对现金流量型相关方案，首先应确定方案之间的相关性，对其现金流量之间的相互影响程度做出准确的估计，然后根据方案之间的关系，把方案组合成互斥型的组合方案。例如，跨江收费项目的建桥方案 A 或轮渡方案 B，可以考虑的方案组合有方案 A、方案 B 和 AB 混合型方案。在 AB 混合型方案中，方案 A 的收入将因另一方案 B 的存在而受到影响，最后按照互斥型方案的评价方法对组合方案进行比选。

5.5.2 资金有限型相关方案经济评价

对独立型方案做比较优选，存在无资金约束和有资金约束两种情况。对于独立型方案的比选，如果没有资金的限制，只要备选方案经过单方案评价，经济上可行，方案就可行。但在有明确的资金限制时，受资金总拥有量的约束，不可能采用所有经济上合理的方案，只能从中选择一部分方案实施，这就出现了资金合理分配的问题。此时，独立型方案在约束条件下成为相关的方案。

有资金约束条件下的独立型方案选择的根本原则在于使有限的资金获得最大的总体效益。具体评价方法有互斥型方案组合法和净现值率排序法。

1. 互斥型方案组合法

互斥型方案组合法就是把备选方案的各种可能组合视为互斥型方案，然后按互斥型方案

的比选方法选择最优组合方案,其比选步骤如下:

1)列出备选方案的所有组合。在有资金约束条件下进行独立型方案的比选,由于每个独立型方案都有两种可能——选择或者拒绝,所以 n 个独立型方案可以构成 (2^n-1) 个组合方案。每个组合方案可以看成是一个满足约束条件的互斥型方案。

2)排除投资总额不符合资金约束条件的组合方案。

3)对各个组合方案按互斥型方案的经济评价方法进行评价比较,选择一个符合评价准则的可行组合方案。

【例 5-12】 某公司某年度有 3 个相互独立的技术攻关项目,各方案的有关数据见表 5-10,该公司本年度可用于技术改造的资金计划为 400 万元,试用净现值指标选择可实施的组合方案。假设基准收益率为 10%。

表 5-10 各方案有关数据

独立型方案	初始投资(万元)	NPV(万元)	NPVR
A	200	180	0.9
B	240	192	0.8
C	160	112	0.7

【解】 (1)列出互斥的组合方案共有 $2^3-1=7$ 个,组合方案的 NPV 计算见表 5-11。

表 5-11 组合方案 NPV 计算表

序号	组合方案	投资(万元)	可行与否	NPV(万元)
1	A	200	√	180
2	B	240	√	192
3	C	160	√	112
4	A+B	440	×	372
5	A+C	360	√	292
6	B+C	400	√	304
7	A+B+C	600	×	484

(2)保留投资额不超过 400 万元且净现值大于或等于零的组合方案,淘汰其余组合方案。保留的组合方案中净现值最大的即为最优可行组合方案。本例中第 6 组方案(B+C)的净现值最大,为 304 万元。

在有资金约束条件下运用互斥型方案组合法进行比选,其优点是在各种情况下均能保证获得最佳组合方案,缺点是在方案数目较多时,其计算比较烦琐。

2. 净现值率排序法

净现值率大小表明方案的单位投资所获得的净效益大小。按净现值率排序原则选择项目方案,其基本思想是单位投资的净现值越大,在一定投资限额内所能获得的净现值总额就越大。

净现值率排序法是指在资金限量条件下,根据各方案的净现值率的大小,在排除经济不合理的方案的基础上,确定各方案的先后排列顺序,并依次分配资金,直至资金总量被分配完毕或不足以再进行分配为止的一种方案选择方法。其比选步骤如下:

1) 计算各备选方案的净现值率,舍弃净现值率小于 0 的方案。
2) 将净现值率大于或等于 0 的各个方案按净现值率的大小依次排序。
3) 依据方案排序选取方案,直至所选取的方案组合的投资总额最大限度接近或等于投资限额为止。

【例 5-13】 某集团公司年度投资预算为 440 万元,各备选方案的数据见表 5-12,已知基准收益率为 10%,试按净现值率法进行方案选择。

表 5-12 各备选方案数据

方案	第 0 年投资（万元）	第 1~10 年各年净收入（万元）	NPV（万元）	NPVR	排序
A	-160	38	54.7	0.34	1
B	-160	34	32.1	0.20	2
C	-240	50	42.5	0.177	3

【解】 按净现值率从大到小的顺序选择且满足资金约束条件的方案有 A、B、C、A+B、A+C、B+C,按排序结果选择 A+B 组合方案,所用资金总额为 320 万元。

上述选择是否为最优组合方案,可用互斥型方案组合法进行检验。

互斥型方案组合法计算结果见表 5-13,由表中数据可看出,最优组合方案是 A+C。可见,本例中用互斥型方案组合法选择的是方案 A+C(净现值为 97.2 万元),而用净现值率排序法选择的是方案 A+B(净现值为 86.8 万元)。

表 5-13 互斥型方案组合法计算结果

方案	第 0 年投资（万元）	第 1~10 年各年净收入（万元）	NPV（万元）	NPVR	排序
A	-160	38	54.7	0.34	1
B	-160	34	32.1	0.20	4
C	-240	50	42.5	0.177	6
A+B	-320	72	86.8	0.271	2
A+C	-400	88	97.2	0.243	3
B+C	-400	84	74.6	0.187	5

净现值率排序法的优点是计算简便,但是,由于投资项目的不可分性,净现值率排序法在许多情况下不能保证现有资金的充分利用,不能达到净现值最大的目标,因此,这种方法一般能得到投资经济效益较大的组合方案,但不一定是最优的组合方案。

【例 5-14】 若有资金 300 万元，投资方案包括房产、基金、生态农业三个领域，它们的初始投资分别为 150 万元、100 万元、100 万元，可以重复投资，三种投资方案净现值率见表 5-14。求最合理的投资选择，并说明理由。

表 5-14 三种投资方案净现值率

方案	房产	基金	生态农业
净现值率	1.5	1.0	1.2

【解】（1）在资金约束下，有 4 种可行的投资组合方案：
1）将资金全部投入净现值率最高的行业房产中的 2 个项目。
2）根据净现值率排序，投资 1 项房产，1 项生态农业。
3）投资 3 项基金。
4）投资 3 项生态农业。

（2）根据互斥型方案比选法，计算各互斥型投资方案的净现值（表 5-15），推荐一个最优投资方案。

表 5-15 各互斥型投资方案的净现值　　　　　　　　　　　（单位：万元）

方案	1	2	3	4
净现值	2×1.5×150=450	1.5×150+1.2×100=345	3×1.0×100=300	3×1.2×100=360

从表中的计算可以看出，仅考虑净现值最大，应选择第一种投资方式。当然实际投资时仍需考虑风险。

本章小结

本章主要讲述了多方案的经济评价指标体系的内容、计算方法。多方案的经济比选指标应依据方案之间的关系进行选择，并在单方案基础上再创造，如互斥型方案的差额内部收益率指标，独立型方案的组合互斥法等。

方案评价的基本思维过程如下：

1）判断项目的类型。单方案采用单方案评价方法；多方案则需判定方案之间的相互关系后选择恰当的评价方法。

2）对于单方案项目评价应进行盈利能力、偿债能力、生存能力的全面评价，计算项目评价指标的值并与各指标的评价标准进行比较，从而分析项目的经济可行性。

3）对于多方案项目评价，首先应判断方案类型，然后选择恰当的评价方法。

图 5-3 为项目方案评价的思维导图。

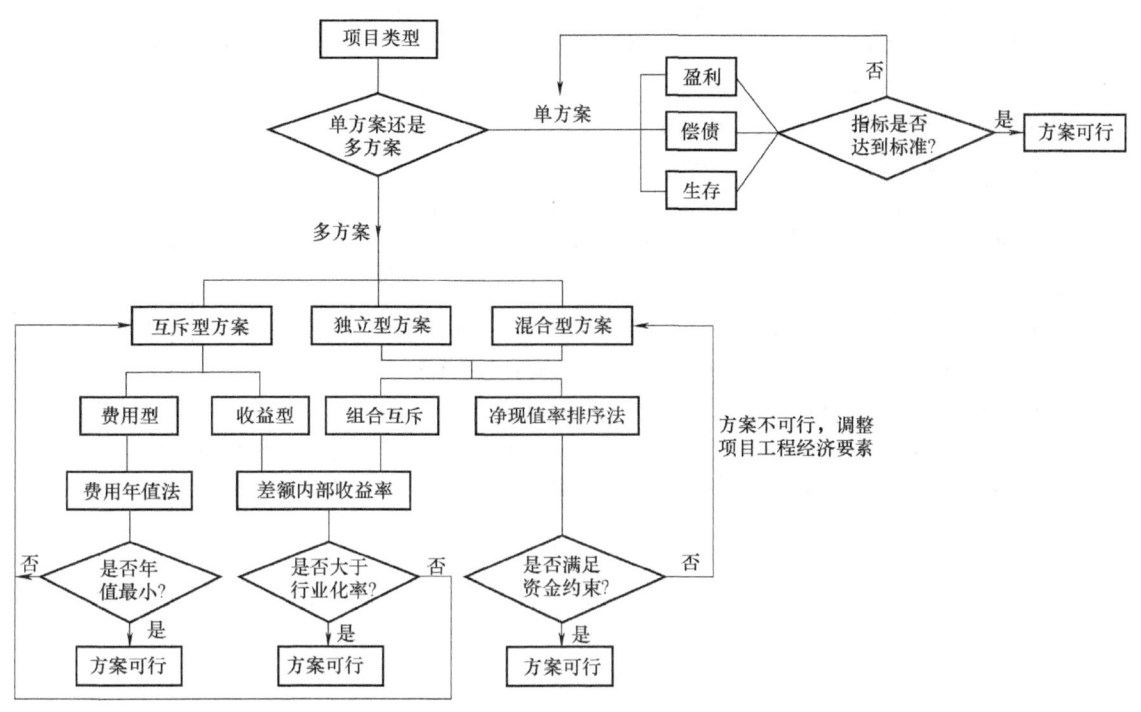

图 5-3 项目方案评价思维导图

习题

1. 根据评价指标所反映的经济性质,工程项目评价的指标可分为哪些类型?
2. 常用的静态评价指标有哪些?
3. 静态投资回收期的优缺点都有哪些?
4. 常用的动态评价指标有哪些?
5. 什么是投资收益率?
6. 动态投资回收期的优缺点都有哪些?
7. 什么是净现值?计算净现值有哪些方法?
8. 什么是净现值率?其优缺点有哪些?
9. 什么是净年值?
10. 什么是内部收益率?
11. 某项目各年的现金流量如下:第 1 年年初投资 20 万元,第 2 年年初投资 16 万元,第 3~10 年每年生产运营费用为 4.4 万元,收益为 14 万元,费用和收益均发生在年末。试求该项目的静态和动态投资回收期(基准折现率为 10%)。
12. 某项目期初投资 5000 万元,当年完工并产生收益,预计 10 年中每年可获得收益 100 万元,期末残值为 7000 万元,试计算内部收益率。
13. 某项目第 1 和第 2 年期初分别投资 1000 万元、800 万元,第 2 年、第 3 年、第 4 年每年获得收益净现值为 500 万元,第 5 年和第 6 年共获得收益净现值 1200 万元,试计算该项目的内部收益率。
14. 某项目拟定两个技术方案:方案一的净现值为 400 万元,投资现值为 2000 万元;方案二的净现值为 1000 万元，投资现值为 10000 万元。试以净现值和净现值率指标选择最优方案。

15. 某项目初始投资 1000 万元，第 1 年需追加投资 150 万元，第 2 年达产运行，第 2~5 年每年的经营成本为 300 万元，预计年销售收入为 500 万元，该项目第 6~10 年每年的经营成本为 250 万元，预计年销售收入为 550 万元，试使用净现值指标评价该项目的经济性（基准折现率为 10%）。

16. 某项目有两个拟订方案，寿命期均为 5 年，基准折现率为 10%。方案一：初始投资为 80 万元，第 3 年年末需追加投资 10 万元，该方案 5 年的经营成本分别为 5 万元、5 万元、6 万元、6 万元、7 万元。方案二：初始投资为 70 万元，该方案 5 年的经营成本分别为 6 万元、8 万元、8 万元、10 万元、10 万元。试用费用现值和费用年值比较两方案的经济性。

17. 某项目初始投资 130 万元，第 3 年达产，年销售收入为 100 万元，寿命期为 8 年，年经营成本为 50 万元，试计算该项目的内部收益率，并评价其经济性（基准折现率为 15%）。

18. 某企业欲在自有厂房内投资一个新项目，有 A、B、C 三个备选方案。方案 A 初始投资为 5000 万元，年收益为 1224 万元。方案 B 初始投资为 3000 万元，年收益为 970 万元。方案 C 初始投资为 1000 万元，年收益为 160 万元。三个方案寿命期均为 10 年，基准折现率为 10%，该企业应该采用哪个方案？

第6章
不确定性分析与风险分析

本章概要
1. 不确定性分析
2. 盈亏平衡分析
3. 敏感性分析
4. 风险分析

重点提示

线性盈亏平衡分析，互斥方案的盈亏平衡分析，单因素敏感性分析，多因素敏感性分析，概率分析法。

学习目标

了解不确定性分析的概念及含义；熟悉盈亏平衡分析的概念和基本理论、敏感性分析的概念和基本步骤、风险分析的概念及一般步骤；掌握盈亏平衡分析法、敏感性分析法和风险分析法。

相关知识

在工程经济分析中所使用的原始数据大部分来自预测和估算，与项目实际建造运行的数据具有一定程度的偏差，这种偏差源于工程经济分析结果受因素变化影响的不确定性，因此需要在偏差分析的基础上对工程经济结果进行不确定性及风险分析，提出风险预报和预警，为减少投资决策风险提供依据，以给出更加可靠的评价结论。

不确定性与风险分析的目的是分析不确定性影响，测算评估项目承受风险的能力，避免项目建成投产后不能获得预期的利润或效益。不确定性分析内容有：盈亏平衡分析，是指从投入与产出核算的角度分析经济评价结果的不确定性；敏感性分析，是指从工程经济效果的影响要素出发，识别影响经济评价结果的敏感性要素；风险分析为工程财务风险管理提供依据，其内容有风险测量、风险模拟、风险评价。

6.1 不确定性分析概述

6.1.1 不确定性分析的概念

不确定性分析是指在对工程项目进行财务评价和国民经济评的基础上，对决策方案受到的各种事前无法控制的外部因素变化的影响所进行的研究和估计。不确定性分析是决策分析中常用的一种方法。通过不确定性分析可以尽量弄清和减少不确定性素对经济效益的影响，预测项目投资对某些不可预见的政治与经济风险的抗冲击能力，以完善工程项目的评价结论，从而证明项目投资的经济性和稳定性，提高投资决策的可靠性和科学性。

6.1.2 不确定性或风险产生的原因

工程项目赖以存在的政治、经济、社会、市场环境及项目自身所涉及的投融资、运营、生产工艺、技术装备等因素的变化，项目基础数据的预测、估计和统计的误差等都是产生项目不确定性的原因。

1）项目基础数据的预测、估计和统计误差。例如，项目固定资产投资和流动资金是项目经济评价中重要的基础数据，但在实际中，往往会出于各种原因而高估或低估了它们的数额，从而影响了项目评价的结果。

2）市场供需结构、物价总水平、汇率等经济因素的变化。由于市场、物价、汇率等因素的变化，物价会产生浮动，从而影响项目评价中所用的价格，进而导致诸如年销售收入、年经营成本等数据与实际值发生偏差。

3）生产工艺、技术装备等技术因素的变化。技术进步会引起新老产品和工艺的更替，因此，根据原有技术条件和生产水平所估计出的年销售收入等指标会与实际值发生偏差。

4）其他外部影响因素。例如，国家政策、法律法规、标准、规范、国际政治经济形势的变化及环境、生态、风俗等社会因素的变化等，均会对经济项目的经济效果产生一定的甚至是难以预料的影响。

不确定性分析包括盈亏平衡分析、敏感性分析、风险分析。

一般来讲，盈亏平衡分析只适用于项目的财务评价，而敏感性分析和风险分析则可同时用于财务评价和国民经济评价。

6.2 盈亏平衡分析

盈亏平衡分析

6.2.1 盈亏平衡分析的概念与分类

1. 盈亏平衡分析的概念

盈亏平衡分析是指通过盈亏平衡点分析项目成本与收益的平衡关系的一种方法。它主要通过正常年份的产量或销售量、可变成本、固定成本、产品价格和销售税金及附加等数据计算收入等于总成本的临界点。临界点是指当项目达到一定产量（销售量），产品单价、单位变动成本或固定成本达到一定值，项目收入等于总成本，项目处于不盈不亏状态时，利润为零时的点。盈亏平衡点越低，表明项目适应变化的能力越强，抗风险能力越大。

2. 盈亏平衡分析的分类

盈亏平衡分析有多种分类方法：
1）按采用的分析工具不同，分为图解法和方程式法盈亏平衡分析。
2）按分析要素间的函数关系不同，分为线性和非线性盈亏平衡分析。
3）按分析的产品品种数目多少，分为单方案和多方案盈亏平衡分析。
4）按是否考虑资金的时间价值，分为静态和动态的盈亏平衡分析。

本章以单方案和多方案盈亏平衡分析为主，结合其他的盈亏平衡分析方法，进行方案的不确定性分析探讨。

6.2.2 单方案盈亏平衡分析

单方案盈亏平衡分析又称量本利分析，是指通过分析产品产量、成本和盈利能力之间的关系找出方案盈利与亏损在产量、单价、单位产品成本等方面的临界值，以判断方案在各种不确定因素作用下的风险情况。

由于项目的收入与成本都是产品产量的函数，因此，一般根据它们之间的函数关系，将盈亏平衡分析分为两种：线性盈亏平衡分析和非线性盈亏平衡分析。

1. 线性盈亏平衡分析

线性盈亏平衡分析是指项目的收入与成本都是产量的一次线性函数的分析。线性盈亏平衡分析的方法分为公式法和图解法两种。

（1）公式法

公式法是指利用数学方程式来反映产（销）量、成本和利润之间的关系，进而确定盈亏平衡点的一种分析方法。

年销售收入方程：
$$TR = PQ \tag{6-1}$$

年总成本费用方程：
$$TC = F + VQ + tQ \tag{6-2}$$

年利润方程：
$$B = TR - TC = (P - V - t)Q - F \tag{6-3}$$

式中　TR——年销售收入；
　　　P——单位产品售价；
　　　Q——年产量或销量；
　　　TC——年总成本费用；
　　　F——年固定成本；
　　　V——单位变动成本；

t——单位产品税金及附加；

B——年利润。

当盈亏平衡时，$B=0$，由此可推导出盈亏平衡点的系列公式。

1）以产（销）量表示盈亏平衡点。由盈亏平衡点定义，$TR=TC$，$B=0$，求得盈亏平衡产（销）量 Q_{BEP}，则年产量的盈亏平衡点也可表示如下：

$$Q_{BEP}=\frac{F}{P-V-t} \tag{6-4}$$

以产（销）量表示的盈亏平衡点反映的是企业不发生亏损时所必须达到的最低限度的产品产（销）量。一个拟建项目如果具有较小的、以实物产量表示的盈亏平衡点，说明该项目只要达到较低的产（销）量就可以保本，也表明该项目可以经受产品生产规模变动较大的风险。要使项目获得较小的 Q_{BEP} 值，就必须降低固定成本，降低单位产品可变成本，单位产品税金或相应提高销售单价。

由式（6-4）可知，当实际产（销）量大于盈亏平衡产（销）量时，项目可盈利；当实际产（销）量小于盈亏平衡产（销）量时，则会发生亏损。项目投资者应努力提高经营管理水平，采用适宜的营销策略，扩大项目产品的销售量，以实现更多的利润。同时，在项目产品实际产（销）量一定的条件下，也可以通过降低盈亏平衡产（销）量来实现更多的利润。降低盈亏平衡产（销）量的主要途径包括降低固定成本总额或单位变动成本；提高产品销售单价。

2）以销售收入表示盈亏平衡点。由于假定产品销售单价为常数，因此，盈亏平衡销售收入可以根据盈亏平衡产（销）量和产品销售单价计算：

$$TR_{BEP}=Q_{BEP}P$$

或

$$TR_{BEP}=\frac{F}{1-\frac{V}{P}-\frac{t}{P}} \tag{6-5}$$

式中 TR_{BEP}——盈亏平衡销售收入；

$\frac{V}{P}$——变动成本率；

$\frac{t}{P}$——销售税率。

以销售收入表示的盈亏平衡点反映的是项目不发生亏损时所必须实现的最低销售收入。只有当销售收入与总成本费用相等时，项目才能处于盈亏平衡水平。这一参数与产品生产成本有关，即生产成本较低时，销售收入可以经受较大的风险。

当项目产品实际销售收入超过盈亏平衡销售收入时，可盈利；反之，则亏损。实现更多盈利的途径：一是在盈亏平衡销售收入一定时，努力扩大实际销售收入；二是在实际销售收入一定时，通过减少固定成本或降低变动成本率，努力降低盈亏平衡销售收入。

3）以生产能力利用率表示盈亏平衡点。盈亏平衡生产能力利用率可以根据盈亏平衡产（销）量和投资项目设计生产能力来计算。

$$f_{\text{BEP}} = \frac{Q_{\text{BEP}}}{Q_0} \times 100\% = \frac{F}{(P-V-t)Q_0} \times 100\% \tag{6-6}$$

式中 f_{BEP}——盈亏平衡生产能力利用率；

　　　Q_0——项目年设计生产能力。

以生产能力表示的盈亏平衡点反映的是项目不亏损时必须达到的最低限度的生产能力。一个拟建项目如果具有较小的 f_{BEP}，说明企业达到较低的生产能力利用率即可保本，也说明当项目投产后实际生产能力偏离设计生产能力很多时仍然能保持不亏损，因而项目可经受较大的风险。反之，说明项目经受风险能力差。

在其他条件不变的情况下，项目实际生产能力利用率超过盈亏平衡生产能力利用率时可实现盈利，超过越多，盈利越多，抵抗风险的能力就越强。盈亏平衡点的生产能力利用率一般不应大于75%。

4）以产品销售单价表示的盈亏平衡点。根据 TR=TC，盈亏平衡点产品销售单价由下式确定：

$$P_{\text{BEP}} = \frac{F}{Q_0} + V + t \tag{6-7}$$

式中 P_{BEP}——盈亏平衡销售单价。

用销售单价表示的盈亏平衡点反映的是企业不发生亏损时所必须达到的最低销售价格。只有当销售价格与产品单位成本相等时，项目才能处于盈亏平衡水平上。这一参数直接与产品单位成本有关，较低的产品单位成本可以使产品的销售单价经受较大的风险。

在其他条件不变的情况下，当项目产品定价 $P>P_{\text{BEP}}$ 时，可实现盈利；当 $P=P_{\text{BEP}}$ 时，可以保本；当 $P<P_{\text{BEP}}$ 时，则产生亏损。为增强项目产品的市场竞争力，便于企业灵活运用价格策略，应该采取有效措施（如降低固定成本总额或单位变动成本等）来降低盈亏平衡销售单价，提高项目产品承担价格风险的能力。产品承担价格风险的能力可以用价格安全度指标予以反映。计算公式如下：

$$\text{价格安全度} = 1 - P_{\text{BEP}} \div P_0 \tag{6-8}$$

式中 P_0——拟定产品销售价格。

价格安全度越高，项目产品盈利的可能性就越大，抵抗价格风险的能力越强。价格安全度与盈亏平衡销售单价呈反方向变化，要提高价格安全度，必须降低盈亏平衡销售价格。

同理，还可求出营业收入的盈亏平衡点、产品销售价格的盈亏平衡点、单位产品变动成本的盈亏平衡点、固定成本的盈亏平衡点等。

【例6-1】 某厂设计年产量为30万件，单位产品售价为10元，单位产品可变费用为6元，年固定成本为40万元，销售税金为每件2元。试用产量表示盈亏平衡点。

【解】 $Q_{\text{BEP}} = \dfrac{F}{P-V-t} = \dfrac{400000}{10-6-2}$ 件 = 200000 件

【例6-2】 某项目设计年产量为10000台，已知每台产品的销售价格为6000元，每台产品缴付的税金及附加（含增值税）为500元，单位可变成本为2500元，年总固定成本为600万元，试求用产量、销售收入等表示的盈亏平衡点，并求出盈亏平衡点的生产能力利用率、盈亏平衡点的售价。

【解】 盈亏平衡点的产量：

$$Q_{BEP} = \frac{F}{P-V-t} = \frac{6000000}{6000-2500-500} \text{台} = 2000 \text{台}$$

盈亏平衡点的销售收入：

$$TR_{BEP} = PQ_{BEP} = (2000 \times 6000) \text{元} = 12000000 \text{元}$$

盈亏平衡点的生产能力利用率：

$$f_{BEP} = \frac{Q_{BEP}}{Q_0} \times 100\% = \frac{2000}{10000} \times 100\% = 20\%$$

盈亏平衡点的售价：

$$P_{BEP} = \frac{F}{Q_0} + V + t = \left(\frac{6000000}{10000} + 2500 + 500\right) \text{元/台} = 3600 \text{元/台}$$

计算结果表明，只要产量达到2000台，或销售收入达到1200万元，或生产能力利用率达到20%，或产品销售单价达到3600元，该项目即可实现不亏不盈。

(2) 图解法

图解法是一种通过绘制盈亏平衡图直观反映产（销）量、成本和盈利间的关系，确定盈亏平衡点的分析方法。

线性盈亏平衡分析图的绘制方法：以横轴表示产（销）量 Q，以纵轴表示销售收入或成本费用，在直角坐标系上先绘出固定成本线，再绘出销售收入线和生产总成本线；销售收入线与生产总成本线相交于一点，此点即为盈亏平衡点，在此点销售收入等于生产总成本；以盈亏平衡点做垂直于横轴的直线并与之交于 Q_{BEP} 点，此点即为以产（销）量表示的盈亏平衡点（也可以从盈亏平衡点出发做垂直于纵轴的直线并与之相交于一点，此点即为以销售收入表示的盈亏平衡点），如图6-1所示。

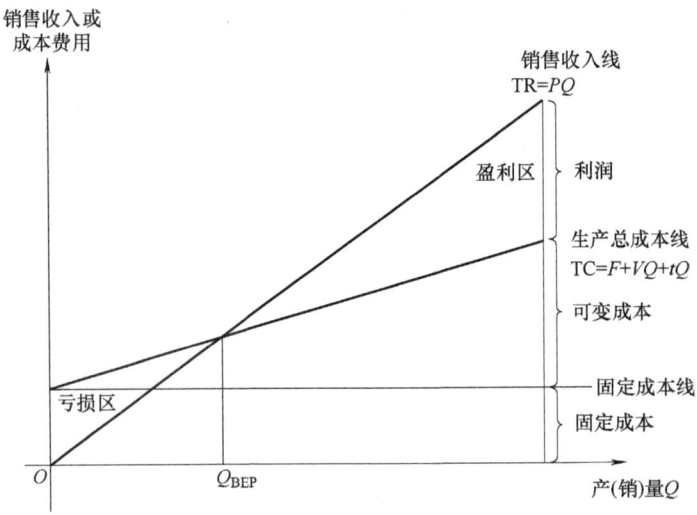

图6-1 线性盈亏平衡分析图

图中，销售收入线与生产总成本线交点的横坐标就是产量盈亏平衡点 Q_{BEP}。交点左边为亏损区；右边为盈利区。交点对应的产量 Q_{BEP} 称为盈亏平衡点产（销）量或保本产（销）量。Q_{BEP} 越小，亏损可能性越小，盈利机会越大。实际生产经营状况离盈亏平衡点越远，经营就越安全，抗风险能力也越强。

2. 非线性盈亏平衡分析

对于一个拟建生产项目，在实际运营中，成本函数与销售收入函数等并不完全表现为线性关系。例如，在垄断竞争条件下，随着产品销量的增加，市场上该产品的售价就要下降，此时销售收入与产（销）量之间是非线性关系；同时，企业增加产量可能导致原材料价格上涨，或者需要多支付一些加班费、奖金及设备维修费等，使产品单位可变成本增加，此时总成本与产（销）量之间也成非线性关系。当销售收入函数与成本函数呈非线性变化趋势时，对其进行的盈亏平衡分析就是非线性盈亏平衡分析。量本利之间的非线性关系表现形式多样，但进行非线性盈亏平衡分析的关键是确定盈亏平衡点。不过非线性盈亏平衡点可能不止一个，如图 6-2 所示。图中，Q_{1BEP}、Q_{2BEP} 分别代表两个盈亏平衡点的产量；Q_{max} 代表利润最大时的产量。

非线性盈亏平衡分析假定：

1）销售量等于产量。
2）固定成本不变，单位变动成本是产量的函数。
3）销售单价是销售量的函数。
4）多种产品可以换算为单一产品。

图 6-2 为非线性盈亏平衡分析图。

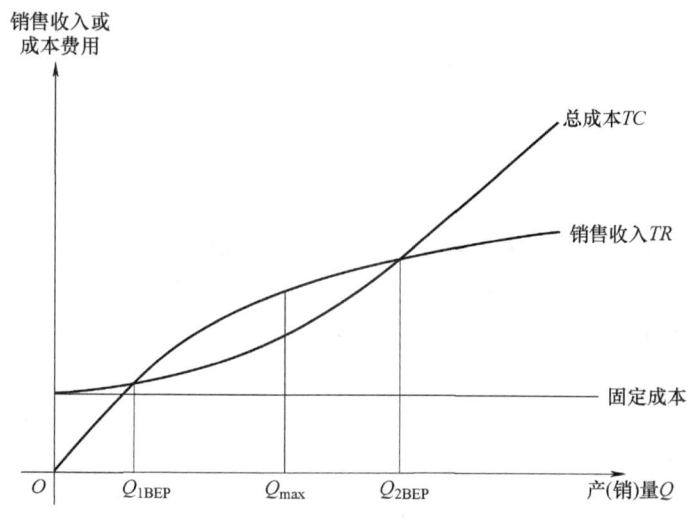

图 6-2 非线性盈亏平衡分析图

求解方程

$$TC = F + f(Q) = PQ \tag{6-9}$$

即可得到盈亏平衡点。

【例6-3】 设某建筑企业的年销售收入与年产量的关系为 $TR = 150Q - 0.015Q^2$，固定成本总额 F 为 90000 元，可变成本总额为 $V_Q = 50Q - 0.005Q^2$。试求盈亏平衡点及利润最大时的销售量。

【解】 总成本 $= TC = F + V_Q = 90000 + 50Q - 0.005Q^2$

根据盈亏平衡原理 $TR = TC$ 有：

$$150Q - 0.015Q^2 = 90000 + 50Q - 0.005Q^2$$

即：

$$-0.01Q^2 + 100Q - 90000 = 0$$

解得：

$$Q_{1BEP} = 1000 \text{ 件}$$
$$Q_{2BEP} = 9000 \text{ 件}$$

即该企业的产量要控制在 1000~9000 件/年方可盈利。

如要求获得最大利润时销售量为多少件，则要对 $B = TR - TC = -0.01Q^2 + 100Q - 90000$ 求一阶导数并令其等于 0：

$$\frac{dB}{dQ} = 100 - 0.02Q_{max} = 0$$

解得：

$$Q_{max} = 5000 \text{ 件}$$

针对非线性盈亏平衡分析，在对方案进行选择时应优先选择平衡点较低者，盈亏平衡点低意味着项目的抗风险能力较强，承受意外风险的能力也较强。

6.2.3 多方案盈亏平衡分析

多方案盈亏平衡分析又称优劣平衡分析。多方案盈亏平衡分析是盈亏平衡分析方法的延伸，它将同时影响各方案经济效果指标的共有的不确定性因素作为自变量，将各方案的经济效果指标作为因变量，建立各方案经济效果指标与不确定性因素之间的函数关系。先分别求出两两方案的盈亏平衡点，再根据盈亏平衡点进行方案比较，选择其中最经济的方案。

把盈亏平衡分析的方法用于多方案的比较，其目的是对比多个方案优劣。这里的优劣是指达到相同质量、产量的前提下，哪个方案更好。

在需要对若干个互斥型方案进行比选的情况下，如有某个共同的不确定性因素影响互斥型方案的取舍，应当先求出两两方案的盈亏平衡点 Q_{BEP}，再根据 Q_{BEP} 进行取舍。

【例6-4】 拟建设某个项目，现有三种方案可供选择，参数见表 6-1 所示。求各方案分别在什么情况下为最优。

表 6-1　各方案有关参数

方案	A	B	C
产品可变成本（元/件）	120	80	40
产品固定成本（元）	1200	2000	3000

【解】　根据已知条件，设 X 为预计产量，Y 为成本，列出各方案的产量与成本关系式分别表示如下：

$$Y_A = 1200+120X$$

$$Y_B = 2000+80X$$

$$Y_C = 3000+40X$$

设方案 A、方案 B、方案 C 成本线交点处的产量分别为 X_{AB}、X_{BC}、X_{AC}，分别令 $Y_A = Y_B$、$Y_A = Y_C$、$Y_B = Y_C$，求得：

$$X_{AB} = 20$$
$$X_{AC} = 22.5$$
$$X_{BC} = 25$$

从图 6-3 可以看出，每种生产方式在不同的产量范围内有不同的效果：当产量小于 20 件时，A 方案的成本最低；当产量介于 20~25 件时，B 方案的成本最低；当产量大于 25 件时，C 方案的成本最低。

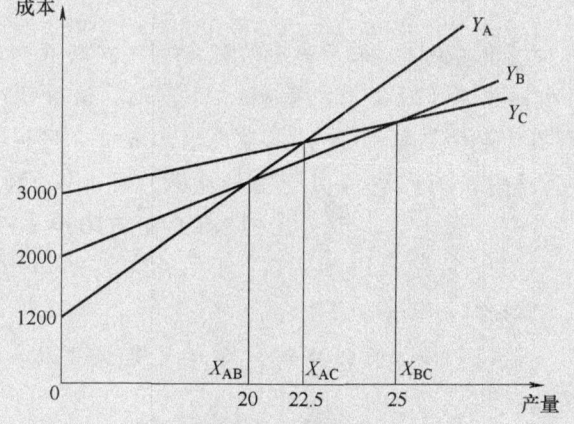

图 6-3　成本产量关系图

【例 6-5】　某产品有两种方案：方案 A 初始投资 70 万元，年净收益 15 万元；方案 B 初始投资 170 万元，年净收益 35 万元。该项目产品的市场寿命具有较大的不确定性，使得项目寿命期存在不确定性。如果给定基准收益率为 15%，不考虑期末资产残值，用项目寿命期分析两种方案的投资临界点。

【解】　以 n 为项目的寿命期，列出 A、B 方案净现值相同时盈亏平衡表达式：

$$-70+15\times(P/A,15\%,n) = -170+35\times(P/A,15\%,n)$$

解得：$n = 10$

结论：以项目寿命期为横坐标，净现值为纵坐标绘制优劣平衡分析图，如图 6-4 所示。

从图 6-4 中可以看出，在 NPV≥0 的区域中，投资期小于 10 年时，方案 A 的净现值大于方案 B，因此选择方案 A；当投资期大于 10 年时，方案 B 的净现值大于方案 A，因此选择方案 B。当投资期为 10 年时，方案 A、B 均可。

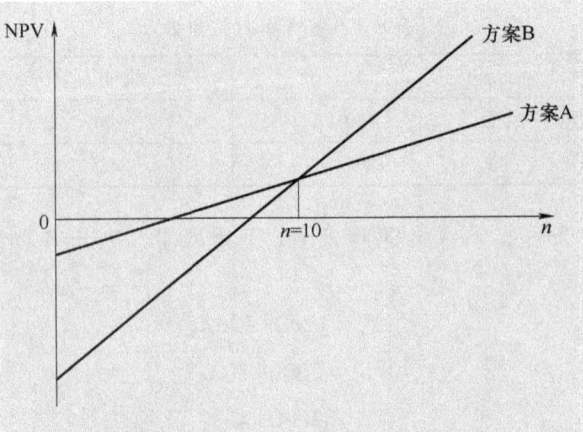

图 6-4 方案 A、B 的优劣平衡分析图

【例 6-6】 某产品有两种方案,方案 A 初始投资 70 万元,年净收益 15 万元;方案 B 初始投资 170 万元,年收益 35 万元。该项目产品的市场收益具有较大的不确定性,如果项目寿命期取 10 年,不考虑期末残值,用折现率分析两种方案的投资临界点。

【解】 以 i 为项目资金折现率,列出 A、B 方案净现值相同时盈亏平衡表达式:

$$-70+15\times(P/A,i,10) = -170+35\times(P/A,i,10)$$
$$(P/A,i,10) = 100\div 20 = 5$$

解得:$i=15\%$

结论:以 i 为横坐标,净现值为纵坐标,绘制折现率优劣平衡分析图,如图 6-5 所示。

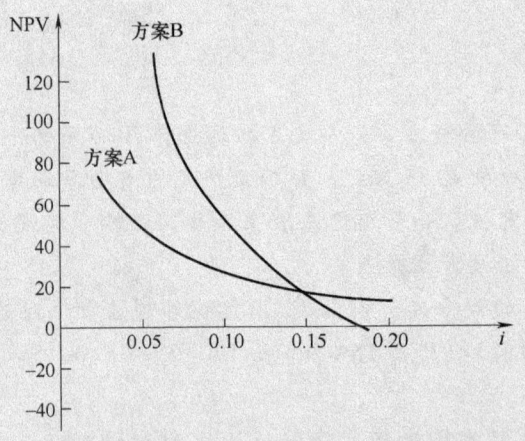

图 6-5 方案 A、B 的折现率优劣平衡分析图

可以看出,当 $i=15\%$ 时,A、B 两个方案具有相同的盈利效果;当 $i<15\%$,B 方案收益大于 A 方案;当 $i>15\%$,A 方案收益大于 B 方案。因此项目投资应在 NPV≥0 的区间内,根据期望资金收益率来进行选择。

6.3 敏感性分析

6.3.1 敏感性分析的概念

敏感性分析是指通过分析项目主要不确定性因素发生增减变化时，对财务或经济评价指标的影响来计算敏感度系数和临界点，找出敏感因素。通过敏感性分析，可以帮助分析者找出对项目的技术经济指标影响程度较大的因素，同时对其变化时给项目经济性能带来的影响进行评估和分析，以减少不利影响，避免风险。

6.3.2 敏感性分析的步骤

敏感性分析以计算敏感度系数为目标，寻找识别影响经济效果的敏感因素。敏感性分析一般按以下步骤进行：

敏感性分析

1) 选择需要分析的不确定性因素。注意在分析时一般仅选择主要的不确定性因素。对于工程项目，可用于敏感性分析的因素通常有投资额、项目建设周期、产品产量或销售量、产品价格、经营成本、项目寿命期限、折现率等。

2) 确定进行敏感性分析的经济评价指标。常用的评价指标包括净年值、净现值、内部收益率、投资回收期等。

3) 设定各不确定性因素可能的变化范围和增减量。如果设定因素变化幅度为±5%，那么材料价格、销售价格、建设期、销售量等增加或减少5%。

4) 计算因不确定性因素变动引起的经济评价指标的变动值。根据各不确定性因素的变动范围计算和各不确定性因素变动相对应的经济评价指标值，使两者建立一一对应的数量关系，其计算结果常用敏感性分析图或敏感性分析表的形式表示。

5) 计算敏感度系数和变动因素的临界点，找出敏感因素，并对敏感因素进行排序，找出敏感性强的因素，并提出决策建议。

依据每次所考虑的变动因素数目的不同，敏感性分析又分单因素敏感性分析和多因素敏感性分析。

6.3.3 单因素敏感性分析

每次只考虑一个因素的变动，而假设其他因素保持不变时所进行的敏感性分析称为单因素敏感性分析。在单因素敏感性分析中，可用敏感度系数和临界点来表示敏感性分析的结果。

1. 敏感因素和敏感度系数

敏感因素是指某个不确定性因素的数值有很小的变动就能使项目经济效果评价指标出现较显著改变的因素。敏感度系数是指项目评价指标变化率与不确定性因素变化率之比，用 S_{AF} 表示：

$$S_{AF} = \frac{\dfrac{\Delta A}{A}}{\dfrac{\Delta F}{F}} \qquad (6\text{-}10)$$

式中 $\dfrac{\Delta F}{F}$ ——不确定性因素 F 的变化率，以%表示；

$\dfrac{\Delta A}{A}$ ——不确定性因素 F 发生变化（ΔF）时，评价指标 A 的相应变化率，以%表示。

$S_{AF}>0$，表示评价指标与不确定性因素同方向变化；$S_{AF}<0$，表示评价指标与不确定性因素反方向变化。$|S_{AF}|$ 较大者敏感度较高。

当 $|S_{AF}|$ 值较大时，不确定性因素叫敏感因素；当 $|S_{AF}|$ 值较小时，不确定性因素叫不敏感因素。敏感性分析的重点是找出主要敏感因素，特别是不利因素的临界点。

2. 临界点

临界点是指项目允许不确定性因素向不利方向变化的极限值。临界点可用临界点百分比或临界值表示。临界点百分比表示某一不确定性因素的变化达到一定的百分比时，项目的经济评价将由可行变为不可行；临界值是指某一不确定性因素的变化达到一定数值时，项目的经济评价将从可行变为不可行。

【例 6-7】 某项目的销售税金及附加为销售额的 10%。试分别就投资、产品售价、经营成本进行敏感性分析（设基准收益率 $i_c=10\%$），相关参数见表 6-2。

表 6-2 相关参数

主要参数	期初投资（万元）	产品售价（元·台$^{-1}$）	年经营成本（万元）	使用年限（年）	设计能力（万台）	周转资金（万元）	期末残值（万元）
估算	1200	39	140	10	10	50	80

【解】（1）选定项目的净现值（NPV）为评价指标。

$$NPV = -I + (R-E)(P/A,i,n) + S(P/F,i,n)$$
$$= -1200 + [39 \times 10 \times (1-0.1) - 140](P/A,10\%,10) + 80 \times (P/F,10\%,10)$$
$$= (-1200 + 211 \times 6.1446 + 80 \times 0.3855) \text{万元}$$
$$= 127.35 \text{万元}$$

NPV>0，说明该方案为经济可行方案。

（2）从上述分析可得出，影响净现值大小的因素有投资 I、年现金流入 R、年现金流出 E、投资收益率 i、项目寿命期 n、残值 S。现选择不确定性因素投资 I、价格 P、年经营成本 C 为变化因素，并确定各因素允许变动的幅度为 -20%，-10%，+10%，+20%。

（3）计算相应变动的净现值。以投资减少 20% 为例，计算投资单因素变动对净现值的影响，并进行敏感度分析。

当投资减少 20% 时：

$$NPV_n = -I(1-20\%) + (R-E)(P/A,i,n) + S(P/F,i,n)$$
$$= \{-1200 \times 80\% + [39 \times 10 \times (1-0.1) - 140] \times (P/A,10\%,10) + 80 \times (P/F,10\%,10)\} \text{万元}$$
$$= 367.35 \text{万元}$$

则 $\Delta NPV = NPV_n - NPV = (367.35 - 127.35)$ 万元 $= 240$ 万元

$$\Delta NPV \div NPV = 240 \div 127.35 \times 100\% = 188.46\%$$

$$S_{AF} = \frac{\Delta NPV/NPV}{\Delta I/I} = \frac{188.46\%}{-20\%} = -9.42$$

同理，可计算出产品售价、经营成本等单因素变动对净现值的影响及敏感度分析，见表6-3。

表6-3 单因素变动对净现值的影响及敏感度分析

变动因素	变动幅度					敏感度系数
	-20%	-10%	0	10%	20%	
投资（万元）	367.35	247.35	127.35	7.35	-112.65	
ΔNPV/NPV	188.46%	94.23%	—	-94.23%	-188.46%	-9.42
售价（万元）	-304.00	-88.32	127.35	343.03	558.70	
ΔNPV/NPV	-338.71%	-169.36%	—	169.36%	338.71%	16.94
经营成本（万元）	299.40	213.38	127.35	41.33	-44.70	
ΔNPV/NPV	135.1%	67.55%	—	-67.55%	-135.1%	-6.76

（4）确定敏感程度。可根据敏感度系数 S_{AF} 的绝对值从大到小排列：售价、投资、经营成本。也可以画出敏感性分析图，根据斜率进行判定。

（5）确定因素的变动范围，即临界值。根据净现值计算式（令其等于0），可算出售价下降、投资增加或年经营成本增加的限度。

售价下降的临界值：

$$NPV = -1200 + [39 \times (1 + \Delta P/P) \times 10 \times (1-0.1) - 140] \times (P/A, 10\%, 10) + 80 \times (P/F, 10\%, 10)$$

令 NPV = 0，得：

$$\Delta P/P = -5.90\%$$

从计算结果可以看出，-5.90%是净现值由127.35万元下降到0时，售价允许变化的范围和幅度。

投资增加的临界值：

$$NPV = -1200 \times (1 + \Delta I/I) + [39 \times 10 \times (1-0.1) - 140] \times (P/A, 10\%, 10) + 80 \times (P/F, 10\%, 10)$$

令 NPV = 0，得：

$$\Delta I/I = 10.61\%$$

从计算结果可以看出，10.61%是净现值由127.35万元下降到零时，投资允许变化的范围和幅度。

年经营成本增加的临界值：

$$NPV = -1200 + [39 \times 10 \times (1-0.1) - 140 \times (1 + \Delta C/C)] \times (P/A, 10\%, 10) + 80 \times (P/F, 10\%, 10)$$

令 NPV = 0，得：

$$\Delta C/C = 14.80\%$$

从计算结果可以看出，14.80%是净现值由127.35万元下降到零时，年经营成本允许变化的范围和幅度。

综合分析可以看出，当售价下降超过5.90%，投资增加超过10.61%，或年经营成本增加超过14.80%时，净现值将小于0，项目不可行。分别令：

$$NPV = 127.35 + 2156.7 \times (\Delta P/P)$$
$$NPV = 127.35 - 860.24 \times (\Delta C/C)$$
$$NPV = 127.35 - 1200 \times (\Delta I/I)$$

以 $\Delta P/P$、$\Delta C/C$ 和 $\Delta I/I$ 为横坐标，NPV 为纵坐标，绘制单因素敏感性分析图（图6-6）。

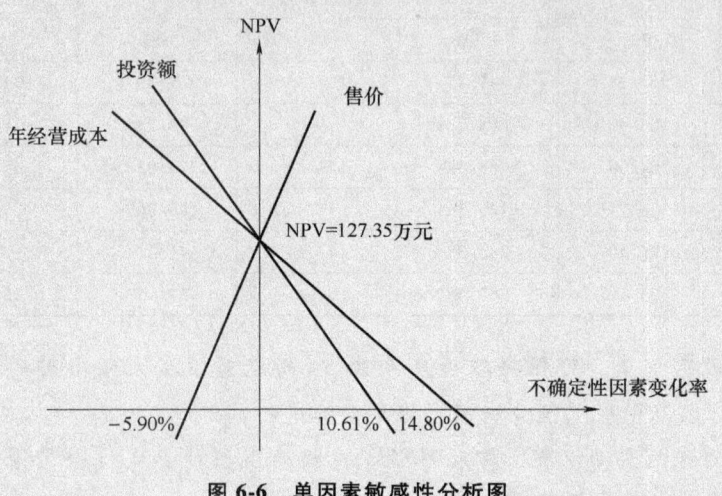

图6-6 单因素敏感性分析图

6.3.4 多因素敏感性分析

单因素敏感性分析方法的优点是简单、直观，不足之处是只考虑了各因素独立变化，忽略了因素之间的相互影响。多因素敏感性分析考虑了因素之间的相关性，弥补了单因素敏感性分析的局限，更全面揭示了事物的本质。多因素敏感性分析是指考虑两个或两个以上因素同时变化对项目经济效果评价指标的影响，其他因素保持不变。单因素敏感性分析用图形表示是曲线，双因素敏感性分析用图形表示是曲面。

【例6-8】 根据【例6-7】的数据，对产品价格和投资同时变动进行敏感性分析。

【解】 x 表示投资的变化率、y 表示价格的变化率，则净现值：
$$NPV = -1200 \times (1+x) + [39 \times (1+y) \times 10 \times (1-0.1) - 140] \times (P/A,10\%,10) + 80 \times (P/F,10\%,10)$$

令 $NPV \geq 0$，

可得：
$$y \geq 0.56x - 0.06$$

这是一个直线方程，将其在坐标图上表示出来，即为一条NPV>0的临界线如图6-7所示。在临界线上各点NPV=0；临界线左上方的区域NPV>0，临界线右下方的区域NPV<0。

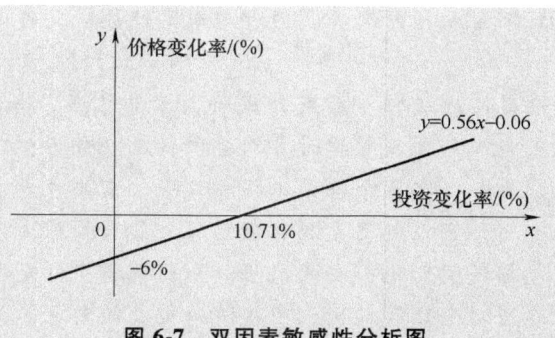

图 6-7 双因素敏感性分析图

【例 6-9】 某项目投资方案相关数据见表 6-4，据此表数据做关于初始投资和营业收入的双因素变动敏感性分析，并指出当初始投资增加 10% 时，营业收入允许的变动范围。

表 6-4 有关参数

主要参数	期初投资（万元）	年营业收入（万元）	年经营成本（万元）	使用年限（年）
估算	2000	600	350	20

【解】 设初始投资变动率为 x，营业收入变动率为 y，则：

$$NPV = -2000\times(1+x) + 600\times(1+y)(P/A,10\%,20) - 350\times(P/A,10\%,20) \geq 0$$

解得：$y \geq 0.392x - 0.0252$

$y = 0.392x - 0.0252$ 称为临界线。当 x 取 10% 时，代入 $y \geq 0.392x - 0.0252$，求出 $y \geq 1.4\%$。

即当初始投资增加 10% 时，营业收入应该增加 1.4% 以上才能保证项目的 $NPV \geq 0$。

根据以上内容可以看出敏感性分析的最大特点是离散性，工程经济要素的变化取值是离散间隔化的，并按正向与负向进行取值设计。一般假设各因素独立变化，并且是离散变化而非连续变化，因为连续变化将大大增加计算量，所以在进行单因素分析时一般不采用。

敏感性分析在一定程度上就各种不确定性因素的变动对方案经济效果的影响做了定量描述。这有助于决策者了解方案的风险情况，有助于确定在决策过程及各方案实施过程中需要重点研究与控制的因素。但是，敏感性分析没有考虑各种不确定性因素在未来发生变化的概率，这可能会影响分析结论的准确性。实际上，各种不确定性因素在未来发生某一幅度变动的概率一般是有所不同的。这个问题是敏感性分析无法解决的，必须借助风险分析方法。

延伸思考

在工程项目中，投资决策是非常重要的一个环节。然而，由于工程项目的不确定性和复杂性，投资决策往往存在一定的风险。因此，在进行投资决策时，需要进行不确定性分析，以评估项目的不确定因素对投资决策的影响。例如，在某个新能源项目中，需要考虑政策变化、市场需求等因素对项目收益的影响。通过不确定性分析，可以制定更加科学合理的投资策略。

工程项目管理是一项复杂的工作，涉及的风险因素非常多，如技术风险、市场风险、财务风险等。因此，在进行工程项目管理时，需要进行风险分析，以识别和评估这些风险因素对工程项目的影响。例如，在某个桥梁工程项目中，需要考虑技术风险对项目进度和质量的影响。通过风险分析，可以制定更加有效的风险管理措施。

工程项目的风险也包括气候变化引发的风险。全球气候变化是当前世界面临的一个巨大挑战，工程项目建设在应对全球气候变化中扮演着重要的角色。然而，由于工程项目在应对全球气候变化中存在的风险和不确定性非常大，因此需要进行风险管理。例如，在某个低碳城市项目中，需要考虑政策变化、市场需求等因素对项目碳排放的影响。通过风险管理措施的制定，可以更好地应对全球气候变化带来的挑战。

在生活中，风险无处不在，当代大学生可能面临学业风险、兼职风险、就业风险等，可以在学习风险理论知识的基础上，讨论风险的因素，从而正确认识风险，培养风险意识，了解如何在未来的人生道路中规避风险。当风险来临时，懂得如何面对风险并勇于承担风险，增强抗挫折能力，提高处理风险的能力。

6.4 风险分析

工程经济活动大都是在有风险和不确定性的情况下进行的，这种客观存在的不确定性会使建设项目的实施效果偏离评价目标，当实施效果低于预期目标时，项目就会处于风险状态。现代化工程经济活动规模越来越大，技术越来越复杂，风险同样也在增大，因此，需要进行项目风险分析，以揭示风险，提高决策的可靠性。

6.4.1 风险的概念与分类

1. 风险的概念

风险是指由随机因素引起的项目总体实际价值与预期价值的偏离，产生的原因是项目现实与假设的偏差。

2. 风险的分类

工程项目的经济风险来源于法律、法规及政策变化，市场供需变化，及资源开发利用、技术可靠性、工程方案、融资方案、组织管理、社会环境、外部配套条件等一个或几个方面的共同影响。从不同角度，根据不同标准，可将风险分成不同的类型。

（1）按风险后果划分

按风险后果可将风险分为纯粹风险和投机风险。纯粹风险是指不确定性中仅存在损失，没有任何收益的可能。例如，自然灾害一旦发生，将会造成重大损失，甚至人员伤亡，带来的是绝对损失，不会带来额外的收益。投机风险是指不确定性中既存在收益，也存在损失的可能性。投机风险可能带来机会，获得利益，但也可能隐含威胁，造成损失。

（2）按风险来源划分

按风险来源可将风险划分为自然风险和人为风险。自然风险是指由于自然力的作用造成财产损失或人员伤亡的风险。人为风险是指由于人的活动而带来的风险。人为风险又可以分为行为风险、经济风险、技术风险、政治风险和组织风险等。

（3）按事件主体的承受能力划分

按事件主体的承受能力可以将风险划分为可接受风险和不可接受风险。可接受风险一般是指法人或自然人在分析自身承受能力、财产状况的基础上，确认能够接受的最大损失的限度，低于这一限度的风险称为可接受风险。不可接受风险一般是指法人或自然人在分析自身承受能力、财务状况的基础上，确认已超过或大大超过所能承担的最大损失额，这种风险被称为不可接受风险。

（4）按风险的对象划分

按风险的对象可以将风险分为财产风险、人身风险和责任风险。财产风险是指财产所遭受的损害、破坏或贬值的风险，如设备、正在建设中的工程等因自然灾害而遭受到的损失。人身风险是指由于疾病、伤残、死亡所引起的风险。责任风险是指由于法人或自然人的行为违背了法律、合同或道义上的规定，给他人造成财产损失或人身伤害的风险。

（5）按风险对工程项目的影响划分

按风险对工程项目的影响可将工程项目风险分为工期风险、费用风险和质量风险。工期风险会造成工程的局部（工程的分部、分项工程）或整个工程的工期延长，不能按计划正常移交后续工程施工或按时交付使用。费用风险包括财务风险、成本超支风险、投资追加风险、报价风险、投资回收期延长或无法回收风险。质量风险包括材料、工艺、工程不能通过验收，工程试生产不合格，工程质量经过评价未达到要求。

（6）按工程项目风险的主要来源划分

按工程项目风险的主要来源，可将工程项目风险分为组织风险、经济与管理风险、环境风险和技术风险。工程项目组织风险产生的因素包括组织结构模式、工作流程组织、任务分工和管理职能分工、业主方（包括代表业主利益的项目管理方）人员的构成和能力、设计人员和监理工程师的能力、承包方管理人员和一般技工的能力、施工机械操作人员的能力和经验、损失控制和安全管理人员的资历和能力等。工程项目经济与管理风险产生的因素包括宏观和微观经济情况、工程资金供应的条件、合同风险、现场与公用防火措施的可用性及其数量、事故防范措施和计划、人身安全控制计划、信息安全控制计划等。工程项目环境风险产生的因素包括自然灾害、岩土地质条件和水文地质条件、气象条件、引起火灾或爆炸的因素等。工程项目技术风险产生的因素包括工程勘测资料和有关文件、工程设计文件、工程施工方案、工程物资、工程机械等。

6.4.2 风险分析的步骤

风险分析的步骤包括风险识别、风险评估、风险评价、风险决策和风险应对。

风险分析

1. 风险识别

风险识别是指识别单个项目风险及整体项目风险的来源，并记录风险特征的过程。风险识别应采用系统论的观点对项目全面考查、综合分析，找出潜在的各种风险因素，并对各种风险进行比较、分类，确定各因素间的相关性与独立性，判断其发生的可能性及对项目的影响程度，按其重要性进行排序。其中，敏感性分析是初步识别风险因素的重要方法。

2. 风险评估

风险评估是指评估单个项目风险发生的概率、影响及其他特征。风险评估应采用主观概率和客观概率的统计方法，确定风险因素的概率分布，运用数理统计分析方法，计算相应经济评价指标的概率分布或累计概率、期望值和标准差。

3. 风险评价

风险评价是指对已识别的单个项目风险和不确定性的其他来源对整体项目目标的影响进行定量分析，依据风险判别标准对风险定级的过程。风险评价应根据风险识别和风险评估的结果，根据项目风险判别标准的影响程度，寻找影响项目成败的关键风险因素。

项目风险大小的评价标准应根据风险因素发生的可能性及其造成的损失来综合确定，一般采用评价指标的概率分布或累计概率、期望值、标准差作为判别标准，也可采用综合风险等级作为判别标准。

（1）以评价指标作为判别标准

1）财务（经济）内部收益率大于或等于基准收益率的累计概率值越大，风险越小；标准差越小，风险越小。

2）财务（经济）净现值大于或等于零的累计概率值越大，风险越小；标准差越小，风险越小。

（2）以综合风险等级作为判别标准

根据风险因素发生的可能性及其造成损失的程度，建立综合风险等级的矩阵，将综合风险分为风险很强的 K（Kill）级、风险强的 M（Modify）级、风险较强的 T（Trigger）级、风险适度的 R（Review and reconsider）级和风险弱的 I（Ignore）级。综合风险等级分类见表6-5。

表6-5 综合风险等级分类

综合风险等级		风险影响的程度			
		严重	较大	适度	低
风险发生的可能性	高	K	M	R	R
	较高	M	M	R	R
	适度	T	T	R	I
	低	T	T	R	I

4. 风险决策

风险评估估算出方案经济效益指标的期望值和标准差，以及经济效益指标的实际值发生在某一区间的可能性。而风险决策则着眼于风险条件下方案取舍的基本原则和多方案比较的方法。

项目风险决策是指人们为了实现项目的目标，在占有一定信息的基础上，从若干可能实施的方案（或技术、措施、行动）中，根据项目的建设环境，采用一定的理论和方法，经过对各个方案系统的分析、评价和判断，选出满意的方案的过程。

（1）项目风险决策要素

项目风险决策一般具有下列要素：

1）决策人，包括项目经理，项目班子，或项目一般管理人员。这取决于决策的对象和对项目管理人员的授权。

2）决策目标，即决策行动所影响的项目范围和期望达到的成果。

3）决策信息，及时提供完备的、可靠的、和决策目标相关的项目信息是决策行动的前提条件，也是做出科学决策的基础。

4）决策准则，即选择项目实施方案所依据的原则。

5）决策成果，即采取决策行动后，项目所发生的变化。这种变化可能是某一方面的，也可能是多方面的。

（2）项目风险决策的原则

1）优势原则。在两个可选方案中，如果无论什么条件下方案 A 总是优于方案 B，则称 A 为优势方案，B 为劣势方案，应排除 B。应用优势原则一般不能决定最佳方案，但可以减少可选方案的数量，缩小决策范围。

2）期望值原则。如果选用的经济指标为收益指标，则应选择期望值大的方案；如果选用的是成本费用指标，则应选择期望值小的方案。

3）最小方差原则。方差反映了实际发生的方案可能偏离其期望值的程度。在同等条件下，方差越小，意味着项目的风险越小，稳定性和可靠性越高，应优先选择。

根据期望值原则和最小方差原则选择的结果往往会出现矛盾。在这种情况下，方案的最终选择与决策者有关。风险承受能力较强的决策者倾向于做出乐观的选择（根据期望值原则决策），而风险承受能力较弱的决策者倾向于更安全的方案（根据方差原则决策）。

4）最大可能原则。若某个状态发生的概率显著大于其他状态发生的概率，则可根据该状态下各方案的技术经济指标进行决策，而不用考虑其他状态。只有当某个状态发生的概率大大高于其他状态发生的概率，且各方案在不同状态下的损益值差别不是很大时，方可应用最大可能原则。

5）满意度原则。在工程实践中，由于决策人理性的有限性和时空的限制，既不能找到一切方案，也不能比较一切方案，并非人们不喜欢"最优"，而是取得"最优"的代价太高。因此，最优准则只存在于纯粹的逻辑推理中。在实践中只能遵循满意度准则进行决策，即制定一个足够满意的目标值，将各种可选方案在不同状态下的损益值与此目标值相比较，进而做出决策。

5. 风险应对

风险应对是指对已经识别的风险进行定性分析、定量分析和风险排序，制定相应的应对措施和整体策略。风险应对应具有针对性、可行性、经济性，并贯穿项目评价的全过程。

决策阶段风险应对的主要措施包括强调多方案比选；对潜在风险因素提出必要的研究与试验课题；对投资估算与财务（经济）分析应留有充分的余地；对建设或生产经营期的潜在风险可采取回避、转移、分担和自担措施。

6.4.3 风险分析方法

风险分析也称概率分析，是指假设影响项目经济效果指标的因素为随机变量，可采用统计分析的方法进行风险分析。常用的风险分析方法有：离散型概率分布、连续型概率分布、决策树法和蒙特卡洛模拟法。

1. 离散型概率分布

当变动因素的取值是离散的，并知道各取值的概率，就可以在给定的条件下计算相应的指标值，从而得出判断指标的概率分布。在这种分布下的指标期望值可表示如下：

$$\bar{x} = \sum_{i=1}^{n} p_i x_i \tag{6-11}$$

式中 $\bar{x}$——指标的期望值；

p_i——第 i 种状态发生的概率；

x_i——第 i 种状态下的指标值；

n——可能的状态数。

指标的方差 D 可表示如下：

$$D = \sum_{i=1}^{n} p_i (x_i - \bar{x})^2 \tag{6-12}$$

【例 6-10】 某工程项目的净现值为随机变量，并呈离散型概率分布，相关数据见表 6-6。求净现值的期望值和方差。

表 6-6 相关数据

净现值的可能状态（万元）	100	120	150	200
概率分布	0.1	0.3	0.4	0.2

【解】 $E(\text{NPV}):(0.1 \times 100 + 0.3 \times 120 + 0.4 \times 150 + 0.2 \times 200)$ 万元 $= 146$ 万元

$D(\text{NPV}) = [0.1 \times (100-146)^2 + 0.3 \times (120-146)^2 + 0.4 \times (150-146)^2 + 0.2 \times (200-146)^2]$ 万元
$= 1004$ 万元

【例 6-11】 某电影投资项目的内部收益率的离散型概率分布见表 6-7。分别计算各方案的期望值和方差，并选择投资方案。

表 6-7 某电影投资项目的内部收益率离散型概率分布

概率分布	30%	50%	20%
第 1 部电影内部收益率的可能值	2%	20%	30%
第 2 部电影内部收益率的可能值	12%	14%	18%
第 3 部电影内部收益率的可能值	15%	20%	24%

【解】 以第 1 部电影为例：

$E(\text{IRR}) = 2\% \times 30\% + 20\% \times 50\% + 30\% \times 20\% = 16.6\%$

$D(\text{IRR}) = (2\% - 16.6\%)^2 \times 30\% + (20\% - 16.6\%)^2 \times 50\% + (30\% - 16.6\%)^2 \times 20\% = 0.011$

依次计算第 2 部与第 3 部电影的收益，结果见表 6-8。

表 6-8　某电影投资项目的内部收益率的期望值和方差

项目	期望值	方差
第 1 部电影	16.60%	1.10%
第 2 部电影	14.20%	0.04%
第 3 部电影	19.30%	0.10%

从表 6-8 来看，投资第 3 部电影方案的内部收益率期望值最大，风险居中。

离散型变量风险分析的步骤如下：
1）估算各种不确定因素的随机变化概率及其对应的指标值。
2）计算各方案的指标期望值及方差。
3）综合比较期望值与方差并给出投资方案。

2. 连续型概率分布

在工程经济分析中，可以将各种不确定因素及经济效果指标都当作连续型随机变量，其概率密度分布为连续函数。在经济分析与决策中使用较普遍的是正态分布和三角分布，其次为梯形分布。

（1）正态分布

投资项目的各项经济指标受许多不确定因素的影响，可以看作多个独立的随机变量作用之和，在许多情况下近似地服从正态分布。正态分布是一种最常用的概率分布，图 6-8 为正态分布概率密度图。

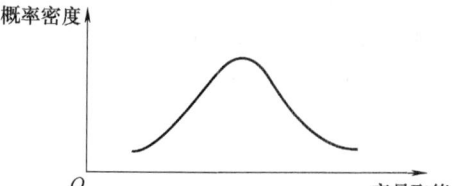

图 6-8　正态分布概率密度图

设变量为 x，其正态分布的概率密度函数为 $p(x)$，x 的期望值 $\bar{x}$ 和方差 D 计算公式如下：

$$\bar{x} = \int_{-\infty}^{+\infty} x p(x) \mathrm{d}x \tag{6-13}$$

$$D = \int_{-\infty}^{+\infty} (x - \bar{x})^2 p(x) \mathrm{d}x \tag{6-14}$$

当 $\bar{x} = 0$、$\sqrt{D} = 1$ 时，称这种分布为标准正态分布，用 $N(0,1)$ 表示。

（2）三角分布

三角分布的密度函数是由乐观值、悲观值和最可能值构成的对称或不对称的三角。它适用于描述工期、投资等不对称分布的输入变量，也可用于描述产量、成本等对称分布的输入变量，如图 6-9 所示。

（3）梯形分布

梯形分布是三角分布的特例。在确定变量的乐观值和悲观值之后，有时难以确定最可能值，因此只能确定一个最可能值的范围，此时可采用梯形分布，如图 6-10 所示。

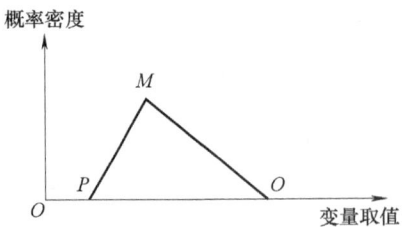

图 6-9 三角分布概率密度图

P—悲观值　M—最可能值　O—乐观值

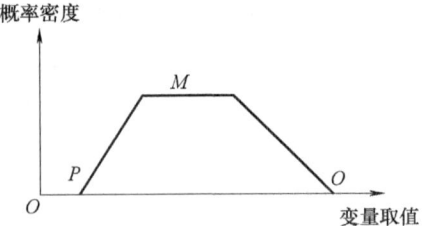

图 6-10 梯形分布概率密度图

P—悲观值　M—最可能值　O—乐观值

3. 决策树法

（1）决策树法的概念

决策树法又称概率树法，是指利用概率和期望值的概念，根据因素之间的逻辑关系，采用形象的树状结构描述各种状态下的因素值及其相应的概率，并据此计算评价因素的期望值、标准差及可行概率，从而进行方案风险分析的决策方法。它比较直观、形象，层次清晰，不易遗漏、出错，特别适合分析比较复杂的问题。

（2）决策树的构成

决策树由决策节点、方案枝、状态点和概率枝构成。决策节点是决策树的起点，用矩形表示。从矩形方框引出的分枝称为方案枝，每一个方案枝代表一种可选的方案。各方案枝末端的圆圈称为状态点，也称随机状态点，表示一种客观状态。在状态点引出的分枝则是概率枝。图 6-11 为决策树基本结构。

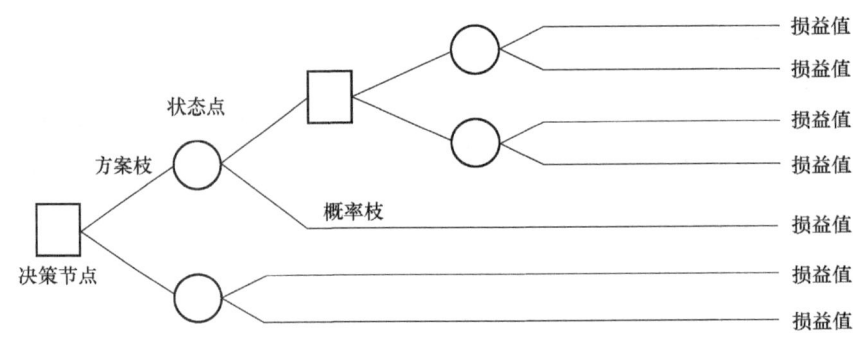

图 6-11 决策树基本结构

（3）决策树分析法的步骤

1）列出要考虑的各种风险因素，如投资、经营成本、销售价格等。

2）设想各种风险因素可能出现的状态，即确定其数值发生变化的个数。

3）分别确定各种状态可能发生的概率，并使可能发生的状态概率之和为 1。

4）绘制决策树，按上述要求由左向右顺序展开。

5）分别求出各种风险因素发生变化时，方案净现金流量在各状态下发生的概率和相应状态下的净现值 $NPV(f)$。

6）计算每个节点的期望值（均值）。

7) 剪枝，即进行方案的优选。

$$方案净效果 = 该方案在状态点的期望值 - 该方案投资额 \quad (6-15)$$

8) 对概率分析结果做出说明。一般来讲，期望值大的方案优于期望值小的方案。

【例 6-12】 某建筑企业生产的某种建筑产品在市场上供不应求，因此，该企业决定投资扩建新厂。据研究分析，该产品 10 年后将升级换代，目前的主要竞争对手也可能扩大生产规模，因此提出以下三个扩建方案：

(1) 大规模扩建新厂，需投资 3 亿元。据估计，该产品销路好时，每年的净现金流量为 9000 万元；销路差时，每年的净现金流量为 3000 万元。

(2) 小规模扩建新厂，需投资 1.4 亿元。据估计，该产品销路好时，每年的净现金流量为 4000 万元；销路差时，每年的净现金流量为 3000 万元。

(3) 先小规模扩建新厂，3 年后，若该产品销路好再决定是否再次扩建，需投资 2 亿元，其生产能力与方案（1）相同。

据预测，在今后 10 年内，该产品销路好的概率为 0.7，销路差的概率为 0.3。基准折现率 $i_c = 10\%$，不考虑建设期所持续的时间。

问题：

(1) 画出决策树。

(2) 试决定采用哪个方案扩建。

【解】 (1) 根据背景资料所给出的条件画出决策树，标明各方案的概率和净现金流量，如图 6-12 所示。

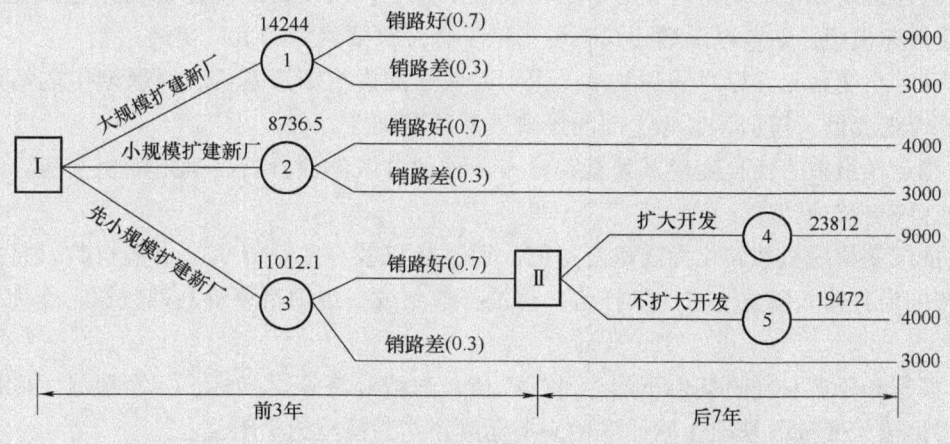

图 6-12 决策树（单位：万元）

(2) 计算图 6-12 中各状态点的期望值（将计算结果标在各状态点上方）。

状态点①：$[(9000 \times 0.7 + 3000 \times 0.3) \times (P/A, 10\%, 10) - 30000]$ 万元
$= (7200 \times 6.145 - 30000)$ 万元 $= 14244$ 万元

状态点②：$[(4000 \times 0.7 + 3000 \times 0.3) \times (P/A, 10\%, 10) - 14000]$ 万元
$= (3700 \times 6.145 - 14000)$ 万元 $= 8736.5$ 万元

状态点④：$[9000\times(P/A,10\%,7)-20000]$万元$=(9000\times4.868-20000)$万元$=23812$万元

状态点⑤：$[4000\times(P/A,10\%,7)]$万元$=(4000\times4.868)$万元$=19472$万元

对于决策节点Ⅱ，状态点④的期望值大于状态点⑤的期望值，因此，应采用3年后销路好时再次扩建的方案。

状态点③期望值的计算比较复杂，包括以下两种状态下的两个方案：销路好状态下的前3年小规模扩建，后7年再次扩建；销路差状态下小规模扩建持续10年。

状态点③的期望值$=[4000\times0.7\times(P/A,10\%,3)+23812\times0.7\times(P/F,10\%,3)+3000\times0.3\times$
$(P/A,10\%,10)-14000]$万元
$=(4000\times0.7\times2.487+23812\times0.7\times0.751+3000\times0.3\times6.145-14000)$万元
$=11012.1$万元

比较状态点①、状态点②、状态点③的期望值，可确定决策点Ⅰ。由于状态点1的期望值最大，因此应采用大规模扩建新厂方案。

4. 蒙特卡洛模拟法

（1）蒙特卡洛模拟法的概念

蒙特卡洛模拟法是以概率统计原理为基础，以系统性思维模拟事物的形成过程，以达到认识事物特征及其变化规律的方法。这种方法的前提是假设不确定因素可以用概率分布来描述。蒙特卡洛模拟法可灵活使用，是用于风险模拟的有效方法。

（2）蒙特卡洛模拟法的步骤

1）构建确定性目标模型。在一个正常理想状态下，以项目经济评价指标为因变量，构建确定性目标模型，通常以函数形式表示，以工程经济要素为随机自变量。

2）确定自变量与目标之间的关系。识别最底层的影响因素变量，对模型中的活动建立变量点，检查变量、模型、目标之间的逻辑关系的准确性。

3）确定模型敏感性自变量及其概率分布。可通过敏感性分析，确定随机变量，构造随机变量的概率分布模型。

4）抽取变量随机数转化为随机变量值。通过随机数表或计算机求出随机数，将抽得的随机数转化为各输入随机变量的抽样值，将抽样值组成一组项目评价基础数据，作为输入变量值。

5）模拟计算各种随机条件下的评价指标值。选取经济评价指标，如净现值、内部收益率等，根据输入变量的基础数据计算评价指标值，作为模型的输出值。

6）整理模拟结果所得评价指标的期望值、方差、标准差和它的概率分布及累计概率，绘制累计概率分布图，计算项目可行或不可行的概率。

图6-13为蒙特卡洛模拟系统图。

图6-13 蒙特卡洛模拟系统图

本章小结

不确定性分析中,盈亏平衡分析通过计算项目盈亏平衡点来分析项目抗风险能力。此方法一般仅适用于财务评价。

敏感性分析是通过计算不确定因素的敏感度,找出对项目影响大的因素并加以重点监控,保证项目正常实施。

风险分析又称概率分析,通过研究不确定因素发生变动的概率分布,计算项目经济效果评价指标,确定项目风险大小。

敏感性分析和风险分析既适用于财务评价,又适用于国民经济评价。

另外,本章所提供的不确定性分析及风险分析的方法也适用于其他研究对象,如进度、采购等,只需根据研究对象的特征进行相应的调整。

习题

1. 不确定性分析包括哪些内容?
2. 盈亏平衡分析、敏感性分析和风险分析的适用范围分别是什么?
3. 什么是盈亏平衡分析?
4. 敏感性因素有哪些?
5. 简述敏感性分析的步骤。
6. 风险有哪些特征?
7. 简述风险分析的步骤。
8. 某建设项目年设计生产能力为10000台,产品单台销售价格为800元,年固定成本为132万元,单台产品可变成本为360元,单台产品销售税金为40元。试求盈亏平衡点的产量和生产能力利用率。
9. 某公司拟投资生产一种新产品,预计年销售收入 $TR = 3100Q - 0.6Q^2$,年总成本 $TC = 3187500 + 600Q - 0.2Q^2$。试确定盈亏平衡点。
10. 某投资方案预计总投资为1200万元,年产量为10万台,产品价格为35元/台,年经营成本为120万元,方案经济寿命期为10年,使用期满设备残值为80万元,基准折现率为10%。试就投资额、产品价格及方案经济寿命期进行敏感性分析。
11. 某投资方案预计总投资为1200万元,年产量为10万台,产品价格为35元/台,年经营成本为120万元,方案经济寿命期为10年,使用期满设备残值为80万元,基准折现率为10%。假定投资额与产品价格是关键因素,试对这两个因素进行双参数敏感性分析。
12. 某项目工程实施中施工管理人员要决定下个月是否开工,若开工后不下雨,则可按期完工,获利润5万元;若下雨,则会造成1万元的损失;假如不开工,不论下雨还是不下雨都要产生窝工费1000元。据气象预测,下月不下雨的概率为0.2,下雨概率为0.8,利用期望值为施工管理人员做出决策。

第7章 设备更新经济分析

本章概要
1. 设备寿命
2. 设备更新经济分析
3. 设备租赁与购置经济分析

重点提示

设备磨损的类型及补偿方式;设备更新分析的特点;设备经济寿命的概念和计算方法;设备更新经济分析方法。

学习目标

掌握设备磨损的类型及补偿方式,设备经济寿命的概念和计算方法及设备更新经济分析方法。

相关知识

设备更新经济分析是工程经济学中关于设备的经济分析活动,是工程经济学实务的重要内容之一。本章主要介绍设备磨损的类型及补偿方式;设备更新分析的特点;设备经济寿命的概念和计算方法;设备更新经济分析方法及设备租赁与购置方案经济比选方法等。

7.1 设备更新概述

7.1.1 设备更新问题

【引导案例】 某家具生产公司的工程师正在考虑更换一台工业叉车,该设备的用途是将组装好的家具从包装车间运送到成品仓库。目前,该叉车已经不能稳定工作,常常需要维修,而且维持叉车运行的成本在稳定增加。当叉车不能工作时,公司不得不去另行租赁。另外,当叉车工作时,工厂的工人抱怨该叉车污染空气。工程师判断,如果继续使用,必须马上大修整台叉车以保证其运行状态。而大修既不会增加该设备的估计使用寿命,也不会提升该设备的市场价值。

如果更换设备,目前有两种类型叉车可以选择:一种是电动叉车;另一种是燃油叉车。

电动叉车可减少空气污染,但是要求每天更换两次电池,这会显著增加运行成本。燃油叉车则需要经常维护。公司要求工程师为该叉车的决策给出依据,在供高层决策以前开展更多的设备决策工作。

总结起来,目前工程师要解决或决策的问题如下:

(1) 该设备已经面临处置的问题,是应该维修还是应该更换?是现在更换还是先维修再看?应该如何选择?

(2) 如果采用更换决策,是更换为电动叉车还是燃油叉车?应该何时更换呢?

本例是一个典型的设备更新决策问题。

设备是现代企业生产的重要物质和技术基础。各种机器设备的质量、技术水平和效率是衡量一个国家工业化水平的重要标志,是判断一个企业技术创新能力、产品开发能力的重要标准,也是影响企业和国民经济各项经济技术指标的重要因素。

随着新工艺、新技术、新机具、新材料的不断涌现,工程施工在更大的深度和广度上实现了机械化,施工机械设备已成为施工企业生产力不可缺少的重要组成部分。因此,如何使企业的技术结构合理化,如何使企业设备利用率、机械效率和设备运营成本等指标保持在良好状态是建筑施工企业都要面临的问题。

研究设备更新,对于提升企业技术创新能力和产品开发能力,促进节能减排,增强企业市场竞争能力等均具有重要的现实意义。

7.1.2 设备磨损

设备是企业生产的重要物质条件。企业为了进行生产,必须花费一定的投资,用以购置各种机器设备。设备购置后,无论使用还是闲置都会发生磨损。设备磨损分为三大类。

设备磨损

1. 设备的有形磨损

设备的有形磨损分为以下两种:

1) 第Ⅰ种有形磨损是指设备在使用过程中,在机械外力(如摩擦、碰撞或交变应力等)的作用下实体发生的磨损、变形和疲劳损坏。例如,设备零部件尺寸、精度发生改变,直至损坏。

2) 第Ⅱ种有形磨损是指设备在闲置过程中,在自然力(如日照、潮湿和腐蚀性气体等)的作用下实体发生的锈蚀、损伤和老化。例如,设备锈蚀、零部件内部损伤、橡胶和塑料老化。

上述两种有形磨损都会造成设备的性能、精度等降低,使设备的运行费用和维修费用增加、效率低下,导致设备使用价值降低。

2. 设备的无形磨损

设备的无形磨损是指由于科学技术进步,设备的价值相对降低。无形磨损不会使设备产生实体外形和内在性能的变化，难以从外观上看出来，是无形的。无形磨损的形成也可分为两种情况：

1）第Ⅰ种无形磨损是指设备的技术结构和性能并没有变化，但由于技术进步，设备制造工艺不断改进，社会劳动生产率水平的提高和材料节省等导致社会必要劳动时间减少，同类设备的再生产价值降低，致使原设备相对贬值。

2）第Ⅱ种无形磨损是指由于科学技术的进步，不断创造出结构更先进、性能更完善、效率更高、耗费原材料和能源更少的新型设备，使原有设备相对陈旧落后，其经济效益相对降低而发生贬值。

有形和无形两种磨损都会引起机器设备原始价值的贬值，这一点两者是相同的。不同的是，遭受有形磨损的设备，特别是有形磨损严重的设备，在修理之前常常不能工作；遭受无形磨损的设备，即使无形磨损很严重，其固定资产物质形态却可能没有磨损，仍然可以使用，只不过继续使用它在经济上是否合算需要分析研究。

3. 设备的综合磨损

设备的综合磨损是指同时存在有形磨损和无形磨损的损坏和贬值的综合情况。对任何特定的设备来说，这两种磨损必然互相影响。某些方面的技术要求可能加快设备有形磨损的速度。例如，高强度、高速度、大负荷技术的发展，必然使设备的物理磨损加剧。同时，某些方面的技术进步又可提供耐热、耐磨、耐腐蚀、耐振动、耐冲击的新材料，使设备的有形磨损减缓，但使其无形磨损加快。

7.1.3 设备磨损补偿关系

设备磨损的类型不同，其对应的设备磨损补偿方式也不尽相同，两者的对应关系如图7-1所示。可以看出，设备主要根据其磨损形式确定基本的处置方向，设备更新只是设备磨损补偿的一种形式。

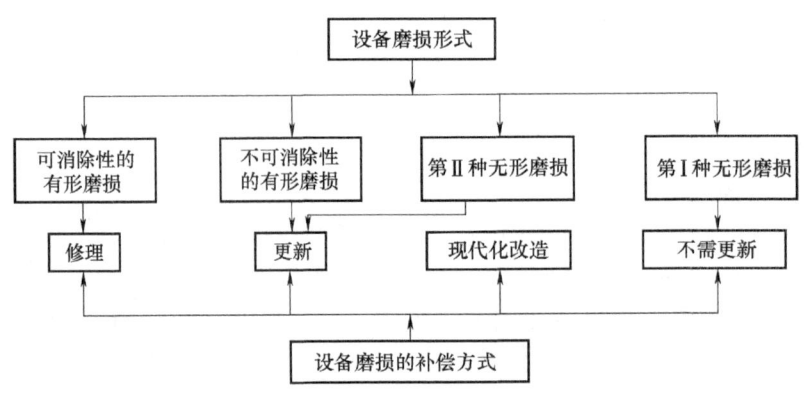

图 7-1 设备磨损补偿关系

由于设备总是同时遭受有形磨损和无形磨损，因此，对其综合磨损后的补偿形式应进行更深入的研究，以确定恰当的补偿方式。

7.1.4 设备更新的特点和原则

设备更新就实物形态而言，是用新的设备替换陈旧落后的设备；就价值形态而言，是重新补偿设备在运动中消耗的价值。设备更新是消除设备有形磨损和无形磨损的重要手段，目的是提高企业生产的现代化水平，尽快形成新的生产能力。设备更新分析是企业生产发展和技术进步的客观需要，对企业的经济效益有着重要的影响。过早的设备更新，将造成资金的浪费，使企业失去其他的收益机会；过迟的设备更新，将造成生产成本的迅速上升，使企业失去竞争的优势。因此，设备是否更新、何时更新、选用何种设备更新，既要考虑技术发展的需要，又要考虑经济方面的效益。由于设备更新的特殊性，设备更新经济分析具有其自身的原则。

1. 常采用年度费用进行比较

在比较设备更新方案时，通常假定设备产生的收益是相同的，因此，只对它们的费用进行比较。对于寿命期不同的互斥型方案，用年度费用进行比较可以大大减少工作量。

2. 不考虑沉没成本

沉没成本是指企业过去投资决策发生的、非现在决策能改变（或不受现在决策影响）的、已经计入过去投资费用回收计划的费用。由于沉没成本是已经发生的费用，不管企业生产什么和生产多少，这项费用都不可避免地要发生，因此，当前的决策对它不起作用。在设备更新分析中，应当关注的一个重要问题，就是现有设备的最初购置费及会计账面余值。从经济分析的角度来看，它们属于沉没成本，将不予考虑，只考虑现有设备的现行市场价值，即现有的已使用若干年的设备的转让价格，或购置这种使用若干年的同样设备的价格。这是因为以前的购置费及其会计折旧的账面余值都是在新设备出现以前所确定的设备价值，新设备的出现必然使得现有设备过时，并降低其价值。因此，进行设备更新分析时，设备的价值应依据原设备目前实际价值计算，而不能按其原始价值或当前账面价值计算，即不考虑沉没成本。

沉没成本等于设备账面价值与当前市场价值之差：

$$沉没成本 = 设备账面价值 - 当前市场价值 \tag{7-1}$$

或

$$沉没成本 = （设备原值 - 历年折旧费）- 当前市场价值 \tag{7-2}$$

例如，某设备3年前的原始成本是60000元，目前的账面价值是30000元，现在的市场价值仅为16000元，则旧设备的沉没成本为14000(30000-16000)元，这是过去发生的与现在决策无关的费用，目前该设备的价值等于市场价值16000元。

3. 逐年滚动比较

逐年滚动比较原则是指在确定最佳设备更新时机时，应首先比较现有设备的剩余经济寿命和新设备的经济寿命，然后利用逐年滚动计算方法进行比较。

7.2 设备寿命

研究设备更新离不开对设备寿命的探析。根据设备的多重属性，设备寿命形态包括多种形式。

7.2.1 设备的自然寿命

设备的自然寿命又称物理寿命。它是指设备从投入使用开始,直到因物质磨损严重而不能继续使用、报废为止所经历的全部时间。它主要由设备的有形磨损所决定。做好设备维修和保养可延长设备的自然寿命,但不能从根本上避免设备的磨损。任何一台设备磨损到一定程度时,都必须进行更新。随着设备使用时间的延长,设备不断老化,维修所需支出逐渐增加,从而进入恶性使用阶段,即经济上不合理的使用阶段。因此,设备的自然寿命不能成为设备更新的估算依据。

7.2.2 设备的技术寿命

由于科学技术的迅速发展,一方面,对产品的质量和精度的要求越来越高;另一方面,不断涌现出技术更先进、性能更完善的机械设备,这就使得原有设备虽还能继续使用,但因不能保证产品的精度、质量和技术要求而被淘汰,因此,设备的技术寿命是指设备从投入使用到因技术落后而被淘汰所持续的时间,即设备在市场上维持其价值的时间,故又称为有效寿命。例如,一个手机即使完全没有使用过,它也会被功能更完善、技术更先进的手机所取代,这时它的技术寿命可以认为等于零。由此可见,技术寿命主要由设备的无形磨损所决定,它一般比自然寿命要短,而且科学技术进步越快,技术寿命越短。所以,在估算设备寿命时,必须考虑设备技术寿命期限的变化特点及其在使用过程中受到的制约或影响。

7.2.3 设备的折旧寿命

设备的折旧寿命是指按现行会计制度规定的折旧原则和方法,将设备的原值通过折旧的形式转入产品成本,直到提取的折旧费累计额达到设备原值与预计净残值间差额所经历的全部时间。折旧寿命的确定除考虑设备自然寿命、技术寿命因素,还应考虑国家技术政策、产业政策及财政税收状况。折旧寿命一般短于设备的自然寿命和技术寿命。

7.2.4 设备的经济寿命

设备的经济寿命是指设备从投入使用开始,到继续使用在经济上不合理而被更新所经历的时间。它是由设备维护费用和使用价值决定的。设备使用年限越长,分摊的年资产消耗成本越少。但是随着设备使用年限的增加,一方面需要更多的维修费维持原有功能;另一方面机器设备的操作成本及原材料、能源耗费也会增加,年运行时间、生产效率、质量将下降。因此,年资产消耗成本的降低会被年运行成本的增加或收益的下降所抵消。在整个变化过程中存在着某个年份,设备年平均使用成本最低,经济效益最好。如图 7-2 所示,使用年限在 N_0 时,设备年平均使用成本达到最低值,将设备从开始使用到年平均使用成本最小(或年盈利最高)的使用年限 N_0 称为设备的经济寿命。

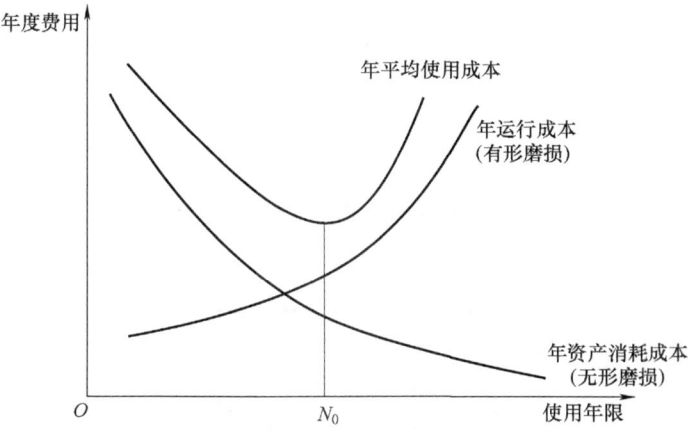

图 7-2　设备年度费用曲线

7.3　原型设备更新与新型设备更新

设备更新经济分析过程中，应考虑设备更新分析的假定条件和设备的研究期这两个重要因素，且设备更新决策最终取决于所使用的分析方法。设备更新决策可以分为原型设备更新和新型设备更新。

7.3.1　原型设备更新

原型设备更新是指用结构相同的新设备去更换有形磨损严重而不能继续使用的旧设备。即在现有设备使用期内还没有出现功能更完善、性能更优越的先进设备，现有设备与替换设备类型完全相同，具有完全相同的经济属性（如设备年平均成本），当现有设备达到经济寿命期进行更新时，花费的年平均使用成本最小。若提前更新或延迟更新，都将花费更高的年平均使用成本，经济上均不合算。因此，原型设备更新的最佳时机就是设备的经济寿命期。原型设备更新经济分析即设备的经济寿命的确定。

按照是否考虑资金时间价值，设备经济寿命的确定可以分为经济寿命的静态计算和动态计算。

1. 经济寿命的静态计算

静态模式下设备经济寿命的确定方法是指在不考虑资金时间价值的基础上计算设备年平均使用成本 $\bar{C}_N$。使 $\bar{C}_N$ 最小的 N_0 就是设备的经济寿命：

$$\bar{C}_N = \frac{P - L_N}{N} + \frac{1}{N}\sum_{t=1}^{N} C_t \tag{7-3}$$

式中　$\bar{C}_N$——N 年内设备的年平均使用成本；

　　　P——设备目前实际价值；

　　　C_t——第 t 年的设备运行成本；

　　　L_N——第 N 年年末的设备净残值。

式中 $\dfrac{P-L_N}{N}$ ——设备的平均年度资产消耗成本;

$\dfrac{1}{N}\sum_{t=1}^{N}C_t$ ——设备的平均年度运行成本。

【例 7-1】 某设备目前实际价值为 30000 元,有关统计资料见表 7-1,求其经济寿命。

表 7-1 设备有关统计资料 (单位:元)

继续使用年限	1	2	3	4	5	6	7
年运行成本	5000	6000	7000	9000	11500	14000	17000
年末净残值	15000	7500	3750	1875	1000	1000	1000

【解】 由统计资料可知,该设备在不同使用年限时的静态年平均成本见表 7-2。由计算结果可以看出,该设备在使用 5 年时,其平均使用成本 13500 元为最低,因此,该设备的经济寿命为 5 年。

表 7-2 设备在不同使用年限时的静态年平均成本 (单位:元)

使用年限 (1)	资产消耗成本 (2)	平均年度资产消耗成本 (3)=(2)÷(1)	年度运行成本 (4)	运行成本累计 (5)	平均年度运行成本 (6)=(5)÷(1)	年平均使用成本 (7)=(3)+(6)
1	15000	15000	5000	5000	5000	20000
2	22500	11250	6000	11000	5500	16750
3	26250	8750	7000	18000	6000	14750
4	28125	7031	9000	27000	6750	13781
5	29000	5800	11500	38500	7700	13500
6	29000	4833	14000	52500	8750	13583
7	29000	4143	17000	69500	9929	14072

由于设备使用时间越长,设备的有形磨损和无形磨损越加剧,从而导致设备的维护修理费用逐渐增加,这种逐年递增的运行成本 ΔC_t 称为设备的低劣化。用低劣化数值表示设备损耗的方法称为低劣化数值法。如果每年设备的劣化增量是均等的,即 $\Delta C_t = \lambda$(λ 为设备的低劣化值),则每年劣化呈线性增长。假设评价基准年(即评价第一年)设备的运行成本为 C_1,则平均每年的设备使用成本 $\overline{C}_N$ 可用下式表示为

$$\overline{C}_N = \dfrac{P-L_N}{N} + \dfrac{1}{N}\sum_{t=1}^{N}C_t$$

$$= \dfrac{P-L_N}{N} + C_1 + \dfrac{1}{N}[\lambda + 2\lambda + 3\lambda + \cdots (N-1)\lambda]$$

$$= \dfrac{P-L_N}{N} + C_1 + \dfrac{(N-1)\lambda}{2}$$

要使 $\overline{C}_N$ 最小，对上式的 N 求一阶导数，并令其为 0，据此可以简化设备经济寿命的计算：

$$N_0 = \sqrt{\frac{2(P-L_N)}{\lambda}} \tag{7-4}$$

式中　N_0——设备的经济寿命；
　　　λ——设备的低劣化值。

【例 7-2】 设有一台设备，目前实际价值 $P=8000$ 元，预计净残值 $L_N=800$ 元，第一年的设备运行成本 $C_1=600$ 元，每年设备的劣化增量是均等的，年劣化值 $\lambda=300$ 元，求该设备的经济寿命。

【解】 根据式（7-4），有：

$$N_0 = \sqrt{\frac{2(P-L_N)}{\lambda}} = \sqrt{\frac{2\times(8000-800)}{300}}\text{年} \approx 7\text{年}$$

设备的经济寿命为 7 年，用列表的形式，各年的计算结果见表 7-3，进行比较后，也可得到同样的结果。

表 7-3　用低劣化数值法计算设备最优更新期　　　（单位：元）

使用年限 (1)	平均年度资产消耗成本 (2)	年度运行成本 (3)	运行成本累计 (4)	平均年度运行成本 (5)=(4)÷(1)	年平均使用成本 (6)=(2)+(5)
1	7200	600	600	600	7800
2	3600	900	1500	750	4350
3	2400	1200	2700	900	3300
4	1800	1500	4200	1050	2850
5	1440	1800	6000	1200	2640
6	1200	2100	8100	1350	2550
7	1029	2400	10500	1500	2529
8	900	2700	13200	1650	2550
9	800	3000	16200	1800	2600

2. 经济寿命的动态计算

动态模式下设备经济寿命的确定方法是在考虑资金时间价值的情况下计算设备的净年值 NAV 或年成本 AC，通过比较年平均效益或年平均费用来确定设备的经济寿命 N_0，其计算公式如下：

$$\text{NAV}(N) = \sum_{t=0}^{N}(\text{CI}-\text{CO})_t(P/F, i_c, t)(A/P, i_c, N) \tag{7-5}$$

$$\text{AC}(N) = \sum_{t=0}^{N}\text{CO}_t(P/F, i_c, t)(A/P, i_c, N) \tag{7-6}$$

在上两式中，如果使用年限 N 为变量，则当 $N_0(0<N_0 \leqslant N)$ 为经济寿命时，应满足：

$$\text{NAV}(N_0) \rightarrow \text{最大}(\max)$$

$$\text{AC}(N_0) \rightarrow \text{最小}(\min)$$

如果目前设备实际价值为 P，使用年限为 N，设备第 N 年的净残值为 L_N，第 t 年的运行成本为 C_t，基准折现率为 i_c，其经济寿命为年成本 AC 最小时所对应的 N_0 有：

$$\text{AC}_{\min} = P(A/P, i_c, N_0) - L_{N_0}(A/F, i_c, N_0) + \sum_{t=0}^{N_0} C_t(P/F, i_c, N_0)(A/P, i_c, N_0) \quad (7\text{-}7)$$

或

$$\text{AC}_{\min} = (P - L_{N_0})(A/P, i_c, N_0) + L_{N_0} i_c + \sum_{t=0}^{N_0} C_t(P/F, i_c, N_0)(A/P, i_c, N_0) \quad (7\text{-}8)$$

由式（7-5）至式（7-8）可以看出，用净年值或年成本估算设备的经济寿命的过程是在已知设备现金流量和折现率的情况下，逐年计算从第 1 年到第 N 年全部使用期的年等效值，从中找出平均年成本的最小值（仅考虑项目支出时），或平均年盈利的最大值（全面考虑项目收支时）及其所对应的年份，从而确定设备的经济寿命。

【例 7-3】 假设折现率为 6%，计算【例 7-1】中设备的经济寿命。

【解】 计算设备不同使用年限的年成本 AC，见表 7-4。可以看出，考虑资金时间价值时，该设备使用到第 6 年时，等值年费用为 14405.2 元，为最低。使用年限大于 6 年或小于 6 年时，其等值年费用均大于 14405.2 元，故该设备动态经济寿命为 6 年。

表 7-4 设备在不同使用年限时的动态年平均成本 （单位：元）

使用年限 (1)	$(P-L_N)$ (2)	$(A/P, 6\%, t)$ (3)	$L_N \times 6\%$ (4)	$(2) \times (3) + (4)$ (5)	C_t (6)	$(P/F, 6\%, t)$ (7)	$[\sum (6) \times (7)] \times (3)$ (8)	$(5) + (8)$ (9)
1	15000	1.0600	900	16800.0	5000	0.9434	5000.0	21800.0
2	22500	0.5454	450	12721.5	6000	0.8900	5485.1	18206.6
3	26250	0.3741	225	10045.1	7000	0.8396	5961.0	16006.1
4	28125	0.2886	112.5	8229.4	9000	0.7921	6656.0	14885.4
5	29000	0.2374	60	6944.6	11500	0.7473	7515.4	14460.0
6	29000	0.2034	60	5958.6	14000	0.7050	8446.6	14405.2
7	29000	0.1791	60	5253.9	17000	0.6651	9462.5	14716.4

在实际应用时，如果根据经验即可大致估计出经济寿命的范围，则只需计算在此年限范围内各年的等值年费用，然后加以比较。例如，估计该设备的经济寿命可能在 5~7 年，则只需计算 5、6、7 这三个年份的等值年费用，找出等值年费用最小值所在的年份，就可以确定设备的经济寿命，这样可减少数值计算的工作量。

7.3.2 新型设备更新

新型设备更新是指以结构更先进、技术更完善、效率更高、性能更好、能源和原材料消耗更少的新型设备来替换那些技术陈旧、经济上不宜继续使用的旧设备。在技术不断进步的条件下，由于无形磨损的作用，很可能设备尚未使用到其经济寿命期，就已出现了重置价格很低的同型设备或工作效率更高和经济效益更好的新型的同类设备。新型设备更新经济分析是指对新设备方案与旧设备方案进行比较分析，从而决定是马上购置新设备、淘汰旧设备，还是至少保留使用旧设备一段时间，再用新设备替换旧设备。新设备原始费用高，运营费和维修费低；旧设备目前净残值低，运营费和维修费高。设备是否更新的关键是新设备与旧设备相比的节约额是否比新设备投入的购置费用的价值大，因此，只有进行权衡判断才能做出正确的选择，一般情况下还要进行逐年比较。

由于新设备方案与旧设备方案的寿命在大多数情况下是不等的，各方案在各自的计算期内的净现值不具有可比性。因此，新型设备更新主要用净年值或年成本进行分析。

在进行设备更新方案比选时，可按以下步骤进行：

1）按表 7-4（或表 7-2）计算新旧设备方案在不同使用年限时的动态（或静态）年平均成本和经济寿命。

2）确定设备更新时机。设备更新即使在经济上是有利的，也未必应该立即更新。换言之，设备更新分析还包括更新时机的选择问题，即现有已用过一段时间的旧设备究竟在什么时机更新最经济。

① 如果旧设备继续使用 1 年的年成本低于新设备的年成本，即 $AC_旧 < AC_新$，此时，不更新旧设备，继续使用旧设备 1 年。

② 当新旧设备方案出现 $AC_旧 > AC_新$，此时，应更新旧设备，这就是设备更新的时机。

总之，以经济寿命为依据的新型设备更新的原则是将设备使用到最有利的年限再进行更新。

【例 7-4】 某单位 3 年前用 40 万元购买了一台磨床，它一直正常运行。但现在市场出现一种改进的新型磨床，售价为 35 万元，并且其运营费用低于现有磨床。现有磨床和新型磨床各年的残值及运营费用见表 7-5。现有磨床目前的转让价格为 12 万元，还可使用 4 年，新型磨床的经济寿命为 6 年。假设基准收益率为 15%，分析该磨床是否需要更新。

表 7-5　磨床相关统计资料　　　　　　　　　　　　（单位：元）

年份	现有磨床		新型磨床	
	运营费	净残值	运营费	净残值
1	34000	70000	2000	300000
2	39000	40000	10000	270000
3	46000	25000	12000	240000
4	56000	10000	15000	200000
5			20000	170000
6			26000	150000

【解】 因为现有磨床还可使用 4 年，所以对于新型磨床来说，只需考虑前 4 年的情况。如前述设备更新经济分析应遵循的原则，设备更新分析时设备的价值应依据原设备目前

实际价值计算,不考虑沉没成本,所以现有设备价值按12万元的现行市场价格计算。

$AC_{旧} = [120000+34000\times(P/F,15\%,1)+39000\times(P/F,15\%,2)+46000\times(P/F,15\%,3)+$
$\qquad 56000\times(P/F,15\%,4)-10000\times(P/F,15\%,4)](A/P,15\%,4) = 82531$ 元

$AC_{新} = (350000-200000)\times(A/P,15\%,4)+200000\times15\%+[2000\times(P/F,15\%,1)+$
$\qquad 10000\times(P/F,15\%,2)+12000\times(P/F,15\%,3)+15000\times(P/F,15\%,4)]\times(A/P,15\%,4)$
$\qquad = 91571$ 元

因为 $AC_{旧} < AC_{新}$,即新型磨床的年费用高于现有磨床,所以现在不应进行更新。

【例7-5】 某单位有一台旧机器,目前可以转让,价格为25000元,下一年将贬值10000元,以后每年贬值5000元。由于性能退化,它今年的使用费为80000元,预计今后每年将增加10000元。它将在4年后报废,净残值为0。现有一台新型的同类设备,它可以完成与现在设备相同的工作,购置费为160000元,年平均使用费为60000元,经济寿命为7年,期末净残值为15000元,并预计该设备在7年内不会有大的改进。假设基准收益率为12%,问是否需要更新现有设备?如果需要,应该在什么时候更新?

【解】 确定新设备的年平均费用:

$AC_{新} = [(160000-15000)\times(A/P,12\%,7)+15000\times12\%+60000]$ 元 $= 93572$ 元

确定旧设备持续使用4年的年平均费用:

$AC_{旧} = [25000\times(A/P,12\%,4)+80000+10000\times(A/P,12\%,4)]$ 元 $= 101819$ 元

显然,旧设备的年费用高于新设备的年费用,那么旧设备需要更新。但如果做出马上就更新的决策,可能是错误的,何时更新需要进一步分析。

如果旧设备再使用2年,计算第1年的年费用:

$AC_{旧1} = [(25000-15000)\times(A/P,12\%,1)+15000\times12\%+80000]$ 元 $= 93000$ 元

因为 $AC_{旧1}<AC_{新}$,所以旧设备在第一年应该继续保留使用。

如果旧设备再保留使用到第二年,计算第二年的年费用:

$AC_{旧2} = [(15000-10000)\times(A/P,12\%,1)+10000\times12\%+90000]$ 元 $= 96800$ 元

显然,如果保留使用到第2年,第2年的年费用高于新设备的年平均费用,则旧设备在第2年使用之前就应该更新。

因此,现有设备应该再保留使用1年,1年后更新为新设备。

延伸思考

1949年后,我国在科学技术领域取得了重大成就,从"两弹一星"到北斗卫星导航系统,取得这些科技成就的背后是祖国无数科技工作者艰辛的默默付出。而这些科技工作者正是工匠精神的体现。我们在今后的工作岗位上也要发扬工匠精神,忍得住寂寞,具有

敬业精神，不能好高骛远，避免心浮气躁。在工作岗位上我们也需要创新精神，创新精神是工匠精神的核心和延续，要把创新精神和工匠精神相结合，真正做到爱岗敬业，精益求精。

设备更新分析应关注新技术和创新方法如何改善设备性能、降低能耗、提高生产效率等；应关注资源的可持续利用，因为可持续发展是一个关键目标，例如应该分析评估设备更新对资源的利用效率，以确保资源的可持续性。

7.4 设备租赁与购置经济分析

7.4.1 设备租赁概述

设备租赁是指设备承租人（使用人）按照合同规定按期向设备出租人（所有人）支付一定费用而取得设备使用权的一种经济活动。设备租赁一般有融资租赁和经营租赁两种方式。

融资租赁一般租赁期较长，租赁双方承担确定时期的租让和付费义务，不得任意中止和取消租约。该方式常适用于技术更新快，临时或短期使用的车辆、设备和仪器。

经营租赁一般租赁期较短，租赁双方的任何一方可以随时以一定的方式在通知对方后的规定期限内取消或中止租约。资金不足的而需要长期租赁贵重和大型设备的企业常使用经营租赁。

1. 设备租赁与设备购买相比的优点

1）在资金短缺的情况下，租赁既可用较少的资金获得生产急需的设备，又可以引进先进设备，加速技术进步的步伐。

2）租赁可获得良好的技术服务。

3）租赁可以保持资金的流动状态，防止呆滞，也不会使企业资产负债状况恶化。

4）租赁可避免通货膨胀和利率波动的冲击，减少投资风险。

5）设备租金可在企业所得税前扣除，能享受税费上的利益。

2. 设备租赁与设备购买相比的不足之处

1）在租赁期间承租人对租用设备没有所有权，只有使用权，因而承租人无权随意对设备进行改造，不能处置设备，也不能用于担保、抵押贷款。

2）承租人在租赁期间所交的租金总额一般比直接购置设备的费用要高。

3）长年支付租金会形成企业长期负债。

4）融资租赁合同规定严格，毁约要赔偿损失、罚款较多等。

融资租赁是企业应对资金不足、确保生产经营需要的一种融资手段，不是企业自主经营的结果。因此，本书不考虑设备融资租赁与设备购置的经济分析。

7.4.2 设备经营租赁与购置方案经济比选

对于承租人来说，选择购置设备还是租赁设备应取决于这两种方案在经济上的比较，比较的原则和方法与一般的互斥投资方案的比选方法相同。进行设备经营租赁与购置方案的经济比选时，必须详细地分析各方案寿命期内各年的现金流量情况，并对各方案的经济效益进行比较，从而确定以何种方式投资才能获得最佳收益。

1. 设备经营租赁方案的净现金流量

采用设备经营租赁的方案,租赁费可以直接计入成本,每期净现金流量确定如下:

第 t 年净现金流量=营业收入-经营成本-租赁费用-与营业相关的税金-所得税税率×

(营业收入-经营成本-租赁费用-与营业相关的税金) (7-9)

上式中,租赁费用主要包括租赁保证金、担保费和租金。

(1)租赁保证金

为了确认租赁合同并保证其执行,承租人必须先交纳租赁保证金。当租赁合同结束时,租赁保证金将被退还给承租人或在偿还最后一期租金时加以抵销。租赁保证金一般按合同金额的一定比例计算,或是某一基数的金额(如一个月的租金额)计算。

(2)担保费

出租人一般要求承租人请担保人对租赁交易进行担保,当承租人由于财务危机付不起租金时,由担保人代为支付租金。一般情况下,承租人需要付给担保人一定数目的担保费。

(3)租金

租金是签订租赁合同的一项重要内容,直接关系出租人与承租人双方的经济利益。出租人要从取得的租金中得到出租资产的补偿和收益,即要收回租赁资产的购进原价、贷款利息、营业费用和一定的利润;承租人则要根据租金核算成本。影响租金的因素有很多,如设备的价格、融资的利息及费用、各种税金、租赁保证金、运费、租赁利差、各种费用的支付时间,以及租金采用的计算公式等。租金的计算主要有附加率法和年金法。

1)附加率法。附加率法是指在租赁资产的设备货价或概算成本上再加上一个特定的比率计算租金。特定的比率是指在租赁购置成本上,附加一项特定的附加利率,其取值大小由营业费用和预期利润来确定,通常是出租人的纳税税率。

每期租金 R 的表达式如下:

$$R = P\frac{1+Ni}{N} + Pr \qquad (7-10)$$

式中 R——每期期末租金;

P——租赁资产的价格;

N——租赁期数,可按月、季、半年、年计;

i——与租赁期数相对应的利率;

r——附加值。

附加率法计算租金一般只有在经营租赁或使用特殊的租赁物件时才采用,原因是经营租赁与融资租赁的税制不同,租赁公司在取得某种租赁物件时提供了一些额外的服务,为此要增加费用,因此,租金收益要提高一些。

【例 7-6】 某施工企业拟租赁一台施工机械,已知该施工机械的价格为 72 万元,租期为 7 年,每年年末支付租金,租金按附加率法计算,折现率为 10%,附加率为 4%,问每年租金是多少?

【解】 $R = P\dfrac{1+Ni}{N} + Pr = \left(72 \times \dfrac{1+7\times10\%}{7} + 72\times 4\%\right)$ 万元 = 20.37 万元

2）年金法。年金法是指将一项租赁资产价值按相同比率分摊到未来各租赁期间内的租金计算方法。年金法有期末支付方式和期初支付方式之分。

期末支付方式是指在每期期末等额支付租金。每期租金 R 的表达式如下：

$$R = P\frac{i(1+i)^N}{(1+i)^N - 1} = P(A/P, i, n) \tag{7-11}$$

期初支付方式是指在每期期初等额支付租金。每期租金 R 的表达式为

$$R = P\frac{i(1+i)^{N-1}}{(1+i)^N - 1} = \frac{P(A/P, i, n)}{1+i} \tag{7-12}$$

年金法计算租金适用范围广，目前我国大部分租赁公司采用年金法计算租金。

【例 7-7】 各种数据与【例 7-6】相同，试分别按每年年末、每年年初支付方式计算租金。

【解】 按每年年末支付方式：

$$R = P\frac{i(1+i)^N}{(1+i)^N - 1} = 72 \times \frac{10\% \times (1+10\%)^7}{(1+10\%)^7 - 1} \text{万元} = 14.79 \text{万元}$$

按每年年初支付方式：

$$R = P\frac{i(1+i)^{N-1}}{(1+i)^N - 1} = 72 \times \frac{10\% \times (1+10\%)^{7-1}}{(1+10\%)^7 - 1} \text{万元} = 13.44 \text{万元}$$

2. 设备购置方案的净现金流量

与设备经营租赁在相同条件下的设备购置方案的每期净现金流量确定如下：

第 t 年净现金流量=营业收入-经营成本-设备购置费-贷款利息-与营业相关的税金+
设备净残值-所得税税率×(营业收入-经营成本-折旧-贷款利息-
与营业相关的税金) (7-13)

应该注意，式（7-9）和式（7-13）中各项现金流量有的发生在第 0 年（设备寿命期期初），如设备购置费；有的可能发生在设备使用期中每年的年初，如设备租赁费；有的发生在设备使用期中每年的年末，如营业收入、税金及附加、经营成本和所得税；有的发生在设备使用期期末，如设备残值回收。应根据实际情况，在经济分析中具体加以考虑。

3. 增量现金流量

由于设备购置与租赁方案选择的经济比选属于寿命期相同的互斥方案比选，因此可以采用净现值法或年值法，选择收益效果较好（或成本较低）的方案。为了简化计算，只需比较它们之间的差额部分。假设租赁与购置设备方案营业收入相同，则净现金流量中与营业相关的税金、经营成本和所得税税率数额及发生时间均完全相同，从式（7-9）和式（7-13）可以看出，只需比较以下两式即可：

设备租赁净现金流量=所得税税率×租赁费用-租赁费用 (7-14)
设备购置净现金流量=所得税税率×(折旧+贷款利息)-设备购置费-
贷款利息+设备净残值 (7-15)

则设备购置对于设备租赁方案的增量现金流量确定如下：

第 t 年增量现金流量＝设备购置净现金流量－设备租赁净现金流量
＝所得税税率×(折旧＋贷款利息－租赁费)－设备购置费－
贷款利息＋租赁费用＋设备净残值　　　　　　　　　(7-16)

根据互斥方案增量分析法，如果设备购置对于设备租赁方案的增量现金流量的现值大于或等于0，则说明设备购置方案增加投资在财务上是可行的，应选择设备购置；否则，则说明增加投资不值得，应选择设备租赁。

【例7-8】 某建筑企业因施工需要吊装设备，现有2个方案：如购买吊装设备需购置费20万元，可利用50%的银行贷款，贷款期限3年、按利率8%等额支付本利和；如租赁该设备，每年年末需支付租赁费5.6万元。设备采用直线法计提折旧，使用期为5年，期末残值为5000元，企业所得税税率为25%，行业基准收益率为10%。请为企业进行方案选择。

【解】 (1) 计算年折旧费。

年折旧费＝[(200000－5000)÷5]元＝39000元

(2) 计算年借款利息。各年支付的本利和按下式计算，则各年的还本付息见表7-6。

年等额还本付息＝[200000×50%×(A/P,8%,3)]元＝38800元

表7-6　各年支付的本息　　　　　　　　　　(单位：元)

年份	期初剩余本金 (1)	本期应计利息 (2)=(1)×8%	本期还款金额 (3)	其中本期支付本金 (4)=(3)-(2)
1	100000	8000	38803	30803
2	69197	5536	38803	33267
3	35930	2874	38803	35929

(3) 计算增量现金流量。

根据式(7-16)计算，各年增量现金流量见表7-7。

表7-7　各年增量现金流量　　　　　　　　　　(单位：元)

现金流量项目		年份					
		第0年	第1年	第2年	第3年	第4年	第5年
设备购置费	(1)	200000					
折旧费	(2)		39000	39000	39000	39000	39000
贷款利息	(3)		8000	5536	2874		
租赁费	(4)		56000	56000	56000	56000	56000
折旧＋利息－租赁费	(5)=(2)+(3)-(4)		-9000	-11464	-14126	-17000	-17000
(折旧＋利息－租赁费)×税率	(6)=(5)×25%		-2250	-2866	-3531.5	-4250	-4250
设备残值回收	(7)						5000
净现金流量	(8)=(4)+(6)+(7)-(1)-(3)	-200000	45750	47598	49594.5	51750	56750

(4) 计算增量现金流量的现值。

$\Delta \text{NPV}_{购置-租赁} = [-200000+45750\times(P/F,10\%,1)+47598\times(P/F,10\%,2)+49594.5\times$
$(P/F,10\%,3)+51750\times(P/F,10\%,4)+56750\times(P/F,10\%,5)]$ 元
$= -11232.01$ 元 < 0

说明增加投资的内部收益率小于基准收益率，所以增加投资不可行，应选择投资较小的租赁施工机械方案，可取得较好的经济效益。

本章小结

设备损耗带来设备处置问题，设备更新是设备处置的一种方式，设备更新决策是工程经济分析的特殊应用，因此应在前述章节的基础上进行学习。本章新增概念是设备年均总成本，它是指设备全寿命期总成本的等额值，由两部分构成：设备购置成本的年等值和使用成本的年等值。可以依据第3章的资金等值方法完成计算。

设备年均总成本达到最小时的年份称为设备经济寿命。设备经济寿命依据是否考虑资金时间价值分为静态经济寿命和动态经济寿命。设备经济寿命是设备更新决策的重要依据：一方面当设备使用年限超过设备经济寿命时，就应进行设备更新；另一方面通过比较设备经济寿命年均总成本进行更新决策。

以何种设备进行更新的决策分析包括原型设备更新决策和新型设备更新决策，应使用不同方法进行。原型设备是否更新取决于设备经济寿命，超过设备经济寿命的设备应以原型设备更换原有设备；新型设备更新决策是新旧设备的比较问题，可采用净年值法或年成本法进行更新决策。

在项目设备更新决策中，设备租赁与设备购买、保持设备原状一同构成设备决策的方案集，在方案比较时重点考虑不同处置方式所产生的税款抵扣差异。

物联网、数据技术的发展使设备数据积累日益丰富，为设备更新管理提供了良好的基础，因此基于数据驱动的动态管理是设备更新管理的发展方向。

习题

1. 设备更新经济分析应遵循哪些原则？
2. 简述设备的自然寿命、技术寿命、折旧寿命和经济寿命。
3. 什么是设备的有形磨损和无形磨损？设备的有形磨损和无形磨损如何补偿？
4. 对于承租人来说，设备租赁与设备购置相比，有哪些优点和不足？
5. 现有一台设备，目前实际价值为1000元，预计净残值为100元，第1年的设备总成本费用为80元，每年设备的劣化增量相同，年低劣化值为50元，求该设备的经济寿命。
6. 某施工企业拟租赁一台施工设备，已知设备的价格为68万元，租期为5年，折现率为12%，附加率为4%。

（1）租金按附加率法计算，每年年末支付，该施工企业每年应付租金是多少？

（2）租金按年金法计算，每年年初和每年年末支付，该施工企业每年应付租金分别是多少？

7. 某设备原值 16000 元，其各年残值及使用费资料见表 7-8。试求在不考虑时间因素的情况下，该设备的经济寿命。

表 7-8 设备有关统计资料 （单位：元）

继续使用年限	1	2	3	4	5	6	7
年运行成本	2000	2500	3500	4500	5500	7000	9000
年末残值	10000	6000	4500	3500	2500	1500	1000

8. 某公司用旧设备 A 加工某产品的关键零件。设备 A 是 8 年前买的，当时的购置及安装费为 8 万元，设备 A 目前市场价值为 18000 元，估计可再使用 2 年，退役时残值为 2750 元。目前市场上出现了新型设备 B，设备 B 的购置及安装费为 12 万元，使用寿命为 10 年，残值为原值的 10%。旧设备 A 和新设备 B 加工 100 个零件所需时间分别为 5.24h 和 4.2h，预计该公司今后每年平均产品销量为 44000 件。该公司人工费为 18.7 元/h。设备 A 动力费为 4.7 元/h，设备 B 动力费为 4.9 元/h。基准折现率为 10%，试分析是否应用新设备 B 更换旧设备 A。

9. 某企业需要某种设备，其购置费为 100 万元，可贷款 70 万元，贷款利率为 8%，在贷款期 3 年内每年年末等额还本付息。设备使用期为 5 年，期末设备残值为 5000 元。这种设备也可以租赁，每年年末租赁费为 280000 元。企业所得税税率为 25%，采用直线法计提折旧，基准折现率为 10%，试为企业选择方案。

第8章 价值工程

本章概要

1. 价值工程对象的选择
2. 功能分析
3. 功能评价

重点提示

价值工程的起源、内涵；价值工程对象的选择，信息的收集，功能分析，方案的创造及评价；价值工程在实际应用中的典型案例。

学习目标

了解价值工程的产生、发展和应用领域；掌握应用价值工程方法解决问题的工作程序；掌握价值工程分析对象的选择方法；熟悉功能分析及功能评价的常用方法；掌握方案优选及方案改进的原理及方法。

相关知识

价值工程是针对工程方案开展的一种特殊类型的工程经济分析方法，秉持投入产出基本原则。价值工程的内涵是在项目中投入货币资金后，用"价值"的方式来衡量项目的产出，不仅可以用于方案的投入产出测量，而且可以用于方案的局部及整体的创新、改善和优化。

8.1 价值工程概述

8.1.1 价值工程的产生

价值工程又称价值分析，产生于 20 世纪 40 年代后期的美国。创始人是美国通用电气公司负责物资采购工作的电气工程师麦尔斯。

在著名的"石棉板事件"的基础上,麦尔斯根据生产实践整理归纳,于 1947 年在《美国机械师》杂志上公开发表《价值分析》一文,标志着价值工程产生。价值工程产生后,企业对产品的采购从"追求名字"到"寻找内涵",此方法的使用范围也进一步扩大到产品外的其他方面。

8.1.2 价值工程的概念

价值工程是指以研究对象的功能分析为核心,以提高研究对象的价值为目的,力求以最低寿命期成本来可靠地实现研究对象所要求功能的技术与经济相结合的学科。运用价值工程的原理和方法,对建设项目进行技术经济分析评价,可以达到有效降低资源消耗、获取最佳综合效益的目的。

价值工程中的"工程",是指为实现提高产品价值的目标所进行的一系列分析研究活动。

价值工程的对象,是指为获取功能而发生费用的事物,如服务、产品、工程、工艺等。

价值工程的核心,是指对研究对象进行功能分析。

价值工程涉及功能、全寿命期成本和价值三个基本要素。

1. 功能

(1) 功能的含义

功能即效用,是指产品或服务满足用户需求的属性。任何产品都具有功能,如道路的功能是提供交通便利,建筑物的功能是提供生活、学习、工作等活动场所。就建筑产品而言,功能是某一建筑产品区别于另一建筑产品的主要划分标准,是建筑产品的内在本质表现。就用户而言,表面上用户需求某种产品,实际上是需求它所提供的某种功能。不同的建筑产品有不同的使用功能。例如,人们购买住宅,购买的是住宅"能提供居住空间"的功能,建造工业厂房,是为满足工业生产、加工、储存、运输等工艺流程需要。从这个意义上分析,企业生产的实际上是功能,用户所买的实际上也是功能。

具有同样功能的不同建筑产品给用户带来的满足程度是不同的。同样功能的不同产品的这种差别是功能水平的差别。功能水平由一系列的技术经济指标和综合特性指标表示。例如,住宅建筑常常使用平面空间布局、建筑面积、使用面积及采光、通风、能耗、安全性能等指标来测定其功能水平的高低。工业厂房要满足生产一定工业产品的要求,不仅要考虑设备的布置、安装的场地和条件,还要考虑必需的空调、采暖、照明、给水排水等功能,以便提供适宜的生产环境。

(2) 功能的分类

产品的功能多种多样,其性质、重要程度差别很大。功能分析的目的是在满足用户基本使用功能的基础上,尽可能增加产品的必要功能,减少不必要的功能。因此,有必要进行功能的分类,以便在价值分析中保留必要功能,剔除不必要功能。

1) 按功能的性质分类,可将功能分为使用功能与品味功能。使用功能从功能的内涵上反映其使用属性,是对象所具有的与技术经济用途直接相关的一种动态功能;品味功能是指与使用者的主观意识、精神感觉有关的功能,如美学功能、欣赏功能等,是一种静态的外观功能。

2）按功能的重要程度分类，可将功能分为基本功能和辅助功能。基本功能是与对象的主要目的直接有关的功能，是实现该对象用途的必不可少的功能，即主要功能。例如，住宅的主要功能是提供居住空间，学校的主要功能是提供学习场所和环境等。确定基本功能应该从用户需要的功能出发，主要考虑三个方面：一是作用是否是必需的；二是主要用途是否是主要的；三是其作用改变后是否会使性质全部改变。辅助功能是指基本功能以外的附加功能，也叫二次功能。例如，室内隔墙的基本功能是分割空间，同时也具有隔声、保温等辅助功能。辅助功能可以根据用户需求而改变。

3）按用户需求分类，可将功能分为必要功能与不必要功能。必要功能是指为满足用户要求而必须具备的功能，如使用功能、美学功能、基本功能、辅助功能等均为必要功能；不必要功能是对象所具有的、不符合用户要求的功能，包括三类：多余功能、重复功能和过剩功能。功能分析的目的是在满足用户基本使用功能的基础上，尽可能增加产品的必要功能，减少不必要功能。

4）按功能的标准分类，可将功能分为过剩功能与不足功能。这是从定量角度对功能进行的分类。过剩功能是指某些功能虽必要，但满足用户需要后仍有剩余，在数量上超过了用户要求或标准功能水平。不足功能是相对于过剩功能而言的，表现为产品整体功能或零部件功能水平在数量上低于标准功能水平，不能完全满足用户需要。例如，建筑物的条形基础若采用刚性材料砌筑，则需要符合刚性角的要求；若砌筑成矩形，那么基础的功能就会有一部分过剩。

2. 全寿命期成本

（1）全寿命期的含义

事物从产生、发展到其结束的整个过程称为事物的全寿命期。建筑产品全寿命期是指一个建设项目从前期决策、勘察设计、施工、使用、维修乃至报废淘汰（即项目完全失去效益）的整个过程所需要的时间。

（2）全寿命期成本的含义

产品在整个寿命期内所发生的从研究、形成到退出使用所需要的全部费用称为全寿命期成本。它包括生产成本和使用成本两部分。生产成本是指产品从研究开发到流通到用户手中为止的全部费用。使用成本是指用户在使用过程中发生的各种费用，包括维修费用、能源消耗费用、管理费用等。对建筑产品来说，全寿命期成本包括建设成本和使用成本，建设成本是指建筑产品从筹建到竣工验收为止所投入的全部成本费用，包括勘察设计费、施工建造费等。使用成本则是指建筑产品在使用过程中发生的各种费用，包括各种能耗成本、维护成本和管理成本等。

图 8-1 为全寿命期成本构成。

从图中可看出，对于用户而言，建筑产品全寿命期费用=建设成本+使用成本，即 $C=C_1+C_2$。

产品的全寿命期成本与产品的功能有关。随着建筑产品功能水平的提高，建筑产品的使用成本下降，但建设成本增高；反之，使用成本增高，建设成本降低。一座精心设计的商用大楼，如果质量得到有力保证，使用中发生的维修费用就会比较低；如果设计粗糙且在施工

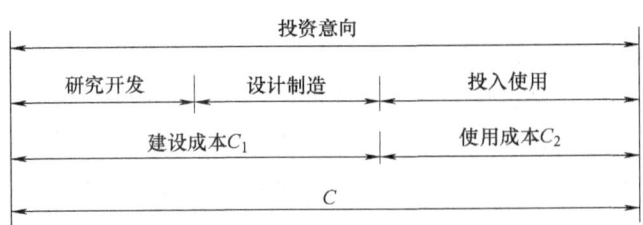

图 8-1　全寿命期成本构成

中偷工减料，产品质量低劣，使用过程中的维修费用就会较高。这种使用成本、建设成本与功能水平的变化规律决定了全寿命期成本与功能水平呈马鞍形变化。最低全寿命期费用 C_0 所对应的功能水平 F_0 是从费用方面考虑最为适宜的功能水平。价值工程的目的在于使全寿命期成本趋近于 C_0，而使产品的功能趋近于最佳功能 F_0。如图 8-2 所示，建设成本、使用成本为 C_1、C_2，则图中 C_0 为最低全寿命期成本。

3. 价值

价值工程中的"价值"是个相对的概念，是指研究对象所具有的功能与获得该功能的全部费用的比值。价值工程不是指对象的使用价值或交换价值，而是对象的比较价值，即性能价格比。价值定义式如下：

$$V = \frac{F}{C} \quad (8-1)$$

式中　V——价值；
　　　F——功能；
　　　C——全寿命期成本。

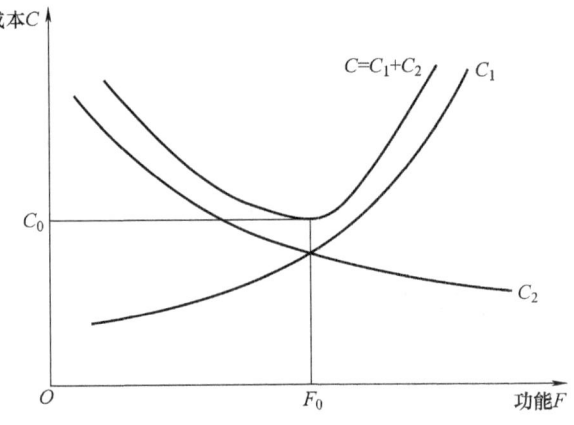

图 8-2　全寿命期成本与功能的关系

8.1.3　提高价值的途径

从价值定义式分析可知，价值的提高取决于功能和成本两个要素，因此，要提高某个产品的价值，必须从功能和成本两方面来考虑。只有科学处理好功能和成本的关系，才能增加价值。

1）在提高对象功能的同时，降低成本：

$$\frac{F\uparrow}{C\downarrow} = V\uparrow\uparrow$$

2）在保持成本不变的前提下，提高功能：

$$\frac{F\uparrow}{C\rightarrow} = V\uparrow$$

3）在保持功能不变的前提下，降低成本：

$$\frac{F\rightarrow}{C\downarrow} = V\uparrow$$

4）成本稍有增加，但功能大幅度提高：

$$\frac{F\uparrow\uparrow}{C\uparrow}=V\uparrow$$

5）功能稍有下降，但成本大幅度降低：

$$\frac{F\downarrow}{C\downarrow\downarrow}=V\uparrow$$

在价值分析中，要明确价值分析的目的是分析产品成本与功能之间的数量关系，从中发现薄弱环节，识别并消除非必要费用。消除非必要费用的途径包括修改设计，改变原材料品种、规格和供应来源，采用代用材料或者少用材料，采用更合理的工艺流程、生产组织形式及管理方法等，从而有效地降低加工费用。

> 某民营医院为母婴提供高端医疗服务。为在市场上取得服务竞争能力，该医院提供包括个性医疗、高端护理、星级宾馆式的病房医疗环境等多方面的服务内容，但其服务费用是公立妇产医院费用的若干倍。分析该项目提高价值的路径。
>
> 【分析】
> 该医院的运营企业在增加服务费用的同时，根据高端市场客户需求，在医疗服务这一基本功能的基础上，相应增加了附属服务功能，如酒店式服务、个性化健康管理等，使得该医院设施整体取得了高水平的性价比，即使功能大幅度提高，由此获得市场认可，符合第 4 种价值提升的路径。

8.1.4 价值工程的特点

价值工程是一种现代化管理技术和分析方法，具有下述特点：

1）价值工程以用户的功能需求为出发点。

2）价值工程是一项致力于提高对象价值的创造性活动。价值工程将产品价值、功能和成本作为一个整体同时考虑。价值工程中对价值、功能、成本的考虑，是在产品功能的基础上综合考虑生产成本和使用成本，兼顾生产者和使用者的利益，创造出总体价值最高的产品，是致力于提高价值的创造性活动。

3）价值工程以功能分析为核心，通过系统研究功能与成本的关系，可以在方案改进中去掉不必要的功能、消减过剩功能、补充不足功能，使产品的功能结构更加合理，以达到保证功能、降低成本、满足用户要求、提高产品竞争能力的目的。

4）价值工程的活动领域涉及全寿命期。价值工程的目标是以最低的全寿命期成本使产品具备它所必须具备的功能。在产品全寿命期中，生产成本一般随功能水平（技术性能）的提高有所增长，而使用成本则相反。价值工程的基本思想是有效地利用资源，尽量用最少的资源满足用户对功能的要求，并使全寿命期成本最低。应用价值工程有时虽然生产成本提高了，但使用成本会有所下降，同样会节约社会资源。因此，通过降低成本提高价值的活动应贯穿于生产和使用的全过程。

5）价值工程可以量化计算。价值工程要求将功能定量化，即将功能转化为能够与成本直接相比较的量化值。

8.1.5 价值工程的问题

1. 基本问题

1）价值工程的研究对象是什么?
2）该对象的用途是什么?
3）该对象的成本是多少?
4）该对象的价值是多少?
5）有无其他方法可以实现同样的功能?
6）新方案的成本是多少?
7）新方案能满足要求吗?
8）新方案偏离目标了吗?

2. 应用特点

1）价值工程以使用者的功能需求为出发点,以产品的市场需求为基础来进行产品的定义。
2）价值工程以研究对象的功能分析为核心,贯穿价值工程活动的始终,包括功能是什么、实现功能的手段是什么。
3）价值工程是一项致力于提高对象价值的创造性活动,可以实现生产要素再组合下产品、方案及服务的价值创新。
4）价值工程是一项有组织、有计划的系统活动,有明确的主体、客体及经济与创新的目标。
5）价值工程适用范围广泛,可用于产品、工程方案、服务等生产与生活方面。

3. 价值工程的工作步骤

价值工程是一个发现问题、分析问题和解决问题的过程,它的实施步骤可分为准备阶段、分析阶段、创新阶段与方案实施评价4个阶段(表8-1)。由于价值工程的应用范围广泛,其活动形式也不尽相同,因此,在实际应用中可参照表8-1的工作程序,根据对象的具体情况,应用价值工程的基本原理和思想方法,考虑具体的实施措施和方法步骤。其中,对象选择、功能成本分析、功能评价和方案创新与评价是价值工程工作程序的关键内容,体现了价值工程的基本原理和思想,是不可缺少的。

表8-1 价值工程的工作步骤

工作阶段	设计程序	基本步骤	详细步骤	解决的问题	说明
准备阶段	制订工作计划	确定目标	1. 对象选择 2. 资料收集	1. 价值工程的研究对象是什么	1. 应明确目标、约束条件和分析范围 2. 一般由项目负责人、专业技术人员及熟悉价值工程的人员执行 3. 确定具体的执行人、执行日期、工作目标

(续)

工作阶段	设计程序	基本步骤	详细步骤	解决的问题	说明
分析阶段	规定评价（功能要求事项实现程度）的标准	功能分析	3. 功能定义 4. 功能整理	2. 它的功能有哪些	4. 贯穿价值工程的全过程 5. 明确功能特征要求，绘制功能系统图 6. 明确目标成本，确定功能改进区
		功能评价	5. 功能成本分析	3. 它的成本是多少	
			6. 功能评价	4. 它的价值是多少	
			7. 确定改进对象范围		
创新阶段	初步设计	制定改进方案	8. 方案创造	5. 还有其他途径能实现这一功能吗	7. 提出各种不同的实施方案 8. 从技术、经济、社会等方面综合评价各方案的可行性 9. 将优选出的方案及有关资料编制成册
	评价各设计方案，改进优化方案		9. 概略评价	6. 新方案的成本是多少	
			10. 调整完善		
			11. 详细评价		
	方案书面化		12. 提出方案	7. 新方案能满足功能要求吗	
方案实施评价	检查实施情况并评价活动结果	方案实施与成果评价	13. 方案审批	8. 新方案偏离目标了吗	10. 主管部门进行方案的审批 11. 制订实施计划，组织实施并跟踪检查 12. 对实施后取得的技术经济成果进行鉴定
			14. 方案实施与检查		
			15. 成果评价		

8.2 价值工程对象的选择

价值工程是对某个具体对象开展的有针对性的分析评价和改进，有价值工程对象才有分析的具体内容和目标。对任何组织来讲，凡是为了获取功能而发生费用的事物，如服务、产品、工程、工艺等，都可以作为价值工程的对象。但组织不可能对所有的子项目、产品零部件或工序、作业等都进行分析、研究，必须分清主次，有重点、有顺序地选择每次价值工程的对象。价值工程对象选择的过程就是逐步缩小研究范围、寻找目标、确定主攻方向的过程。

8.2.1 选择对象的原则

价值工程对象一般选择在经营上迫切需要改进的产品、功能改进和成本降低的潜力比较大的产品。

1）从产品构造方面看，一般选择复杂、笨重、材料昂贵且性能差的产品，因为结构复杂的工程和构配件有简化的可能性；体积与重量大的工程和构配件是节约原材料和改进施工（生产）工艺的重点。

2）从制造方面看，一般选择产量大、消耗高、工艺复杂、成品率低及占用关键设备多的产品。因为数量大、应用面广的构配件（如外墙、楼板、防水材料、人工地基等）成本降低的潜力大；对产品功能提高起关键作用的构配件，改进后功能提高效果显著。

3）从成本方面看，一般选择占成本比重大和单位成本高的产品。因为成本高的工程和构配件的施工（生产）难度大；消耗材料和工时多的工程和构配件，其改进的潜力大，对产品的价值影响大。

4）从销售方面看，一是选择用户意见大、竞争能力差、利润低的产品；二是选择畅销产品，以保持优势，提高竞争力。

5）从产品发展方面看，一般选择正在研制、将要投放市场的产品。选择可利用新材料、新设备、新工艺、新结构及在科研上已有先进成果的工程和构配件，可以有效节约成本，提高产品价值。

总之，应选择可提高功能或降低成本，或有利于价值提高的对象。应当防止忽视价值水平而只考虑提高功能或只考虑降低成本，从而导致价值降低的倾向。

8.2.2 选择对象的方法

选择对象的方法有很多，以下着重介绍经验分析法、ABC 分析法、百分比分析法和功能重要性分析法。

选择价值工程对象的方法

1. 经验分析法

经验分析法也称因素分析法，是一种简单易行的定性分析方法，它是指对照有关标准、法规、检查表，或依靠有丰富实践经验的专业人员和管理人员的观察分析能力，对设计、加工、制造、销售和成本等方面存在的问题进行综合分析，找出关键因素，并把存在这些关键问题的产品或零部件作为研究对象的方法。经验分析法是辨识中常用的方法。

经验分析法的优点是简便、易行，缺点是缺乏定量分析，受辨识人员知识、经验和占有资料的限制。为弥补个人判断的不足，经验分析法常要求发挥集体智慧，采取专家会议等方式来相互启发、交换意见、集思广益，使选择对象更加合理。

2. ABC 分析法

ABC 分析法又称排列图法或帕莱托分析法，是一种寻找主要因素的方法，源于 19 世纪意大利经济学家帕莱托对资本主义财富的分析。他发现财富分配不平等，80%的财富集中在 20%的人手里。ABC 分析法在各种管理活动中已得到广泛应用。其基本原理是分清主次、轻重，区别关键的少数和次要的多数，将关键的少数作为价值工程的研究对象。具体做法是将某产品的全部部件按成本比重从高到低排列，分成 A、B、C 三类，找出数量不多且占总成本比重较大的部件作为分析的主要对象。ABC 分析法分类的参考标准见表 8-2。

表 8-2 ABC 分析法分类的参考标准　　　　　　　　　　（%）

类别	成本比重	数量比重
A	70	10
B	20	20
C	10	70

ABC 分析法选择价值工程对象时应按 A、B、C 的顺序依次选择。在进行价值分析时，A 类应作为价值工程活动的重点分析对象，B 类只作为一般分析对象，C 类可以不加分析（图 8-3）。通过 ABC 分析法，产品构配件数量与成本之间的关系一目了然，价值工程分析的重点是 A 类，属于"关键的少数"。ABC 分析法的优点是抓住重点，突出主要矛盾，价值工程分析可结合一定的时间要求和资源条件，略去"次要的多数"，抓住"关键的少数"，卓有成效地开展工作。

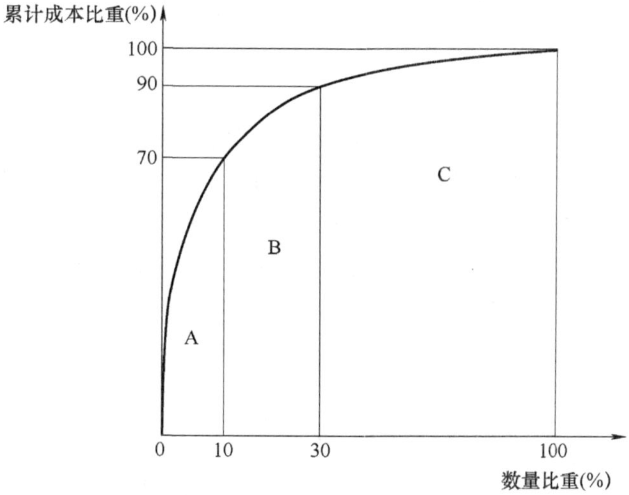

图 8-3 ABC 分析法曲线图

ABC 分析法确定关键对象的步骤：
1）计算每个对象的成本。
2）计算每个对象的成本占总成本的百分比（即成本比重），并按百分比大小顺序排列制表。
3）按顺序累计对象的成本比重，当成本比重累计到 70% 左右视为 A 类；成本比重累计为 70%～90% 时，扣除 A 类剩下的为 B 类；其余则为 C 类。

3. 百分比分析法

百分比分析法是指通过分析某种费用或资源对企业的某个技术经济指标的影响程度（百分比）来选择价值工程对象的方法。

【例 8-1】 某单位生产多种产品，其生产所耗用的动力远远超过同行业一般水平。经过分析，各产品动力消耗比重及各产品产值比重见表 8-3。

表 8-3　相关数据分析表　　　　　　　　　　　　　　（%）

产品	动力消耗比重	产值比重	对象选择
A	40	21	√
B	20	35	
C	12	32	
D	28	12	√
合计	100	100	

【解】 从表中数据可知，A、D 两个产品动力消耗比重大于产值比重，可以确定 A、D 两个产品为价值工程的研究对象，需要研究如何降低其动力消耗成本。

4. 功能重要性分析法

功能重要性分析法是指采用分析评分法将产品的零部件、工序等进行功能评价，给出其功能重要性系数，按重要性系数大小进行排列，优先选择功能重要的作为价值工程的研究对象的方法。

功能重要性分析法从功能的角度突出了重点对象，但那些功能并不重要并且成本占比较高的对象，往往不会受到重视。求解重要性系数有多种方法，如强制确定法、04 评分法、DARE 法和因素分析法等。

（1）强制确定法

强制确定法是价值工程应用的技术方法之一，也称零件功能重要度对比法、价值指数法、FD 法。这种方法抓住事物的评价特性，然后把这些特性组合起来进行强制评价。这种方法在功能评价和方案评价中也有应用。它的基本思想是，产品的每个零部件成本应该与该零部件功能的重要性相匹配，因此以功能重要程度作为选择价值工程对象的决策指标。强制确定法兼顾功能与成本，具体做法是先求出分析对象的成本系数、功能系数，得出价值指数，揭示出分析对象的功能与花费的成本是否相符，不相符、价值低的被选为价值工程的研究对象。

1）强制确定法的评价规则。

第一，由对产品性能熟悉的人员参加评价。

第二，评价人数为 5~15 人。

第三，评价人员在评价时各自计分，互不通气。

第四，评价两个功能的重要性时，采用一对一的方法，功能重要的得 1 分，相对不重要的得 0 分，不能同时得 1 分，也不能同时得 0 分。

2）强制确定法的计算及评价。

第一，计算功能指数 F_i。首先把构成产品的零部件按其功能重要程度进行一对一的比较，重要的得 1 分，次要的得 0 分。然后把各零件的得分进行累计，为防止功能得分为 0 的情况，用各加 1 分的方法予以修正；然后用功能修正得分值除以修正得分合计即为功能指数：

某零部件功能指数 = 某零部件功能修正得分值÷全部零部件功能修正得分合计　　（8-2）

功能指数说明每个零部件在全部零部件中的功能重要程度，功能指数大则功能重要，功能指数小则功能不太重要。

第二，计算成本指数 C_i。首先查出各零部件的现实成本，然后将各零部件的现实成本相加得出成本合计，最后将各零部件的现实成本除以成本合计，得出各零部件的成本指数。计算公式为

某零部件成本指数 = 某零部件现实成本÷全部零部件现实成本合计　　（8-3）

第三，计算价值指数 V_i。价值指数为功能指数与成本指数之比：

$$V_i = \frac{F_i}{C_i} \tag{8-4}$$

第四，根据价值指数的大小确定价值工程的研究对象。运用强制确定法时，价值指数 V_i 的计算结果有以下三种情况：

① $V_i>1$，说明产品或零部件重要程度高且成本低，可作为研究对象。具体分析如下：一是评价对象在经济、技术方面存在某些特殊性，在满足功能的同时成本较低，可不作为价值工程改进对象；二是对象目前具有不必要的功能，即过剩功能，应列为价值工程改进对

象,改进方向是降低功能水平;三是对象目前功能不足,不能满足实现应有功能的要求,应列为价值工程改进对象,改进方向是提高功能。

② $V_i<1$,说明产品或零部件重要程度低且成本高,应作为研究对象。产品功能不足则应提高功能,成本过高则应着重从各方面降低成本,使成本与功能比例趋于合理。

③ $V_i=1$,说明产品或零部件重要程度和成本相当,该零部件功能与成本匹配,不应作为价值工程活动的选择对象。

从以上分析可以看出,对产品零部件进行价值分析,就是使每个零部件的价值指数尽可能趋近1。在应用强制确定法选择价值工程对象时,应当综合考虑价值指数偏离1的程度和改善幅度,优先选择 V_i 小于1且改进幅度大的产品或零部件。

【例8-2】 已知组成某建筑产品的零部件为A、B、C、D、E,其成本费用分别为1.8万元、0.8万元、0.8万元、1.1万元、2.5万元,总成本为7万元。现组织甲、乙、丙、丁、戊共5人参加评选,试确定价值工程分析对象。

【解】(1)计算功能指数。首先把构成产品成本或总成本的零部件排列成表,专家甲采用强制确定法对A、B、C、D、E零部件的重要性进行评判,甲认为A与B相比A重要,A与C相比C重要,A与D相比A重要,A与E相比A重要,见表8-4。

表8-4 零部件重要性评价表(甲)

零部件名称	一对一比较结果					实际得分	修正得分
	A	B	C	D	E		
A	×	1	0	1	1	3	4
B	0	×	0	1	1	2	3
C	1	1	×	1	1	4	5
D	0	0	0	×	0	0	1
E	0	0	0	1	×	1	2
合计						10	15

用同样的方法可得出5位专家的评分结果,见表8-5。零部件功能指数见表8-6。

表8-5 零部件平均得分

零部件名称	甲	乙	丙	丁	戊	合计	平均得分
A	4	4	3	5	5	21	4.2
B	3	5	2	4	2	16	3.2
C	5	3	5	2	4	19	3.8
D	1	1	1	3	1	7	1.4
E	2	2	4	1	3	12	2.4
合计							15

表 8-6　零部件功能指数

项目	A	B	C	D	E	合计
功能平均得分	4.2	3.2	3.8	1.4	2.4	15
功能指数	0.280	0.213	0.253	0.093	0.160	1.0

（2）计算成本指数。根据式（8-3）计算各零部件的成本指数，填入表 8-7 "成本指数"栏。

（3）计算价值指数。根据式（8-4）计算各零部件的价值指数，填入表 8-7 "价值指数"栏。

表 8-7　成本指数、价值指数计算表

零部件名称	功能指数 (1)	现实成本(万元) (2)	成本指数 (3)=(2)÷7	价值指数 (4)=(1)÷(3)	分析对象
A	0.280	1.8	0.26	1.077	
B	0.213	0.8	0.11	1.936	
C	0.253	0.8	0.11	2.30	
D	0.093	1.1	0.16	0.588	√
E	0.160	2.5	0.36	0.444	√
合计	1.00	7	1.00		

（4）根据价值指数选择价值工程对象。根据表 8-7 中所列的价值指数，可以确定研究对象应首选 E 和 D。其他研究对象是否需要分析，应根据实际情况判定。

强制确定法从功能和成本两方面综合考虑，运用较简便，不仅能明确揭示价值工程的研究对象，而且具有数量概念。但是这种方法由人为打分，只有 0、1 两种评价标准，不能准确反映功能差距，只适用零部件间功能差别不太大且比较均匀的对象，而且一次分析的零部件数目不能太多，以不超过 10 个为宜。在零部件很多时，可以先用 ABC 分析法、经验分析法选出重点零部件，再用强制确定法细选；也可以用逐层分析法，从零部件选起，然后在重点部件中选出重点零部件。

由于用强制确定法选择优先研究对象有许多不足，为了克服这些不足，可以运用很多新方法，如 04 评分法、因素分析法等。

（2）04 评分法

04 评分法与强制确定法相似，但其评分标准不同，该方法假设非常重要的一方得 4 分，另一方则得 0 分；比较重要一方得 3 分，另一方则得 1 分；两者同样重要，则各得 2 分；自身对比不得分。根据两两对比的重要程度对功能重要性进行赋值，计算功能指数。

【例 8-3】　已知各功能重要性的关系：F_3 相对 F_4 非常重要，F_3 相对 F_1 比较重要，F_2 和 F_5 同样重要，F_4 和 F_5 同样重要。用 04 评分法计算各功能的权重，并列表分析。

【解】 根据04评分法的规则，F_3相对F_4非常重要，则F_3赋值为4，F_4赋值为0；F_3相对于F_1比较重要，则F_3赋值为3，F_1赋值为1；F_2和F_5同样重要，则F_2和F_5都赋值为2；F_4和F_5同样重要，则F_4和F_5都赋值为2；同时，该条件隐含F_2、F_4和F_5同样重要，其对应赋值应该一样。根据分析填列表8-8。

表8-8 功能指数计算表

功能	F_1	F_2	F_3	F_4	F_5	得分	功能指数
F_1	×	3	1	3	3	10	0.25
F_2	1	×	0	2	2	5	0.125
F_3	3	4	×	4	4	15	0.375
F_4	1	2	0	×	2	5	0.125
F_5	1	2	0	2	×	5	0.125
合计						40	1.000

（3）因素分析法

因素分析法是指根据价值工程对象选择应考虑的各种因素，凭借人员经验，通过集体研究来确定对象的一种方法。

8.3 信息资料的收集

价值工程工作的全部过程就是分析问题与解决问题的过程。从对象选择到最佳方案确定的全过程都必须以全面可靠的信息资料为基础。从某种意义上说，价值工程工作的成败、效果的大小，都取决于信息资料的质量与数量能否满足要求。

8.3.1 收集信息资料的原则

在价值工程工作中，为了有效收集全面、可靠的信息资料，必须遵循以下原则。

1. 目的性原则

收集信息资料时，首先要明确目的。为了提高产品价值，应该明确产品功能，测定其价值，然后找出更好的方法来实现产品的功能。只有明确了这一目的，才能明确应该收集哪些信息资料。

2. 可靠性原则

要想明确信息资料应该收集到何种程度，应当对可用信息资料的质量和数量进行衡量。信息资料的质量说明信息资料的水平、精度及可靠性等。信息资料质量的要求对信息资料收集所用时间与经费的影响很大。收集高质量的信息资料所用时间较长，投入经费较多。因此，要根据价值工程工作需要，确定收集信息资料的合适的质量要求，既要防止收集的信息资料质量不高，影响价值工程工作，也要防止收集的信息资料质量要求过高，造成时间和费用的浪费。

信息资料的数量对价值工程工作影响同样较大，数量不足容易遗漏好的创意和方案；数量过多可能造成收集信息资料的时间和经费的浪费。因此，要根据价值工程工作需要，确定收集信息资料的合理数量。

3. 系统性原则

系统性地收集与掌握各种资料是提高产品价值的先决条件，应对产品的技术经济资料进行系统收集，力争使资料全面、完整。相同的信息资料可能来自不同的情报源，要从多个情报源中选择最好的，从中获取全面、可靠的信息资料。收集信息资料时可按项目列出情报源一览表，便于选择。

4. 时效性原则

收集信息资料要按时完成，应在有效的时间内，收集到需要的全面、可靠的信息资料，这样对价值工程工作才有帮助。因此，必须明确信息资料收集的时间限制，根据时间限制安排收集信息资料的工作计划。

8.3.2 信息资料收集范围

1. 销售及使用方面的信息资料

销售及使用方面的信息资料是指用户对产品的要求，具体如下：

1）对产品功能、可靠性、服务、维护、安全、操作及美观方面的要求。

2）对产品规格、空间条件、环境条件的要求。

3）对全寿命期的要求。

4）有关产品使用的实际情况：产品、零部件的实际使用寿命，零部件更换的原因和状况，购买价格及维护费用，使用上的问题及应改进的地方。

5）一年内市场对产品的总需求量及企业产品的市场占用率。

6）竞争企业的产品价格、质量、产量、市场占有率、经营策略等。

2. 设计技术方面的信息资料

设计技术方面的信息资料是指与产品功能有关的信息资料，主要包括以下几点：

1）产品设计应达到的技术要求。

2）这些技术的演变过程。

3）设计图及部件结构图、说明书，各种技术规范、标准、技术专利、装备等。

4）要求的质量特性，物理与化学等质量要求。

5）设计上存在的问题及应改进的地方。

这些设计技术方面的信息资料是正确认识对象产品功能细节的基础。如果这些信息资料不够充分，就不可能对产品功能下正确的定义，必将影响以后的价值工程工作。

3. 制造和供应方面的信息资料

1）产品的加工工艺、作业方法、产量、合格率、不良品率等。

2）使用的设备、工器具、模型及附件等。

3）生产标准时间及实际时间。

4）生产成本，包括原材料费、人工费、管理费等。
5）供应者、供应方法及相关费用等。

4. 企业的基本信息

1）企业的经营概况，包括企业的经营思想、方针、目标、发展规划；企业的经营业务及产量、质量情况；企业的技术经济指标在同类企业中所处的地位。

2）企业的综合能力，包括企业的开发、设计、研究能力；技术经济的总体水平；施工生产能力；施工机械等技术装备情况；保证产品质量的能力；按时交货能力及应变能力等。

3）有关部门法规、条例等信息。法规、条例等信息包括国家的经济政策、技术政策、能源政策、优惠政策及贸易、技术引进、环保等方面的法规等。

通过收集与分析上述信息资料，会逐步熟悉价值工程对象，为以后价值工程工作顺利进行奠定基础。

8.3.3 信息资料的分析与鉴定

对收集的所有信息资料都应加以分析与鉴定，去伪存真，把真实可靠、价值高的信息资料选出来，作为分析问题、解决问题的依据。在分析与鉴别信息资料时，要实事求是，避免主观臆测。

8.4 功能分析与评价

8.4.1 功能分析

功能分析是指通过分析信息资料，用动词和名词的组合简明正确地表达对象的功能，明确功能的特性要求，并绘制功能系统图。

1. 功能定义

功能定义是指透过产品实物形象，将隐藏在产品结构背后的本质——功能揭示出来，从而从定性的角度解决"对象有哪些功能"这个问题。

功能定义要求简明扼要，通常采用两词法进行功能定义，即用两个词组成的词组来定义功能。功能定义常采用动词加名词的方法进行，例如基础的功能是"承受荷载"等。

2. 功能整理

功能整理是指用系统的观点将已经定义过的功能加以系统化，找出各局部功能相互之间的逻辑关系，并用图表形式表达，以明确产品的功能系统。功能整理的过程就是建立功能系统图的过程，如图8-4所示。

功能整理是价值工程的重要环节，针对各具体产品，可以选择相应的功能整理方法。功能整理方法是一种常用方法，其主要步骤介绍如下：

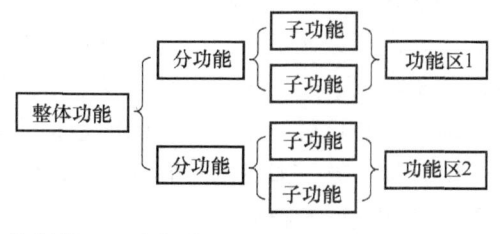

图 8-4 功能系统图的一般形式

(1) 确定基本功能

可以通过回答三个问题来确定基本功能：它的作用是必不可少的吗？是主要的目的吗？如果它的作用改变了，制造工艺和零部件会全部改变吗？假如回答是肯定的，则这个功能就是基本功能。

(2) 逐个明确功能逻辑关系

一个产品的许多功能之间存在所属关系和并列关系。在功能整理中，要逐个明确各功能间的逻辑关系。功能的所属关系也称上下关系，即上位功能与下位功能的关系。一般来说，统一功能区中左右相邻的上位功能是下位功能的目的，而下位功能是上位功能的手段。

功能的并列关系是指对于较复杂的功能系统，在上位功能之后往往存在几个并列的功能，这些功能处于同等地位，都是为了实现共同目的而必须具备的手段。

(3) 绘制功能系统图

无论功能关系简单还是复杂，任何产品的功能都是成系统的。在产品内部存在大大小小的功能，它们按照一定的内在逻辑关系结合在一起，就形成了功能系统。将功能之间的上下或并列关系按顺序排列，上位功能在左，下位功能在右，就可得到表示功能关系的功能系统图。

图 8-5 为某住宅楼设计方案的功能系统图，如图所示，该方案的功能包括实用性、安全性、美观性和其他一些功能。

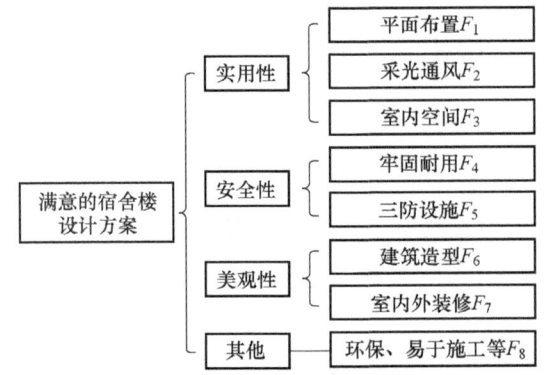

图 8-5 某住宅楼设计方案功能系统图

8.4.2 功能评价

功能评价是指对各功能的价值进行定量分析，确定某个功能的价值大小，由此进一步找出功能和成本不相匹配的症结，有效提示方案创新的着手点。通过将功能目标成本与实现该功能的现实成本（或称目前成本）相比较，求得两者的比值即为功能价值；两者的差值即为成本降低期望值，即成本降低幅度。功能评价的目的是确定功能目标成本，评定现实功能的价值，预测功能改善效果，进一步选准价值工程的对象。

功能评价的方法

功能评价的内容包括价值评价和成本评价。价值评价是指通过计算和分析对象的价值，以及分析成本功能的合理匹配程度，排列出改进对象的优先次序。成本评价是指通过核算和确定对象的现实成本和目标成本，分析、测算成本降低期望值，从而排列出改进对象的优先

次序。成本评价的计算公式为

$$成本降低期望值 = 对象的现实成本 - 对象的目标成本 \qquad (8-5)$$

功能评价的方法有功能成本法和功能指数法。

1. 功能成本法

功能成本法又称绝对值法。具体步骤如下：找出实现功能的最低费用并将其作为功能的目标成本，以此作为基础，通过与功能现实成本比较，求出两者的比值（功能价值）和两者的差异值（成本降低期望值），选择功能价值低、成本降低期望值大的功能作为价值工程的重点对象。功能成本法的评价程序如图 8-6 所示。

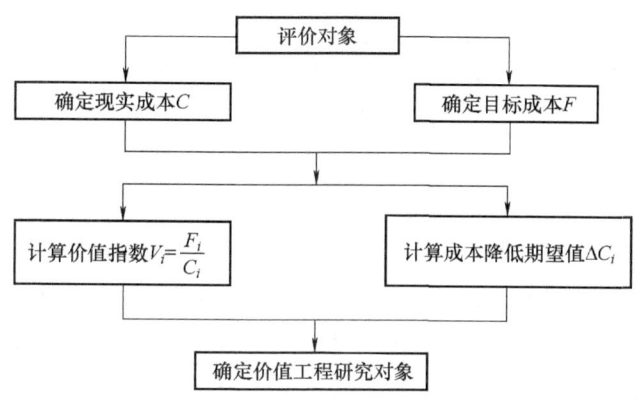

图 8-6 功能成本法评价程序

（1）确定对象的现实成本 C

传统的成本核算是以产品或零部件为单位进行的，而功能现实成本的计算则是以对象的功能为单位进行的。因此，在计算功能现实成本时，要根据传统的成本核算资料，将产品或零部件的现实成本换算成功能的现实成本。

1）当一个零部件只实现一项功能，且这项功能只由这个零部件实现时，零部件的成本就是功能的现实成本。

2）当一项功能由多个零部件实现，且多个零部件只为实现这项功能服务时，这些零部件的成本之和就是该功能的现实成本。

3）当一个零部件实现多项功能，且这些功能只由这个零部件实现时，则按该零部件实现各功能所起作用的比重将成本分配到各项功能上，即为各项功能的现实成本。

4）当产品零部件与功能之间呈现一种相互交叉的复杂情况时，即一个零部件往往具有几种功能，而一种功能往往通过多个零部件才能实现，则计算各功能的现实成本可通过填表进行。首先将各零部件成本按该零部件对实现各功能所起作用的比重分配到各项功能上，然后将各项功能从有关零部件分配到的成本相加，便可得出各项功能的现实成本。

因此，计算功能现实成本是指采用适当的方法将零部件成本分配到功能上。在分摊过程中，常用的方法有三种：一是凭经验或统计资料估算分摊比例；二是根据零部件在各项功能中发挥作用的大小进行分摊；三是按实现功能的困难程度（技术、经济条件等）进行分摊。

【例 8-4】 某产品具有 $F_1 \sim F_5$ 共 5 项功能，由 4 种零部件实现，功能现实成本计算见表 8-9。

表 8-9 功能现实成本计算表

零部件			功能或功能区域				
序号	名称	成本（元）	F_1 比重/成本（元）	F_2 比重/成本（元）	F_3 比重/成本（元）	F_4 比重/成本（元）	F_5 比重/成本（元）
1	A	150		66.6%/100		33.4%/50	
2	B	250	20%/50		60%/150		20%/50
3	C	500	50%/250	10%/50		40%/200	
4	D	100			100%/100		
功能现实成本		C_0	C_{01}	C_{02}	C_{03}	C_{04}	C_{05}
合计		1000	300	150	250	250	50

【解】 在表 8-9 中，零部件 A 对实现 F_2、F_4 两项功能所起的作用分别为 66.6% 和 33.4%，因此功能 F_2 分配成本为 (66.6%×150) 元 ≈ 100 元，F_4 分配成本为 (33.4%×150) 元 ≈ 50 元。按此方法将所有零部件成本分配到有关功能中，再按功能相加，即可得出 $F_1 \sim F_5$ 的功能现实成本。

(2) 确定对象的目标成本 F

对象的目标成本 F 是指可靠地实现用户要求的功能的最低成本。目标成本是理想的成本目标值。常用的目标成本计算方法有经验估算法、设想最低费用估算法、实际调查法、理论计算法、功能重要性分析法等。

1) 经验估算法。经验估算法是指邀请有经验的专家，根据用户的要求及收集到的有关信息资料，构思出几个实现各功能或功能区域的方案，每项功能的目标成本由几个或更多的专家同时估算，最后取专家们估算的平均值作为功能目标成本。

经验估算法不一定准确，但是简便易行，只要按要求运用得当，就可以收到很好的效果。

2) 设想最低费用估算法。设想最低费用估算法是指在对将要实现的必要功能所设想的可能采用的方案或手段的基础上对各种方案的总费用进行测算、比较，从中选出成本最低的方案作为功能目标成本的方法。此方法简单易行，而且在没有同类产品资料参考的条件下也能进行测算；将费用测算与方案设想相互联系，方案容易实现。但该方法对评价人员的经验和测算能力要求较高。

3) 实际调查法。实际调查法是指通过广泛的调查，收集具有同样功能的产品的成本，从中选择功能水平相同且成本最低的产品，以这个产品的成本作为功能评价值。由于该法确定的功能评价值 F 是现实存在的，比较可靠。

4) 理论计算法。理论计算法是指运用自然科学的计算公式和某些费用标准，可以求得实现某种产品功能所需要的最低成本，把它作为功能评价值。例如，根据力学计算公式和材料费用资料,可以计算传递一定力矩和弯矩这一功能所需的最低费用。

运用理论计算法,数据的确定有理论根据和公认标准,计算简便。但功能成本中有些费用无法用理论公式和定额标准计算,需采用其他方法确定。

5) 功能重要性分析法。功能重要性分析法在第二节中有介绍,此处不再赘述。

(3) 计算功能的价值指数 V_i

评价对象的价值指数等于其功能目标成本与现实成本之比:

$$V_i = \frac{F_i}{C_i}$$

式中 V_i——第 i 个评价对象的价值指数;

F_i——第 i 个评价对象的功能目标成本;

C_i——第 i 个评价对象的功能现实成本。

$V_i = 1$,说明评价对象的功能目标成本等于功能现实成本,即现实成本与实现该功能所需要的期望成本相当,功能和成本匹配,是理想状态,不需要改进。

$V_i < 1$,说明评价对象的功能目标成本小于功能现实成本,即现实成本大于实现该功能的期望成本。存在两种可能:一种可能是现实功能的条件或方法不佳,使实现该功能的成本较高;另一种可能是由于功能过剩,附加了过多不必要的功能或剩余功能。这是价值工程活动的重点对象。

$V_i > 1$,表示功能目标成本大于功能现实成本。这种情况从理论上讲不该发生,一般与数据搜集处理不当有关。如果发生,原因可能有三个:一是评价对象在经济、技术方面存在某些特殊性,在满足功能的前提下,成本较低,可不作为价值工程改进对象;二是对象目前具有过剩功能,应列为价值工程改进对象,改进方向是降低功能水平;三是现实成本偏低,不能满足评价对象实现应有的功能要求,应列为价值工程改进对象,改进方向是提高功能。

(4) 计算评价对象成本降低期望值 ΔC

某个评价对象的成本降低期望值等于其现实成本减去其目标成本:

$$\Delta C_i = C_i - F_i \tag{8-6}$$

式中 ΔC_i——第 i 个评价对象的成本降低期望值;

C_i——第 i 个评价对象的功能现实成本;

F_i——第 i 个评价对象的功能目标成本。

1) $\Delta C_i > 0$,说明功能的现实成本大于目标成本。

2) $\Delta C_i = 0$,说明功能的现实成本等于目标成本。

3) $\Delta C_i < 0$,说明功能的现实成本小于目标成本。

成本降低期望值主要反映评价对象成本的可能降低幅度,是确定价值工程重点研究对象的重要指标。可以根据成本降低期望值绝对值的大小来确定各评价对象的重点改善次序。

实际工作中应选择具体目标,借鉴成本降低期望值指标来选择价值工程重点研究对象,具体应根据实际情况来分析。如果企业在某时期工作重点是增收节支,则选择 ΔC_i 正数值大的项目作为重点改善对象。如果企业的工作重点是提高产品质量,则选择 ΔC_i 负数值大的项目作为重点改善对象。

【例 8-5】 某工程有 A、B、C、D、E 共 5 个分部工程，根据设计概算可知各分部工程目前的设计成本分别为 63.2 万元、17.5 万元、11.4 万元、9.2 万元、8 万元。经实际调查和测算分析发现目前的设计方案中，有的分部工程设计成本偏高，存在过剩功能；而有的设计成本偏低，存在严重的功能不足。重新调整后得到甲、乙、丙三个设计方案，各方案的设计成本数据见表 8-10。试根据资料确定各分部工程目标成本；计算各分部工程价值指数并进行一般性分析；计算成本降低期望值并确定各分部工程的改进次序。

【解】（1）从表 8-10 可知，丙方案的总设计成本最低，依据最低费用估算法，可作为本工程的目标成本，因此，A、B、C、D、E 分部工程的目标成本分别为 59.6 万元、16.7 万元、19.8 万元、7.3 万元、7.9 万元。

表 8-10 新方案设计成本 （单位：万元）

设计方案	工程总成本	分部工程成本				
		A	B	C	D	E
甲方案设计成本	130.6	65.6	18.2	23.6	13.4	9.8
乙方案设计成本	118.8	58.9	22.7	19.8	8.9	8.5
丙方案设计成本	111.3	59.6	16.7	19.8	7.3	7.9

（2）计算各分部工程价值指数、成本降低期望值，见表 8-11。

表 8-11 各分部工程价值指数及成本降低期望值

序号	分部工程	目标成本（万元）	现实成本（万元）	价值指数	成本降低期望值
1	A	59.6	63.2	0.94	3.6
2	B	16.7	17.5	0.95	0.8
3	C	19.8	11.4	1.74	-8.4
4	D	7.3	9.2	0.79	1.9
5	E	7.9	8	0.99	0.1
合计		111.3	109.3	—	-2

（3）根据计算和实际调查结果所进行的一般性分析及各分部工程的改进次序见表 8-12。

表 8-12 各分部工程一般性分析及改进次序

序号	分部工程	目标成本（万元）	现实成本（万元）	价值指数	一般性分析	成本降低期望值	改进次序
1	A	59.6	63.2	0.94	成本偏高，功能可能过剩	3.6	2
2	B	16.7	17.5	0.95	成本偏高，功能可能过剩	0.8	4
3	C	19.8	11.4	1.74	成本偏低，功能严重不足	-8.4	1
4	D	7.3	9.2	0.79	成本偏高，功能可能过剩	1.9	3
5	E	7.9	8	0.99	功能与成本基本匹配	0.1	5
合计		111.3	109.3	—		-2	

> 仅从价值指数的计算结果看，改进顺序为 D-A-B-C-E；仅从成本节约的角度看，改进顺序为 A-D-B-E-C。但是，价值工程的实质是追求功能与成本的合理匹配，既不能一味追求评价对象价值的提高，也不能一味追求成本的降低。只要功能不能满足客户的要求，就必须改善，所以经过统筹考虑价值指数、成本降低期望值及实际调查结果，最终选择的改进顺序是 C-A-D-B-E。

2. 功能指数法

功能指数法又称相对法，是指在功能的目标成本不能用货币金额表示时所采用的一种功能评价方法。

功能指数又称功能评价指数，是指某一功能单元在总体功能中所占的比例，并以此来表示某个功能单元的重要程度。功能指数可以用小数或百分数表示，同一个产品的各项功能指数之和为 1 或 100%。现实成本同样不用金额表示，而是用成本指数表示。成本指数是指某项功能的现实成本占总成本的比例或百分数。

功能指数法的评价程序如图 8-7 所示。

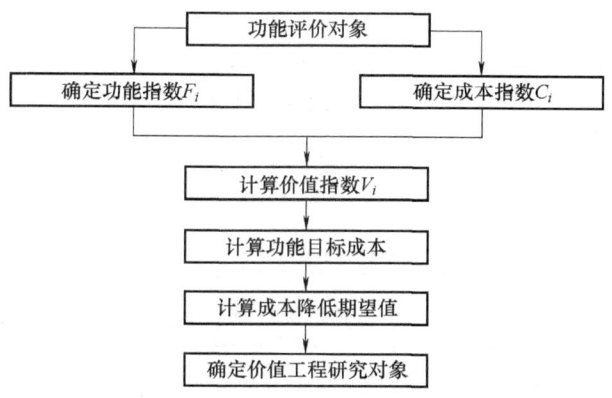

图 8-7 功能指数法的评价程序

（1）确定功能指数

功能指数是指某个功能单元在总体功能中所占的比例，多用评分的方法来确定。常用的评分方法有强制确定法（01 评分法）、多比例评分法、环比评分法等。

（2）确定成本指数

首先计算各对象的现实成本，再将各对象的现实成本相加得出总成本，然后将各对象的现实成本除以总成本，即可得出各对象的成本指数。计算公式如下：

$$某零部件成本指数 = 某零部件现实成本 \div 全部零部件现实成本合计 \qquad (8-7)$$

（3）计算价值指数

见 8.2 节所述。

（4）计算功能的目标成本

功能的目标成本又称功能评价值，是指实现该功能的最低费用，它是功能价值的衡量标准。若功能目标成本小于功能现实成本，则功能价值低；若功能目标成本大于或等于功能现实成本，则功能价值高。

$$某功能的目标成本 = 该功能的现实成本 \times 该功能的功能指数 \qquad (8-8)$$

（5）计算成本降低期望值

$$成本降低期望值 = 现实成本 - 目标成本 \qquad (8-9)$$

3. 功能现实成本

功能成本是按产品或零部件的功能计算的。产品的一个零部件往往具有多种功能，如墙体除具有围护功能，还具有保温、隔热、挡风雨、传递荷载等多种功能；而一种功能往往要通过多个零部件来实现，如保温功能由墙体、门窗、屋面等来实现。功能的现实成本就是将产品或零部件的实际成本分配到功能成本上。

8.5 价值计算与方案创造

8.5.1 价值计算与改善

1. 价值指数

对产品的各功能进行评价后，得出产品零部件的成本与总成本的之比称为成本指数：

$$成本指数 = 零部件成本 \div 总成本 \qquad (8-10)$$

根据价值=功能/成本的原理，功能评价指数与成本指数之比为价值指数：

$$价值指数 = 功能评价指数 \div 成本指数 \qquad (8-11)$$

【例 8-6】 某产品功能及成本资料见表 8-13，试通过计算确定功能改善目标。

表 8-13 某产品功能及成本资料

功能 (1)	功能评价指数 (2)	现实成本（元） (3)	成本指数 (4)	价值指数 (5)	功能改善目标 (6)
F_1	0.51	562	0.498	1.02	
F_2	0.26	298	0.264	0.98	
F_3	0.17	153	0.136	1.25	
F_4	0.06	116	0.103	0.58	√
合计	1.00	1129			

【解】 根据表 8-13 的计算结果，价值指数最小的为功能 F_4，因此改善目标应为功能 F_4。

如果该方案的目标成本为 1000 元，按照目标成本法重新分配各功能的成本，见表 8-14。

表 8-14 目标成本法的成本分配

功能 (1)	功能评价指数 (2)	现实成本（元） (3)	目标成本 (4)=1000×(2)	成本节约 (5)=(3)-(4)
F_1	0.51	562	510	52
F_2	0.26	298	260	38
F_3	0.17	153	170	-17
F_4	0.06	116	60	56
合计	1.00	1129	1000	129

可见，根据目标成本法，F_1、F_2、F_4应该进一步降低成本，而F_3可以保持成本不变，甚至增加成本。

2. 确定功能改进目标

功能价值指数计算结果有以下三种：

（1）$V=1$

此时评价对象的功能比重与成本比重大致平衡，匹配合理，不需改进。

（2）$V<1$

此时评价对象的成本比重大于其功能比重，应将其列为改进对象，改善方向主要是降低成本。

（3）$V>1$

此时评价对象的功能比重大于其成本比重，应根据实际情况确定价值改善的方向。

8.5.2 方案创造

方案创造是指从提高对象的功能价值出发，在正确的功能分析和评价的基础上，针对应改进的具体目标，通过创造性的思维活动提出能够可靠地实现必要功能的新方案。

根据价值工程的分析结果对价值对象进行方案创造，可以提升对象的价值。方案创造的方法有很多种，常用方案创造方法有头脑风暴法、哥顿法和德尔菲法。

1. 头脑风暴法

头脑风暴法是指自由奔放、打破常规、创造性地思考问题的讨论方式。头脑风暴可以采用面对面的会议方式，也可采用社交平台讨论的形式，由研究对象项目的人组成5~13人参与的讨论组。讨论可以采用无领导小组的讨论和有领导小组的讨论两种形式。在有领导小组的讨论中，小组领导要熟悉价值工程研究对象并善于引导。参加人员由企业内外部的专业人员组成，小组成员根据主题逐一发言，最后由领导者形成共同方案决议。无领导小组的讨论则由小组成员逐一发言，在会议上所表达的设想，不必追求全面系统，但记录工作一定要认真。实施头脑风暴法有四条规则：不互相指责；鼓励自由地提出想法；欢迎提出新方案；欢迎完善他人提出的方案。国外经验证明，采用头脑风暴法提出方案的效果优于同样的人单独提出方案的效果65%~93%。

2. 哥顿法

哥顿法是 1964 年由美国人哥顿提出来的。在会议上，主持人把要解决的问题进行抽象化，使会议的参加者在不知道会议的研究对象而只明确问题的情况下，开拓思路，提出解决方案。例如，在有名的稻谷脱粒机案例中，首先，主持人将脱粒抽象为一个"分离"问题，提出如何使物体"分离"，与会者可以回答"切断""锯断""剪断""烧断"等方法；其次，会议主持人进一步提出如何使稻谷与稻草分离的问题；最后，会议形成一种高效率圆筒式稻谷脱粒机的方案。哥顿法的优点是将问题抽象化，有利于减少束缚，提倡从其他领域提供产生创造性方案的思考，难点在于主持者如何进行引导。

3. 德尔菲法

德尔菲法是将要解决的问题进行分解。首先，选择由一定数量的专业人士组成方案咨询小组；其次，组织者将提案要求寄出，咨询小组的各专业人士分别提出自己的设想方案并寄回；再次，组织者把各方面意见加以整理汇总，形成不同的改进方案再次寄出，供专业人士分析；然后，组织者收到意见后选出少数方案再次寄出去；如此反复，最后形成最优方案。德尔菲法的优点是咨询小组成员之间互不见面，可以排除权威、资历、多数意见等心理因素影响，有利于方案创造；缺点是方案形成的周期较长。

方案创造也可采用技术创新的方法、管理模式创新的方法等，在数字化时代，还可采用大数据驱动创新的有效方法。

8.6 价值工程应用案例

8.6.1 案例背景

某建筑设计院近年来承担了多项建筑设计工作。鉴于当前建筑市场对方案中人性化设计的趋向程度和融合环保元素的要求逐渐提高、激烈竞争的情况下，甚至关系到设计方案的取舍，该建筑设计院决定应用价值工程来解决设计业务中的方案优选问题。

8.6.2 工作流程

1. 明确工作程序

（1）情报收集与对象选择

收集进行施工比较的各方案的技术性能及经济资料。

（2）功能分析与评价

1）绘制功能系统图。

2）计算各功能重要程度系数。

3）计算各方案的成本指数。

4）计算各方案的功能指数。

5）计算各方案的价值指数。

（3）方案选择与评价

1）对提出的方案进行评价和比较，选择出最优方案。

2）考虑方案的可行性、经济性、技术性等因素，确保所选方案的综合效益最大化。

2. 资料收集分析对象选择

选择研究分析对象之后，价值工程分析人员着重收集了以下一些资料：通过工程回访，收集广大用户对住宅使用情况的意见；通过对不同地质情况和基础形式的住宅进行定期的沉降观测，获取地基方面的第一手资料；了解有关住宅施工方面的情况；收集大量有关住宅建设的新工艺和新材料的性能、价格和使用效果等方面情报；分地区按不同的地质情况、基础形式和类型标准，统计分析近年来住宅建筑的各种技术经济指标。

对该设计院来说，承担的工程设计种类繁多，到底选择哪些项目作为价值工程的分析对象呢？根据表 8-15 中各项目的成本占比，价值工程分析人员决定将占总体设计面积比重最大的某住宅工程作为价值工程的研究对象。

表 8-15 某建筑设计院设计项目构成情况

项目类别	比重（%）	项目类别	比重（%）
住宅	38	图书馆	1
综合楼	10	商业建筑	2
办公楼	9	体育建筑	2
教学楼	5	影剧院	3
车间	5	医院	5
宾馆	3	其他	17

3. 功能分析与评价

根据某住宅楼方案功能系统图（图 8-5），价值工程分析人员应组织用户、设计人员和施工人员共同对功能进行定量化分析，即确定各功能的权重，见表 8-16。用户、设计单位和施工单位评价的权重分别设定为 50%、40% 和 10%，各方人员对功能权重的打分采用 10 分制。

表 8-16 住宅功能重要程度系数

功能	用户评分（50%）		设计单位评分（40%）		施工单位评分（10%）		功能权重
	$F_{用户}$	$0.5F_{用户}$	$F_{设计}$	$0.4F_{设计}$	$F_{施工}$	$0.1F_{施工}$	$(0.5F_{用户}+0.4F_{设计}+0.1F_{施工})\div 10$
F_1	4.12	2.060	4.26	1.704	3.18	0.318	0.408
F_2	1.04	0.520	1.35	0.540	1.55	0.155	0.122
F_3	0.82	0.410	1.28	0.512	1.33	0.133	0.106
F_4	0.91	0.455	0.55	0.220	1.06	0.106	0.078
F_5	1.10	0.550	0.64	0.256	1.08	0.108	0.091
F_6	0.98	0.490	1.12	0.448	1.04	0.104	0.104
F_7	0.64	0.320	0.48	0.192	0.53	0.053	0.056
F_8	0.39	0.195	0.32	0.128	0.23	0.023	0.035
合计	10	5	10	4	10	1	1

4. 方案设计与评价

通过方案筛选，保留了三个较优的方案 A、B、C。三个方案的单方造价、工程总造价、年经营费用等见表 8-17。假设基准折现率为 10%，住宅的使用寿命为 30 年。各方案成本指数和功能指数的计算结果分别见表 8-17、表 8-18。

表 8-17　各方案成本指数计算表

项目	方案		
	A	B	C
单方造价（元/m²）	780	760	800
工程总造价（万元）	390	380	400
年经营费用（万元）	42	45	40
折现系数	9.4269	9.4269	9.4269
经营费用现值（万元）	396	424	377
总成本现值（万元）	786	804	777
成本指数	0.332	0.340	0.328

表 8-18　各方案功能指数计算表（10 分制）

功能	功能权重	A		B		C	
		分值	加权分值	分值	加权分值	分值	加权分值
F_1	0.408	8	3.264	9	3.672	5	2.040
F_2	0.122	7	0.854	9	1.098	8	0.976
F_3	0.106	5	0.530	9	0.954	6	0.636
F_4	0.078	8	0.624	6	0.468	4	0.312
F_5	0.091	8	0.728	10	0.910	5	0.455
F_6	0.104	10	1.040	9	0.936	8	0.832
F_7	0.056	10	0.560	9	0.504	8	0.448
F_8	0.035	9	0.315	8	0.280	9	0.315
合计	1	65	7.915	69	8.822	53	6.014
功能指数		0.348		0.369		0.283	

5. 价值指数计算

根据各方案功能指数和成本指数的数值，计算各方案的价值指数，计算结果见表 8-19。

表 8-19　各方案价值指数计算表

项目	方案		
	A	B	C
功能指数	0.348	0.388	0.264
成本指数	0.332	0.340	0.328
价值指数	1.048	1.141	0.805
最优方案		√	

6. 结论

根据价值指数的计算结果，确定价值指数最大的方案 B 为最佳创造方案，可以进一步继续采用创新的手段与方法深化方案设计内容。

延伸思考

价值工程是一种系统的方法，通过分析和评估产品、系统或工程项目的功能，以寻找在满足特定需求的同时最大限度地减少成本的途径。价值工程不仅仅关注成本削减，还注重提高产品或工程项目的性能和质量。它的核心目标之一是提供最大的价值。通过提高效益、降低成本、减少浪费和提高质量，价值工程可以帮助企业实现高质量发展。

【案例】某省计划建设一座大型桥梁来连接两个重要的城市，以促进经济发展和地区一体化。该桥梁的设计初衷是提高交通效率、促进贸易、改善人民生活，并在整个地区内创造就业机会。

运用价值工程首先对桥梁的功能进行详细分析，包括交通流量、荷载要求、耐久性等，并确定关键的功能需求，如安全性、可靠性、经济性等。团队对每个功能进行成本效益分析，确定最重要的功能，并考虑各项成本，包括建设成本、维护成本、环境影响等。在分析中，团队发现可以通过采用新的建筑材料、先进的工程技术或设计创新来改善某些功能。例如，采用更耐久的建筑材料，使用节能技术，或者引入智能交通管理系统。在设计中，应当强调桥梁的社会责任，如确保通行安全，减少对周边环境的负面影响。这符合社会主义核心价值观，关注人民的幸福与安全。桥梁的可持续发展不仅应当满足当前的需求，还要考虑未来的可持续性。这符合社会主义核心价值观中的绿色发展理念。还应当强调桥梁的设计对整个社会的公平性和公正性的影响，确保桥梁的建设和使用不会对社会产生负面影响，符合社会主义核心价值观中的公平正义理念。

通过价值工程的应用，可以在确保桥梁功能满足需求的同时，最大限度地降低成本，并且在设计中充分考虑社会主义核心价值观的指导思想，以推动社会、经济和工程的可持续发展。这样的案例体现了如何在项目中结合价值工程和思政，以实现经济效益、社会效益和环境效益的有机统一。

本章小结

价值工程作为一种科学方法，是经济评价方法在更加广泛领域的进一步延伸，如服务、产品、资源及方案等。价值工程理论包括 3 个基本概念、7 个基本问题、多个关键技术。价值工程强调方案功能与成本之间的平衡关系，价值最优的方案是价值指数接近 1 的方案。价值工程要优先考虑市场的功能需求，并作为方案创造的核心，通过方案的生产及运营成本的创新管理，从而实现方案的价值最优，也是需求与供给的协同最优。

价值工程方法目标明确，是企业向成本要效益的重要工具方法，为成本节约、产品价值提升提供了路径与方法，特别是为方案创造与创新提供了经济依据，有利于实现企业价值的可持续发展。

价值工程的应用发展表明，以"市场需求为核心，效益为基础、创新发展为目标"的价值工程思想在精益制造、建造领域具有积极效用。在数字化时代，迅猛发展的互联网、大数据、物联网，将在市场经济、社会生活、资源能力及生态价值发现方面提供有力的工具及方法，也为方案创造、投资决策提供视野更广泛的科学支撑，价值工程的应用将会更加灵活、更加有效、更加精准。

习题

1. 价值工程的原理是什么？提高价值的途径有哪些？
2. 价值工程的特点有哪些？
3. 功能评价的基本程序是什么？功能评价的方法有哪些？
4. 价值工程对象的选择方法有哪些？
5. 价值工程所需信息资料的主要内容有哪些？
6. 什么是功能？功能怎么分类？
7. 什么是功能评价？简述功能评价的步骤。
8. 方案创造的方法有哪些？
9. 某建设项目有 4 个备选方案，其评价指标值如下：甲功能评价总分为 16.0，成本指数为 0.36；乙功能评价总分为 11.0，成本指数为 0.21；丙功能评价总分为 14.5，成本指数为 0.32；丁功能评价总分为 13.0，成本指数为 0.27。根据价值工程原理确定最佳方案。
10. 某工程有三个方案。方案一的功能评价指数 0.61，成本指数为 0.55；方案二的功能评价指数为 0.63，成本指数为 0.6；方案三的功能评价指数为 0.69，成本指数为 0.5。试根据价值工程原理确定最优方案。
11. 某业主邀请若干厂家对某商务楼的设计方案进行评价，经专家讨论确定的主要评价指标分别为功能适用性 F_1、经济合理性 F_2、结构可靠性 F_3、外形美观性 F_4、与环境协调性 F_5 共 5 项评价指标，各功能之间的重要性关系为：F_3 比 F_4 重要得多，F_3 比 F_1 重要，F_1 和 F_2 同等重要。F_4 和 F_5 同等重要。经过筛选后，最终对 A、B、C 三个设计方案进行评价，三个设计方案评价指标的评价结果和估算总造价见表 8-20。

表 8-20　各方案评价指标的评价结果和估算总造价

方案	A	B	C
功能适用性 F_1	9	8	10
经济合理性 F_2	8	10	8
结构可靠性 F_3	10	9	8
外形美观性 F_4	7	8	9
与环境协调性 F_5	8	9	8
估算总造价（万元）	6500	6600	6650

问题：

（1）用 04 评分法计算各功能的权重（以表格方式计算）。

(2) 用价值指数法选择最佳设计方案（以表格方式计算）。

(3) 若 A、B、C 三个方案的年度使用费用分别为 340 万元、300 万元、350 万元，设计使用年限均为 50 年，基准折现率为 10%，用全寿命期年费用法选择最佳设计方案（以表格方式计算，表中数据保留 3 位小数，其余计算结果均保留两位小数）。

12. 某施工单位承接了某项工程的总包施工任务，该工程由 A、B、C、D 四项工作组成，施工场地狭小。为了进行成本控制，项目经理部对各项工作进行了分析，其结果见表 8-21。

表 8-21 功能成本分析表

工作	功能评分	预算成本（万元）
A	15	650
B	35	1200
C	30	1030
D	20	720
合计	100	3600

问题：

(1) 计算表 8-21 中 A、B、C、D 四项工作的功能指数、成本指数和价值指数，计算结果填入表 8-22（计算结果保留小数点后两位）。

表 8-22 相关指数

工作	功能指数	成本指数	价值指数
A			
B			
C			
D			
合计			

(2) 在 A、B、C、D 四项工作中，施工单位应首选哪项工作作为降低成本的对象？试说明理由。

13. 某产品各零部件功能重要程度采用 04 评分法，评分的结果见表 8-23。

表 8-23 某产品各零部件功能重要程度采用 04 评分法评分结果

零部件	F_1	F_2	F_3	F_4	F_5
F_1	×				
F_2		×			
F_3		3	×		
F_4	0	1	2	×	
F_5	4	3	0	1	×

那么在不修正各功能累计得分的前提下，零部件 F_1 的功能重要性系数是多少？

14. 造价工程师在某开发公司的某幢公寓建设工程中，采用价值工程的方法对该工程的设计方案和编制的施工方案进行了全面的技术经济评价，取得了良好的经济效益和社会效益。有四个设计方案 A、B、

C、D，经有关专家对上述方案根据评价指标 $F_1 \sim F_5$ 进行技术经济分析和论证。已知，A 的单方造价为 1420 元/m²，B 的单方造价为 1230 元/m²，C 的单方造价为 1150 元/m²，D 的单方造价为 1360 元/m²，得出的数据资料见表 8-24 和表 8-25。

表 8-24 功能重要性评分表

方案功能	F_1	F_2	F_3	F_4	F_5
F_1	×	4	2	3	0
F_2	0	×	1	0	1
F_3	2	3	×	3	2
F_4	1	4	1	×	3
F_5	3	7	1	3	×

表 8-25 方案功能评分表

方案功能	方案功能评分			
	A	B	C	D
F_1	9	10	9	8
F_2	10	10	8	9
F_3	9	9	10	9
F_4	8	8	8	7
F_5	9	7	9	6

问题：
（1）计算功能重要性系数。
（2）计算功能指数、成本指数、价值指数，并选择最优设计方案。

15. 某开发公司在某住宅建设中采用价值工程的方法对施工方案进行了分析。现有 A、B、C 三个方案，A 的单方造价为 1420 元/m²，B 的单方造价为 1230 元/m²，C 的单方造价为 1150 元/m²。经专家论证分析得到的相关数据见表 8-26。

表 8-26 三个方案论证分析表

方案功能	重要性系数	得分		
		A	B	C
F_1	0.227	9	10	9
F_2	0.295	10	10	8
F_3	0.159	9	9	10
F_4	0.205	8	8	8
F_5	0.114	9	7	9

试计算各方案的价值指数，并进行方案选择。

第9章 工程项目财务评价

本章概要

1. 工程项目财务分析
2. 财务费用与效益估算
3. 工程项目盈利能力分析
4. 工程项目偿债能力分析
5. 工程项目财务生存能力分析

重点提示

工程项目财务分析的概念、基本步骤；财务评价报表的类型和内容；财务费用与效益估算的内容、方法和相关辅助报表；工程项目盈利能力分析；工程项目偿债能力分析；工程项目财务生存能力分析。

学习目标

掌握财务分析的内容、步骤，财务费用与效益估算之间的关系。

相关知识

工程项目财务评价是工程经济评价中的一类，主要从投资者的角度进行工程项目的经济评价分析，是工程经济学的重要内容，具备成熟系统的方法论和应用场景。本章主要介绍工程项目财务评价的概念、基本步骤，财务评价报表的类型和内容；财务费用与效益估算的内容、方法和相关辅助报表；工程项目盈利能力分析、偿债能力分析、财务生存能力分析。

9.1 工程项目财务评价概述

工程项目财务评价也叫财务分析，它是工程项目经济评价（包含财务评价和国民经济评价）的内容之一，是工程项目建议书和可行性研究报告的重要组成部分，也是项目决策科学化的重要手段。

9.1.1 财务评价的概念

财务评价是指在国家现行财税制度和价格体系之下，从项目的角度出发，估算项目范围内的财务费用和效益，编制财务报表，计算财务评价指标，考查和分析项目盈利能力、偿债能力和财务生存能力，判别项目的财务可行性，为投融资决策及银行审贷提供依据。

工程项目财务评价

财务评价应针对不同的项目类型进行相应的财务评价内容的选择：对于经营性项目，应按项目内容进行全面的财务评价；对于旨在实现社会目标和环境目标的非经营性项目，财务评价主要分析项目的财务生存能力。

9.1.2 财务评价的作用

财务评价对项目的投资主体、项目法人、债权人及国家有关管理机构等都具有十分重要的作用，主要表现如下：

1）财务评价是分析经营性项目的投资效果及偿债能力的依据。企业投资的经营性项目由企业承担决策风险，因此进行投资决策时，要充分分析项目的财务盈利能力、投资主体的预期收益、债务的偿债能力等，以判断项目实施的可行性。财务盈利能力分析是金融机构向企业提供建设贷款的前提条件，是估算项目贷款偿还能力的重要依据。

2）财务评价是制订项目资金规划的依据。确定项目所需的投资资金规模、来源、用款计划和筹资方案是财务评价的重要内容，也是制订项目资金规划的重要依据。

3）财务评价为协调企业利益和国家利益提供依据。对于基础性项目和公益性项目，企业自身的财务生存能力有限，难以进行投资建设和维持运营，这时需要进行国民经济评价，看其是否可行。若国民经济评价可行，则政府需要采取财政补贴或多种经济优惠措施使项目具有财务可行性，此时，财务评价可以为权衡补贴及优惠的内容、方式和幅度提供依据。

4）财务评价为合营项目谈判签约提供依据。项目的财务可行性是中外双方合作的基础。中外合作、合资项目进行合作的前提是签订合同条款，合同条款签订的前提是进行财务评价，明确各方的责、权、利关系，尤其是在经济上的责任分担与利益分享。对外方而言，项目的财务评价是做出投资决策的唯一依据；对中方而言，则应考虑审批机关的要求，必要时还要进行国民经济评价。

9.1.3 财务评价的主要内容

财务评价的主要内容包括盈利能力分析、偿债能力分析、财务生存能力分析和不确定性分析。本章只介绍盈利能力分析、偿债能力分析、财务生存能力分析，不确定性分析在第6章中已经介绍。财务评价可分为融资前分析和融资后分析，一般先进行融资前分析。

1. 融资前分析

融资前分析不考虑具体债务融资条件，而是从项目投资总获利能力的角度进行盈利能力分析，考查项目方案设计的合理性。在项目建议书阶段，可只进行融资前分析，融资前分析以动态分析为主,静态分析为辅。

融资前分析的现金流量应与融资方案无关。从该原则出发,融资前分析的内容包括以下几点:

1)估算营业收入、建设投资、流动资金、经营成本、税金及附加和所得税。

2)编制项目投资现金流量表,利用资金时间价值的原理进行折现,计算项目投资内部收益率、净现值和项目静态投资回收期(P_t)等指标。

3)根据计算指标进行方案的评判取舍。如果分析结果表明方案可行,再进行融资后分析;如果分析结果不能满足要求,可进行方案的修改完善,必要时甚至可以放弃方案。

2. 融资后分析

融资后分析应以融资前分析和初步的融资方案为基础,主要考查项目在融资条件下的盈利能力、偿债能力和财务生存能力,判断项目方案在融资条件下的可行性。融资后分析可以用于比选融资方案,帮助投资者做出融资决策。

融资后分析的内容包括以下几点:

1)在融资前分析结论满足要求的情况下,初步设定融资方案。

2)在财务评价辅助报表的基础上,编制项目总投资计划、资金筹措表和建设期利息估算表。

3)进行项目资本金现金流量分析。编制项目资本金现金流量表,计算项目资本金财务内部收益率指标,考查项目资本金可获得的收益水平。

4)进行投资各方现金流量分析。编制投资各方的财务内部收益率指标,考查投资各方可获得的收益水平。

根据工程项目财务评价的内容与评价指标,编制财务评价内容与评价指标体系一览表,见表9-1。

表9-1 财务评价内容与评价指标体系一览表

财务评价内容		分析报表	财务评价指标	
			静态指标	动态指标
融资前分析	盈利能力分析	项目投资现金流量表	静态投资回收期	财务内部收益率 财务净现值 动态投资回收期
融资后分析	盈利能力分析	资本金现金流量表	资本金静态投资回收期	资本金财务内部收益率 资本金财务净现值 资本金动态投资回收期
		投资各方现金流量表		投资各方财务内部收益率
		利润及利润分配表	投资利税率 资本金净利润率	
	偿债能力分析	借款还本付息计划表	利息备付率 偿债备付率	
		资产负债表	资产负债率 借款偿还期 速动比率 流动比率	

（续）

财务评价内容		分析报表	财务评价指标	
			静态指标	动态指标
融资后分析	财务生存能力分析	财务计划现金流量表 利润与利润分配表		
	不确定性分析	盈亏平衡分析	盈亏平衡点 生产能力利用率	
		敏感性分析		敏感度系数 财务内部收益率 财务净现值
	风险分析	风险识别 风险估计 风险评价 风险应对		财务净现值与期望值 财务内部收益率大于或等于基准收益率的累计概率 财务净现值大于或等于零的累计概率
	其他	价值指标或实物指标		

在财务评价过程中，工程经济分析人员可以根据项目的具体情况和委托方的要求对评价指标进行取舍。

9.1.4 财务评价的步骤

财务评价大致可分为5个步骤。

1）选取财务基础数据，编制财务评价的辅助报表。通过项目的市场调查预测分析、技术与投资方案分析，确定产品方案和合理的生产规模，选择生产工艺方案、设备类型、工程技术方案、建设地点和投资方案，拟订项目实施进度计划等，据此进行财务预测，获得项目投资、生产成本、销售收入和利润等一系列财务基础数据。在对这些财务基础数据进行分析、审查、鉴定和评估的基础上，完成财务评价辅助报表的编制工作。

2）编制和评估财务评价基本报表。将财务评价辅助报表中的基础数据进行汇总，编制现金流量表（包括全部投资现金流量表和自有资金现金流量表）、利润与利润分配表、资金来源与运用表、资产负债表、财务外汇平衡表等主要财务评价基本报表，并对这些报表进行分析评估，审查基本报表的格式是否符合规范要求，以及审查所填列的数据是否准确。为了保证辅助报表与基本报表的一致性和联动性，可使用专门的制表工具 Excel 来完成表格间的数据链接。

3）计算财务评价指标，分析工程项目的财务可行性。利用各基本报表可直接计算出一系列财务评价指标，包括反映工程项目的盈利能力、偿债能力和外汇平衡能力等的静态和动态指标。将这些指标与国家有关部门规定的基准值进行对比，就可以得出工程项目在财务上是否可行的评价结论。

4）提出财务评价的分析结论。

5）进行不确定性分析。根据财务评价的基本结论，利用盈亏平衡分析、敏感性分析和风险分析等方法，对项目适应市场变化的能力和抗风险能力进行分析。

财务评价的步骤如图 9-1 所示。

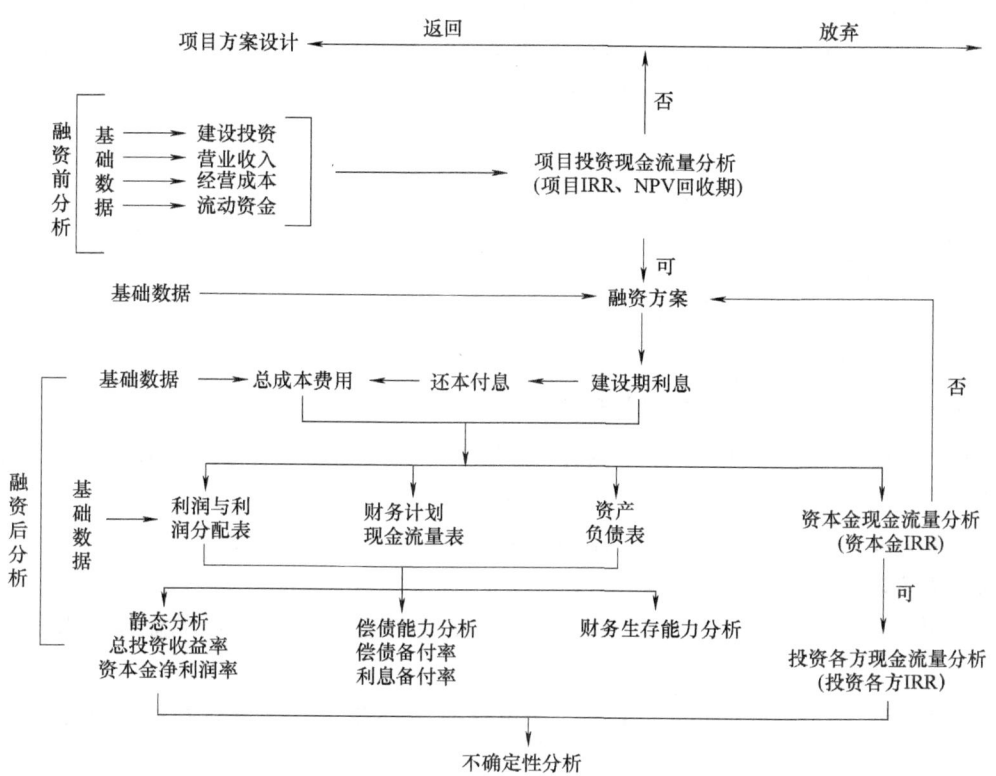

图 9-1 财务评价的步骤

9.1.5 财务评价指标

1. 财务评价指标体系

工程项目在财务上的盈利能力和债务偿债能力是财务评价的主要内容，而盈利能力和债务偿债能力的水平是通过相应的指标来体现的。

财务评价指标体系根据不同的标准，可以有不同的分类形式。

1）根据是否考虑资金时间价值分类。
2）根据指标的性质分类，见表 9-2。

表 9-2 财务评价指标体系按性质分类

项目分类	具体指标名称
时间性评价指标	投资回收期、借款偿还期
价值性评价指标	财务净现值
比率性评价指标	财务内部收益率、投资利税率、资本金净利润率、资产负债率、流动比率、速动比率

2. 财务评价指标计算

（1）财务盈利能力分析指标

财务盈利能力分析主要考查项目投资的盈利水平。

1) 财务净现值（FNPV）。财务净现值是指按行业的基准收益率或设定的折现率（i_c），将项目计算期内各年净现金流量折现到建设期期初的现值之和。它是考查项目在计算期内盈利能力的动态评价指标。其计算公式如下：

$$\text{FNPV} = \sum_{t=0}^{n} (\text{CI}-\text{CO})_t (1+i_c)^{-t} \tag{9-1}$$

式中　CI——现金流入量；

　　　CO——现金流出量；

$(\text{CI}-\text{CO})_t$——第 t 年的净现金流量；

　　　n——计算期；

　　　i_c——基准收益率或设定的折现率。

财务净现值表示项目的收益水平超过基准收益的额外收益。在进行投资方案的经济评价时，财务净现值越大，说明企业的经济效益越好。

若 FNPV>0，表示项目方案实施后的投资收益率不仅能够达到基准收益率的水平，而且还能得到超额现值收益，方案可取。

若 FNPV=0，表示项目方案实施后的投资收益率刚好满足基准收益率的水平，方案可取。

若 FNPV<0，表示项目方案实施后的投资收益率不能达到基准收益率的水平，方案不可取。

2) 财务内部收益率（FIRR）。财务内部收益率是指项目在整个计算期内各年净现金流量现值累计等于零时的折现率，它反映项目占用资金的盈利率，是考查项目盈利能力的主要动态评价指标。其计算公式如下：

$$\sum_{t=0}^{n} (\text{CI}-\text{CO})_t (1+\text{FIRR})^{-t} = 0 \tag{9-2}$$

式中　FIRR——项目内部收益率；

　$(\text{CI}-\text{CO})_t$——第 t 年的净现金流量；

　　　n——项目的寿命期。

财务内部收益率可以根据财务现金流量表中的净现金流量用插值法计算求得。在财务评价中，将求出的全部投资或自有资金的财务内部收益率 FIRR 与行业的基准收益率或设定的折现率 i_c 进行比较，当 FIRR$\geq i_c$ 时，认为其盈利能力已满足最低要求，在财务上是可以考虑接受的；当 FIRR<i_c 时，则项目在经济上不可行。

行业基准收益率和设定的折现率的本质是指投资者投资该项目所期望的最低投资收益率。它是由投资决策部门决定的重要决策参数，主要考虑三个方面因素：一是资本成本；二是目标利润；三是投资风险。行业基准收益率包括行业基准投资回收期、行业平均投资利润率和行业平均投资利税率等，是由各行业部门统一测算的本行业各类项目的评价参数。工程项目财务评价指标除财务净现值、财务内部收益率,还有投资回收期、投资利税率、资本金净利润率等。

(2)财务偿债能力分析指标

投资项目的资金构成一般可分为借入资金和自有资金。自有资金可长期使用,而借入资金须按期偿还。项目偿债能力分析主要考查计算期内各年的财务状况及偿债能力,包括资产负债率、偿债备付率、固定资产投资借款偿还期、流动比率、速动比率等指标。

涉及外汇收支的项目应根据外汇平衡表进行外汇平衡分析,考查各年外汇余缺程度。对外汇不能平衡的项目应提出具体的解决办法。

此外,在工程项目财务评价中,还经常采用盈亏平衡分析及概率分析。

延伸思考

工程项目财务评价是指对工程项目进行投资决策时,通过财务手段对项目的经济效益、资金回收情况等进行全面评估的过程。财务评价应该考虑资源的合理利用和环境保护。因此,评价中应该考虑项目的资源消耗、能源效率、排放减少等因素,以确保将项目对资源和环境的影响降到最低。

【案例】某地政府计划投资兴建一座新型的水电站以满足当地日益增长的电力需求。该水电站的建设将涉及大规模的资金投入,因此需要进行全面的财务评价,以确保投资的经济合理性,同时考虑社会的可持续发展和公平正义。

水电站建设的初期投资应当进行详细分析,包括设备采购、施工费用、土地征用等,这涉及对资本成本和固定成本的评估。通过对水电站的发电能力、电价等进行分析,可以预测其运营阶段的收益,这需要考虑电力市场的供需状况和变化。计算投资回收期(即从投资开始到项目产生足够现金流以偿还初始投资的时间)有助于评估投资的回收速度。考虑项目可能面临的风险,如市场波动、技术风险等,以及相应的风险管理措施,有助于保障项目的稳健性。

水电站建设应当强调水电站的可持续发展,包括对水资源的合理利用、对环境的保护等,确保项目不仅在经济上可行,同时也符合可持续发展的理念;应当考虑水电站的建设对当地社区的影响,确保项目不会对社会造成不良影响,符合社会责任的要求;在项目实施中,确保资金分配、用工等方面的公平,避免可能的不公正现象,体现公平正义的价值观;应当同时要关注工程建设和运营过程中的安全与健康问题,确保员工和当地居民的安全权益,这符合社会主义核心价值观中的人民幸福和健康理念。

通过对工程项目的财务评价,可以使财务决策更加全面和可持续,不仅可以关注经济效益,同时可以兼顾社会、环境和公平等多方面的利益,实现经济与社会效益的双赢。

9.2 财务费用与效益估算

工程项目财务费用与效益估算属于财务基础数据的估算,是项目财务评价的基础,其准确性与可靠程度直接影响财务评价结论,因此应高度重视。

9.2.1 财务费用与效益估算的概念

财务费用与效益估算是指在项目市场、资源、技术条件分析评价的基础上,从项目(或企业)的角度出发,依据现行的法律法规、价格政策、税收政策和其他有关规定,对一系列财务效益与费用数据进行调查、收集、整理和测算,并编制财务效益与费用估算表格的工作。

账务费用与效益估算

项目财务费用是指项目建设中及投产以后,为生产、销售产品或提供劳务等支付的费用,主要包括投资、成本费用和税金等。

项目财务效益是指项目实施后,销售产品或提供劳务等所获得的营业收入。市场化运作的经营性项目的目标是通过销售产品或提供劳务实现盈利,其财务效益主要是指所获得的营业收入。如果是适用增值税的国家鼓励发展的经营性项目,可以获得增值税的优惠,除了营业收入,先征后返的增值税应作为补贴收入计入财务效益。对于提供公共产品或以保护环境等为目标的非经营性项目,需要政府提供补贴才能维持正常运转的,财务效益应包括可能获得的各种补贴收入。

9.2.2 财务费用与效益估算的内容

财务费用与效益估算是工程项目决策的基础和重要依据,它是指在经过项目建设必要性审查、生产建设条件评估和技术可行性评估之后,在市场需求调查、销售规划、技术方案和规模经济分析论证的基础上,从项目评价的要求出发,按现行的财务制度的规定,对与项目有关的成本收益等财务基础数据进行收集、测算,并编制财务基础数据测算表等一系列工作。财务费用与效益估算的内容具体包括以下几个方面:

1)产品品种及生产规模。
2)投资估算额、分年投资计划及资金来源(包括借款利率、外汇利率、借款偿还条件等)。
3)项目的计算期(包括建设期、投资期和达产期)。
4)产品售价、销售收入、销售税金及附加的预测值。
5)成本费用分项估算值。
6)利润分配方案及偿还借款资金来源。
7)基准收益率、基准投资回收期等财务评价参数。
8)其他财务评价的基础资料。

9.2.3 财务费用与效益估算的原则

1)财务费用与效益估算总体上与会计准则及会计和税收制度相适应。由于财务费用与效益的识别和估算是对未来情况的预测,因此,经济评价中允许进行有别于财会制度的处理,但要求在总体上与会计准则,及会计和税收制度相适应。

2)财务费用与效益估算应遵守"有无对比"原则。所谓"有项目"是指实施项目后的将来状况,"无项目"是指不实施项目时的将来状况。在识别项目的效益和费用时,需注意只有"有无对比"的差额部分才是项目建设增加的效益和费用。采用有无对比法是为了识别真正应该算做项目效益的部分,即增量效益,排除那些由于其他原因产生的效益;同时找出与增量效益相对应的增量费用,只有这样才能真正体现项目投资的净效益。

3)财务费用与效益估算范围应体现费用和效益对应一致的原则,即在合理确定的项目范围内,对等地估算财务主体的直接效益及相应的直接费用,避免高估或低估项目的净收益。

4)财务费用与效益估算应以项目为界。费用和效益是针对特定目标而言的,凡对目标有贡献的就是效益;凡削弱目标的则是费用。财务费用与效益估算应根据项目性质、类别和行业特点,明确相关的政策和其他依据,选取适宜的方法进行文字说明,并编制相关表格。财务费用与效益估算应反映行业特点,符合依据明确、价格合理、方法适宜和表格清晰的要求。

9.2.4 财务费用与效益估算的步骤

财务费用与效益估算的步骤应该与财务评价的步骤一致,也分为融资前分析和融资后分析,具体步骤如图 9-2 所示。

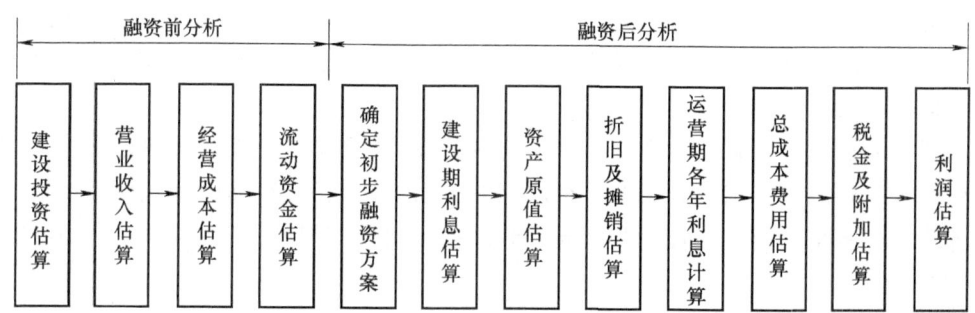

图 9-2 财务费用与效益估算的步骤
注:连线表示对应关系,箭头表示估算流程。

上述估算步骤体现了融资前分析和融资后分析对费用和效益数据的要求,但在实践中不一定完全遵循此顺序。在进行财务费用与效益估算时,应该在熟悉项目概况的前提下制订财务费用与效益估算工作计划,收集资料,对财务费用与效益进行估算。

9.2.5 估算采用的价格

1. 项目财务能力测算中的价格

项目投入物与产出物的价格对项目财务能力有很大影响,财务评价中效益与费用计算价格的选取应正确考虑价格总水平变动因素,原则上盈利分析应考虑相对价格变化的影响,而偿债能力分析应同时考虑相对价格变化和价格总水平变动的影响。为简化起见,可做如下处理:

1)在建设期间既要考虑价格总水平变动,又要考虑相对价格变化。在建设投资估算中价格总水平变动是通过涨价预备费来体现的。

2）项目运营期内，一般情况下盈利能力分析和偿债能力分析可以采用同一价格，即预测的运营期价格。

3）项目运营期内，可根据项目的具体情况选用固定价格，或考虑相对价格变化的变动价格。

4）当有相关要求或价格总水平变动较大时，项目偿债能力分析采用的价格应考虑价格总水平变动因素。

2. 项目投资与收益中的价格

项目投资估算应采用含增值税的价格，包括建设投资、流动资金和运营期的维持运营投资。项目运营期内投入物的价格是含税的价格，项目运营期内产出物的价格则是不含税的价格，因此营业收入为不含税的收入。营业收入估算的基础数据包括产品或服务的数量和价格，都与市场密切相关，需采用定量分析方法进行估算，如回归分析、时间序列预测等。

9.2.6 静态与动态测算

1. 静态测算

静态测算是指在财务评价中不考虑资金时间因素的影响，投资、收益等资金流量按照当年数值或者多年的平均数据进行计算，无须折现或考虑时间变化。此种方法计算简便，容易理解，但计算出的指标不能反映未来时期内的变化情况，适合在项目的初步可行性分析中使用。

评价项目的盈利能力时，对全部投资的静态测算需计算静态投资回收期、总投资收益率等，对资本金的静态测算则需计算资本金净利润率指标。相关指标应根据相应的财务评价表格进行计算，资本金净利润率使用利润表，静态投资回收期则使用项目投资现金流量表。

2. 动态测算

动态测算是指对项目计算期内项目费用及收益进行有变化的调整计算。在财务评价中应考虑资金时间因素的影响，即随着时间的推移，货币价值在时间上发生变动。因此，在进行项目费用、效益的测算时，应该在静态测算的基础上进行动态测算的调整。一方面应考虑通货膨胀、物价指数产生的建设成本、运营成本的增加，另一方面在计算销售收入时，应考虑随着时间变化销售价格一定幅度的变动，同时整个计算过程还应考虑资金时间价值下的成本。虽然动态测算更为复杂，但结果更准确，能反映未来时期的变化情况，更能如实反映资金的运行情况。

9.3 财务评价指标与报表

财务评价报表分为基本报表和辅助报表两类。

9.3.1 财务评价指标体系与基本报表

财务评价的基本报表主要有五类，它们分别是：项目全部投资现金流量表、资本金现金流量表、利润与利润分配表、财务计划现金流量表、资产负债表及借款还本付息计划表。基本报表是计算财务评价指标的工具，两者的关系见表 9-3。

表 9-3　基本报表与财务评价指标间的关系

评价内容	基本报表	静态指标	动态指标
盈利能力分析	项目全部投资现金流量表	静态投资回收期	动态投资回收期 净现值 内部收益率
	资本金现金流量表		资本金内部收益率
	利润与利润分配表	投资收益率 资本金收益率	
偿债能力分析	财务计划现金流量表		累计盈余资金
	资产负债表	资产负债率 流动比率 速动比率	
	借款还本付息计划表		借款偿还期、利息备付率、偿债备付率

也就是说，财务评价指标的计算是通过财务评价基本报表这一基本工具实现的。而财务评价基本报表的形成通过财务评价辅助报表实现。

9.3.2　财务评价基本报表与辅助报表

辅助报表与基本报表之间的计算可以通过计算机表格数据链接的方式完成。

财务辅助报表是估算工程经济要素的报表，包括建设阶段的辅助报表、运营阶段的辅助报表。建设阶段有建设投资估算表、流动资金估算表、建设期利息估算表，运营阶段有销售收入与税金附加表、总成本费用估算表、折旧与摊销费表、借款利息估算表等，具体内容及估算方法见第 4 章。基本报表与辅助报表的链接关系见表 9-4。

表 9-4　基本报表与辅助报表链接关系

基本报表	计算科目	辅助报表
项目全部投资现金流量表	营业收入 税金及附加 回收资产原值 回收流动资金 建设投资 经营成本	营业收入与税金附加表 折旧与摊销表 流动资金估算表 项目建设投资表 总成本费用估算表
资本金现金流量表	营业收入 税金及附加 回收资产原值 回收流动资金 建设投资 经营成本	营业收入与税金附加表 折旧与摊销表 流动资金估算表 项目建设投资表 总成本费用估算表

(续)

基本报表	计算科目	辅助报表
利润与利润分配表	税金及附加 总成本费用	营业收入与税金附加表 总成本费用估算表
财务计划现金流量表	营业收入 增值税 经营成本	营业收入与税金附加表 总成本费用估算表
资产负债表	流动资产 流动负债	流动资金估算表
借款还本付息计划表	借款与付息 还款资金来源	借款还款表 折旧与摊销表

9.4 工程项目盈利能力分析

盈利能力分析主要考查工程项目投资的盈利水平，它直接关系项目投产后能否生存和发展。它是评价工程项目在财务上可行性程度的基本标志。盈利能力是业主进行工程项目投资活动的原动力，也是业主进行投资决策时应考虑的首要因素。盈利能力一般应从两个方面进行评价：一方面，分析工程项目达到设计生产能力的正常生产年份可能获得的盈利水平，即主要通过计算投资利润率、投资利税率、资本金利润率等静态指标，考查项目在正常生产年份年度投资的盈利能力，以及判别项目是否达到行业的平均水平；另一方面，分析工程项目在整个寿命期内的盈利水平，即主要通过计算财务净现值、财务内部收益率、财务净现值率、投资回收期等动态和静态指标，考查项目在整个计算期内的盈利能力及投资回收能力，判别工程项目投资的可行性。

9.4.1 项目全部投资现金流量表

项目全部投资现金流量表不区分投资的资金来源，是指在设定项目全部投资均为自有资金条件下的项目现金流量系统的表格式反映。该表以全部投资作为计算基础，计算全部投资所得税前及所得税后财务内部收益率、财务净现值及投资回收期等评价指标，考查项目全部投资的盈利能力，并为各个方案（不论其资金来源及利息的多少）进行比较并建立共同基础，见表 9-5。表 9-5 是融资前分析指标计算的表格，用于项目投资决策。

表 9-5 项目全部投资现金流量表

序号	项目	合计	计算期	
			建设期	投产期
1	现金流入 (1.1+1.2+1.3+1.4)			
1.1	营业收入			
1.2	补贴收入			
1.3	回收固定资产余值			

（续）

序号	项目	合计	计算期	
			建设期	投产期
1.4	回收流动资金			
2	现金流出（2.1+2.2+2.3+2.4+2.5）			
2.1	建设投资			
2.2	流动资金			
2.3	经营成本			
2.4	税金及附加			
2.5	维持运营投资			
3	所得税前净现金流（1-2）			
4	累计所得税前净现金流量			
5	调整所得税（3×所得税税率）			
6	所得税后净现金流（3-5）			
7	累计所得税后净现金流量			

计算指标：
项目投资财务内部收益率（%）（所得税前）
项目投资财务内部收益率（%）（所得税后）
项目投资财务净现值（所得税前）（$i=$%）
项目投资财务净现值（所得税后）（$i=$%）
项目投资回收期（年）（所得税前）
项目投资回收期（年）（所得税后）

表 9-5 中数据计算如下：

$$现金流入 = 营业收入 + 补贴收入 + 回收固定资产余值 + 回收流动资金 \quad (9-3)$$

其中，回收固定资产余值在项目计算期最后一年发生，等于固定资产原值减去全部折旧额；回收流动资金在项目计算期的最后一年全部收回；补贴收入根据项目政策实际情况按时计算，如退税补贴等。

$$现金流出 = 建设投资 + 流动资金 + 经营成本 + 税金及附加 + 维持运营投资 \quad (9-4)$$

其中，流动资金应计算当期的增加额，合计为年流动资金总量；维持运营投资是指项目在生产经营期可能购置新的资产所产生的费用。

$$所得税前净现金流 = 现金流入 - 现金流出 \quad (9-5)$$
$$累计所得税前净现金流 = 本年所得税前净现金流 + 上一年累计所得税前净现金流 \quad (9-6)$$
$$调整所得税 = 息税前利润 × 所得税税率 \quad (9-7)$$

在实际计算时从净现金流为正值的年份开始，调整所得税用所得税前净现金流乘以所得税税率来简化计算。

$$所得税后净现金流 = 所得税前净现金流 - 调整所得税 \quad (9-8)$$
$$累计所得税后净现金流 = 本年所得税后净现金流 + 上一年累计所得税后净现金流 \quad (9-9)$$

财务指标计算如下:用所得税前净现金流计算税前净现值与内部收益率;用累计所得税前净现金流计算静态税前投资回收期;用所得税后净现金流计算税后净现值与内部收益率;用累计所得税后净现金流计算静态税后投资回收期。也就是一共需要计算6个财务评价指标。税后指标与税前指标比较,能反映项目纳税能力。

9.4.2 资本金现金流量表

资本金现金流量表从投资者角度出发,以投资者的出资额作为计算基础,把贷款时得到的资金作为现金流入,把还本付息作为现金流出,用以计算自有资金财务内部收益率、财务净现值等评价指标,考查项目自有资金的盈利能力,见表9-6。从项目投资主体的角度看,工程项目投资借款是现金流入,但将借款用于项目投资则构成同一时点上相同数额的现金流出,两者相抵,对净现金流量的计算无影响。因此,表中投资只计自有资金投资。另外,现金流入由项目全部投资所获得,故应将借款本金偿还及利息支付计入现金流出。

表 9-6 资本金现金流量表

序号	项目	合计	计算期
1	现金流入(1.1+1.2+1.3+1.4)		
1.1	营业收入		
1.2	补贴收入		
1.3	回收固定资产余值		
1.4	回收流动资金		
2	现金流出(2.1+2.2+2.3+2.4+2.5+2.6+2.7)		
2.1	项目资本金		
2.2	借款本金偿还		
2.3	借款利息支出		
2.4	经营成本		
2.5	税金及附加		
2.6	所得税		
2.7	维持运营投资		
3	净现金流量(1-2)		

计算指标:资本金财务内部收益率(%)

资本金现金流量表用于融资后盈利能力分析。表9-6中数据计算方式如下:

现金流入计算同表9-5项目全部投资现金流量表。

现金流出 = 项目资本金+借款本金偿还+借款利息偿还+经营成本+税金及附加+所得税+
维持运营投资 (9-10)

其中,所得税计算应链接财务基本报表中利润表的数据完成;借款本金偿还来源于借款还本付息计划表中的本金偿还;借款利息支出来源于总成本费用估算表中的利息支出,包括长期借款与流动资金借款利息;经营成本来源于总成本费用估算表;税金及附加来源于营业收入与税金附加表。

$$净现金流 = 现金流入 - 现金流出 \tag{9-11}$$

资本金内部收益率指标采用计算期净现值计算。

9.4.3 财务计划现金流量表

财务计划现金流量表（表9-7）用以计算项目累计盈余资金，分析项目生存能力。本表包括三项基本财务活动，即经营活动、投资活动与筹资活动。每项财务活动均包括现金流入、现金流出，然后分别计算每项财务活动的净现金流，最后计算项目全部财务活动的净现金流，并计算累计盈余资金。

$$累计盈余资金 = 当年净现金流 + 上一年累计盈余资金 \tag{9-12}$$

表 9-7 财务计划现金流量表

序号	项目	合计	计算期
1	经营活动净现金流量（1.1-1.2）		
1.1	现金流入（1.1.1+1.1.2+1.1.3）		
1.1.1	营业收入		
1.1.2	补贴收入		
1.1.3	其他流入		
1.2	现金流出（1.2.1+1.2.2+1.2.3+1.2.4）		
1.2.1	经营成本		
1.2.2	税金及附加		
1.2.3	所得税		
1.2.4	其他流出		
2	投资活动净现金流量（2.1-2.2）		
2.1	现金流入		
2.2	现金流出（2.2.1+2.2.2+2.2.3+2.2.4）		
2.2.1	建设投资		
2.2.2	维持运营投资		
2.2.3	流动资金		
2.2.4	其他流出		
3	筹资活动净现金流量（3.1-3.2）		
3.1	现金流入（3.1.1+3.1.2+3.1.3+3.1.4+3.1.5+3.1.6）		
3.1.1	项目资本金投入		
3.1.2	建设投资借款		
3.1.3	流动资金借款		
3.1.4	债券		
3.1.5	短期借款		
3.1.6	其他流入		

(续)

序号	项目	合计	计算期
3.2	现金流出（3.2.1+3.2.2+3.2.3+3.2.4）		
3.2.1	各种利息支出		
3.2.2	偿还债务本金		
3.2.3	应付利润（股利分配）		
3.2.4	其他流出		
4	净现金流量（1+2+3）		
5	累计盈余资金		

财务评价要求项目累计盈余资金大于或等于零，即项目财务可行，说明项目有足够的资金开展建设及运营活动，现金流入与流出平衡。财务计划现金流量表的工程经济要素科目的数据可以通过财务基本报表中的链接取得。编制财务计划现金流量表时，首先要计算项目计算期内各年各项财务活动的资金来源和资金运用，然后通过资金来源和资金运用的差额反映项目各年的资金盈余或短缺情况。

各年度财务活动具有以下特点：项目经营活动包括现金流入与现金流出，各年度均有发生，如营业收入、经营成本、税金等。投资活动主要是现金流出，如建设投资、流动资金等。而筹资活动包括现金流入与流出，流入包括长期、短期、流动借款等，流出指利息支出、股利分配等。项目资金的筹措方案和借款及偿还计划应能使表中各年度的累计盈余资金始终大于或等于零，否则，项目将因为资金短缺而不能按计划顺利运行，失去生存能力。

9.4.4 投资各方现金流量表

投资各方现金流量表分别从方案各个投资方的角度出发，以投资方的出资额作为计算的基础，用以计算方案投资各方的财务内部收益率。投资各方现金流量表见表9-8。一般情况下，投资各方的利益一般对等，方案投资各方按股本比例分配利润、分担亏损及风险，不需要计算投资各方的财务内部收益率。但是如果方案投资各方有股权之外的不对等的利益分配时，投资各方的收益率会有差异，此时需要计算投资各方的财务内部收益率，以发现各方收益是否均衡，或者非均衡性是否在一个合理的水平，从而促成技术方案投资各方在合作谈判时达成平等互利的协议。

表 9-8 投资各方现金流量表

序号	项目	合计	计算期
	生产负荷（%）		
1	现金流入		
1.1	实分利润		
1.2	资产处置收益分配		
1.3	租赁费收入		
1.4	技术转让或使用收入		

(续)

序号	项目	合计	计算期
1.5	其他现金流入		
2	现金流出		
2.1	实缴资本		
2.2	租赁资产支出		
2.3	其他现金流出		
3	净现金流量（1-2）		
计算指标：投资各方财务内部收益率（%）			

进一步解释如下：

1) 投资各方现金流量表可按不同投资方（内资或外资，合资或合作等）分别编制。
2) 现金流入是指投资方因该技术方案的实施将实际获得的各种收入。
3) 现金流出是指投资方因该技术方案的实施将实际投入的各种支出。
4) 实分利润是指投资方由方案获取的利润。
5) 资产处置收益分配是指对有明确的合营期限或合资期限的方案，在期满时对资产余值按股份比例或约定比例进行的分配。
6) 租赁费收入是指投资方将自己的资产租赁给方案使用方所获得的收入，此时应将资产价值作为现金流出，列入租赁资产支出科目。
7) 技术转让或使用收入是指出资方将专利、专有技术转让或允许该方案使用所获得的收入。表中项目可根据具体情况调整。

9.4.5 利润与利润分配表

利润与利润分配表（表9-9）是融资后盈利能力分析表，用于盈利能力指标的静态测算，不考虑资金时间价值。利润与利润分配表根据第3章介绍的营业收入组成表构成，又称损益表或利润分配表。

表 9-9 利润与利润分配表

序号	项目	合计	计算期
1	营业收入		
2	税金及附加		
3	总成本费用		
4	补贴收入		
5	利润总额（1-2-3+4）		
6	弥补上年亏损		
7	应纳税所得额（5-6）		
8	所得税（7×所得税税率）		
9	税后净利润（5-8）		

（续）

序号	项目	合计	计算期
10	期初未分配利润		
11	可供分配利润（9+10）		
12	提取法定盈余公积金		
13	投资者可分配利润（11-12）		
14	应付优先股股利		
15	提取任意盈余公积金		
16	应付普通股股利		
17	各投资方利润分配		
18	未分配利润（13-14-15-16-17）		
19	息税前利润（利润总额+利息支出）		
20	息税折旧摊销前利润（息税前利润+折旧+摊销）		

计算指标：投资收益率（%）

对于利润分配，依据税法的规定，企业的利润总额需要先按照一定的税率缴纳企业所得税，再将剩余利润在企业、投资人和职工间分配。

1. 企业所得税的计算

企业所得税是指企业按照税法的规定计算出的，针对当期发生的交易和事项，应当交纳给税务部门的所得税金额。应交所得税是以企业税前利润总额为基础，调整部分数据得到应纳税所得额，再乘以所得税税率计算出的结果。计算公式如下：

$$应纳税额 = 应纳税所得额 \times 所得税税率 \tag{9-13}$$

$$应纳税所得额 = 利润总额 + 纳税调整增加额 - 纳税调整减少额 \tag{9-14}$$

（1）纳税调整增加额

纳税调整增加额包括：

1）税法规定允许扣除的项目中，企业虽已经计入当期费用，但超出了规定的扣除标准的金额。例如，超出税法规定标准的职工福利费用、职工教育经费、业务招待费、公益性捐赠、广告费和宣传费等。

2）企业虽计入当期损益，但税法不允许扣除的金额，例如，滞纳金、罚金、罚款等。

（2）纳税调整减少额

纳税调整减少额包括税法规定的允许企业弥补的亏损和免税的科目。例如，前五年内未弥补的亏损、国债的利息收入。

2. 利润的分配

根据企业财务通则和其他相关法律法规的规定，企业缴纳所得税后的利润，除国家另有规定外，按照下列顺序分配：

1）弥补以前年度亏损。

2）提取10%法定公积金。法定公积金累计额达到注册资本50%以后，可以不再提取。

3）提取任意公积金。任意公积金提取比例由投资者决议。

4）向投资者分配利润。企业以前年度未分配的利润，并入本年度利润，在充分考虑现金流量状况后，向投资者分配。

$$利润总额 = 营业收入 - 税金及附加 - 总成本费用 + 补贴收入 \quad (9\text{-}15)$$

$$应纳税所得额 = 利润总额 - 弥补上年亏损 \quad (9\text{-}16)$$

$$所得税 = 应纳税所得额 \times 所得税税率 \quad (9\text{-}17)$$

$$税后净利润 = 利润总额 - 所得税 \quad (9\text{-}18)$$

$$可供分配利润 = 税后净利润 + 期初未分配利润 \quad (9\text{-}19)$$

$$期初未分配利润 = 可供分配利润 - 法定分配利润 - 投资者分配利润 \quad (9\text{-}20)$$

财务评价指标计算如下：用息税前利润除以全部投资计算全部投资收益率；用息税折旧摊销前利润除以资本金计算资本金净利润率。

利润表有以下功能：

1）可以通过财务指标反映项目的收益能力，如营业收入、利润。

2）可以判定项目的国家税收能力，如所得税。

3）可以判定项目偿还贷款的能力，如年利润和年折旧之和。

9.4.6 盈利能力评价

盈利能力分析的主要指标有项目投资财务内部收益率、项目投资财务净现值、项目资本金、财务内部收益率等动态指标和投资回收期、总投资收益率、项目资本金净利润率等静态指标。在进行项目的财务评价时，可根据项目的特点及财务评价的目的、要求等进行选用。

9.5 工程项目偿债能力分析

偿债能力分析主要考查工程项目的财务状况和按期偿还债务的能力，它直接关系企业面临的财务风险和企业的财务信用程度。偿债能力的大小是企业进行筹资决策的重要依据，应从两方面进行评价：一方面考查项目偿还固定资产投资国内外借款所需要的时间，即通过计算借款偿还期，考查项目的还款能力，判断项目是否能满足贷款机构的要求；另一方面考查项目资金的流动性水平，即通过计算流动比率、速动比率、资产负债率等各种财务比率指标，对项目投产后的资金流动情况进行比较分析，用以反映项目寿命期内各年的盈亏、资产和负债、资金来源和运用、资金的流动和债务管理运用等财务状况及资产结构的合理性，考查项目的风险程度和偿还流动负债的能力与速度。

9.5.1 资产负债表

资产负债表（表9-10）是反映企业在某一特定日期财务状况的会计报表，它表明权益在某一特定日期所拥有或控制的经济资源、所承担的现有义务和所有者对净资产的要求权，用以考查项目资产、负债、所有者权益的结构是否合理。资产负债表各项目应满足：

$$资产 = 负债 + 所有者权益 \quad (9\text{-}21)$$

表 9-10 资产负债表

序号	项目	合计	计算期
1	资产		
1.1	流动资产总额（1.1.1+1.1.2+1.1.3+1.1.4+1.1.5）		
1.1.1	货币资金		
1.1.2	应收账款		
1.1.3	预付款项		
1.1.4	存货		
1.1.5	其他		
1.2	在建工程		
1.3	固定资产净值		
1.4	无形及递延资产净值		
2	负债及所有者权益（2.4+2.5）		
2.1	流动负债总额（2.1.1+2.1.2+2.1.3+2.1.4）		
2.1.1	短期借款		
2.1.2	应收账款		
2.1.3	预收款项		
2.1.4	其他		
2.2	建设投资借款		
2.3	流动资金借款		
2.4	负债小计（2.1+2.2+2.3）		
2.5	所有者权益（2.5.1+2.5.2+2.5.3+2.5.4）		
2.5.1	资本金		
2.5.2	资本公积金		
2.5.3	累计盈余公积金		
2.5.4	累计未分配利润		

计算指标：资产负债率（%）=流动负债总额（2.1）÷资产（1）

其中，资产包括流动资产、在建工程、固定资产净值、无形及其他资产净值；负债包括流动负债、建设投资借款和流动资金借款；所有者权益包括资本金、资本公积金、累计盈余公积金和累计未分配利润。进一步解释如下：

1）应收账款是指在下一个经营年度内收回的赊销商品或劳务的款项。如以分期付款形式销售的商品房余下的款项。

2）存货是指为生产经营活动储备的实物资产，如商品、产成品、半成品、在产品或各类材料等。

3）现金是指以货币形态存在，普遍接受的可立即进行支付的资金，如货币、银行存款及其他金融机构的存款。

4）累计盈余资金是指过去经营年度的盈余资金的结转。

5）在建工程是指正在施工建设的项目所投入的资金，按照项目进度进行摊销计算。

6）固定资产净值是指生产经营活动中投入使用的，使用期限在一年以上，单位产值在固定标准之上，并且始终保持实物形态的资产净值，如房屋、设备等。

7) 无形资产是指长期使用而无实物形态的资产，如专利、许可证等；其他资产是指需在一定时期摊销而不能计入当期损益的各项费用。

8) 资本金是指项目实际注入的投资者资本，大多数项目根据国家规定应保障资本金在项目全部投资中的比例。

9) 资本公积金是指股本发行溢价或新增的各种形式的资本金。

资产负债表用于偿债能力分析，如资产负债率等指标的计算：

$$资产负债率 = 负债 \div 资产总额 \times 100\% \tag{9-22}$$

资产负债表可以提供以下方面的信息：

1) 项目所拥有的全部经济资源，如资产规模及形式。
2) 项目所承担的债务，如负债及类型。
3) 项目债务的偿还能力，如资产负债率。
4) 项目所有者的权益，如资本金、公积金、未分配利润等。

9.5.2 借款还本付息估算表

借款还本付息估算表（表 9-11）是偿债能力分析表，可用于计算借款偿还期、利息备付率、偿债备付率等。其中，财务科目的计算方法见第 3 章借款利息计算的相关介绍及本表中的有关计算公式。填写借款还本付息计划表需要使用总成本费用表中的折旧与摊销、利润表中的净利润、建设投资筹措表中经营期初的长期借款等数据。从项目生产经营期开始进行借款还本付息计算，同时本表计算得出的利息支出应作为总成本费用表中的利息支出，本金偿还应作为资本金现金流量表中的借款本金偿还。

表 9-11 借款还本付息估算表

序号	项目	合计	计算期
1	借款 1		
1.1	期初借款余额		
1.2	当期还本付息（1.2.1+1.2.2）		
1.2.1	其中：还本		
1.2.2	付息（1.2.1×借款利率）		
1.3	期末借款余额（1.1−1.2.1）		
2	借款 2		
2.1	期初借款余额		
2.2	当期还本付息（2.2.1+2.2.2）		
2.2.1	其中：还本		
2.2.2	付息（2.2.1×借款利率）		
2.3	期末借款余额（2.1−2.2.1）		
3	债券		
3.1	期初债务余额		

(续)

序号	项目	合计	计算期
3.2	当期还本付息（3.2.1+3.2.2）		
3.2.1	其中：还本		
3.2.2	付息（3.2.1×借款利率）		
3.3	期末债务余额（3.1-3.2.1）		
4	借款与债务合计		
4.1	期初余额（1.1+2.1+3.1）		
4.2	当期还本付息（4.2.1+4.2.2）		
4.2.1	其中：还本（1.2.1+2.2.1+3.2.1）		
4.2.2	付息（1.2.2+2.2.2+3.2.2）		
4.3	期末余额（4.1-4.2.1）		
5	还款来源（5.1+5.2+5.3）		
5.1	净利润		
5.2	折旧费		
5.3	摊销费		
5.4	偿还本金合计（5.4.1+5.4.2+5.4.3）		
5.4.1	偿还外汇		
5.4.2	偿还人民币		
5.4.3	余额		

计算指标：
利息备付率（%）
偿债备付率（%）

9.5.3 偿债能力分析方法

偿债能力分析指标包括利息备付率、偿债备付率和资产负债率，其分析方法见4.3节的介绍。

9.6 财务评价案例——新建工业项目财务评价

9.6.1 项目概况

某企业拟建一个生产性项目，该项目的建设期为2年，运营期为7年。预计含利息的建设投资800万元，并全部形成固定资产。固定资产的使用年限为10年，期末残值为50万元，按照直线法计提折旧。

该企业在建设期第1年投入项目资本金380万元，在建设期第2年向当地建设银行贷款400万元（不含利息），贷款利率10%，5年等额偿还本金。项目于第3年投产，投产当年投入200万元作为流动资金，其中，借款100万元，贷款利率为8.9%。

项目在运营期正常年份的销售收入为 700 万元，经营成本为 300 万元，产品销售税金及附加为销售收入的 6%，所得税税率为 25%，行业基准收益率为 10%。

投产第 1 年生产能力达到 70%，为简化计算此年的销售收入，经营成本和总成本费用均按正常年份的 70% 计算。投产第 2 年达到正常设计生产能力。

对该项目要求：

1）计算建设期利息。
2）计算固定资产年等额折旧及运营期期末固定资产余值。
3）计算销售税金及附加和所得税。
4）列出全部资金的现金流量表。
5）计算该项目的动态投资回收期和财务净现值、内部收益率。
6）分析该项目的财务盈利能力、偿债能力和生存能力。
7）对该项目的投资额和销售收入进行敏感性分析。
8）给出项目风险分析。

9.6.2 分析理论方法

经济评价是工程经济分析的核心内容，其目的在于确保决策的正确性和科学性，避免或最大限度地减少工程项目投资的风险，最大限度地提高工程项目投资的综合经济效益。工程经济评价应遵循国家规范和行业指南。

9.6.3 计算结果

1. 建设期利息

1）第 1 年无建设期借款，因而第 1 年建设期利息为 0。
2）第 2 年建设期利息 = [(0+400÷2)×10%] 万元 = 20 万元。

建设期利息合计为 (0+20) 万元 = 20 万元。

建设期利息估算见表 9-12。

表 9-12 建设期利息估算表　　　　　　　　　　（单位：万元）

序号	项目	合计	建设期 1	建设期 2
1	当地建设银行借款			
1.1	建设期利息	20.00	0.00	20.00
1.1.1	期初借款余额		0.00	0.00
1.1.2	当期借款	400.00	0.00	400.00
1.1.3	当期应计利息	20.00	0.00	20.00
1.1.4	期末借款余额		0.00	420.00
1.2	其他融资费用			
1.3	小计（1.1+1.2）	20.00	0.00	20.00

2. 固定资产年等额折旧及运营期期末固定资产余值

固定资产原值为800万元,使用年限为10年,期末残值为50万元,按照直线法计提折旧。

1) 固定资产年等额折旧=[(800-50)÷10]万元=75万元。

2) 运营期为7年,运营期末固定资产余值=(800-75×7)万元=275万元

固定资产折旧费估算见表9-13。

表9-13 固定资产折旧费估算表 （单位：万元）

序号	项目	建设期	投产期	达到正常设计生产能力期					
			3	4	5	6	7	8	9
1	固定资产								
1.1	原值	800							
1.2	当期折旧费		75	75	75	75	75	75	75
1.3	净值		725	650	575	500	425	350	275

3. 销售税金及附加和所得税

正常年份的销售收入为700万元,投产第1年生产能力为70%,则：

1) 第3年营业收入=(700×70%)万元=490万元。

2) 第4~9年营业收入为700万元。

（1）销售税金及附加

产品销售税金及附加为销售收入的6%,则：

1) 第3年销售税金及附加：(490×6%)万元=29.4万元

2) 第4~9年销售税金及附加：(700×6%)万元=42万元

（2）所得税

所得税计算见表9-14。

表9-14 所得税计算表 （单位：万元）

序号	项目	合计	投产期	达到设计生产能力期					
			3	4	5	6	7	8	9
	生产负荷		70%	100%	100%	100%	100%	100%	100%
1	营业收入	4690.00	490.00	700.00	700.00	700.00	700.00	700.00	700.00
2	销售税金及附加	281.40	29.40	42.00	42.00	42.00	42.00	42.00	42.00
3	总成本费用	2723.30	335.90	417.50	409.10	400.70	392.30	383.90	383.90
4	利润总额（1-2-3）	1685.30	124.70	240.50	248.90	257.30	265.70	274.10	274.10
5	弥补以前年度亏损								
6	应纳税所得额	1685.30	124.70	240.50	248.90	257.30	265.70	274.10	274.10
7	所得税	421.33	31.18	60.13	62.23	64.33	66.43	68.53	68.53

4. 列出全部资金的现金流量表

项目投资全部资金的现金流量见表 9-15。

表 9-15 项目投资全部资金的现金流量表　　　　　　　　　　（单位：万元）

序号	项目	合计	建设期		运营期						
					投产期	达到设计生产能力期					
			1	2	3	4	5	6	7	8	9
	生产负荷				70%	100%	100%	100%	100%	100%	100%
1	现金流入	5165.00	0.00	0.00	490.00	700.00	700.00	700.00	700.00	700.00	1175.00
1.1	营业收入	4690.00			490.00	700.00	700.00	700.00	700.00	700.00	700.00
1.2	补贴收入										
1.3	回收固定资产余额	275.00									275.00
1.4	回收流动资金	200.00									200.00
2	现金流出	3271.40	380.00	400.00	439.40	342.00	342.00	342.00	342.00	342.00	342.00
2.1	建设投资	780.00	380.00	400.00							
2.2	流动资金	200.00			200.00						
2.3	经营成本	2010.00			210.00	300.00	300.00	300.00	300.00	300.00	300.00
2.4	销售税金及附加	281.40			29.40	42.00	42.00	42.00	42.00	42.00	42.00
2.5	维护运营投资										
3	所得税前净现金流量（1-2）	1893.60	-380.00	-400.00	50.60	358.00	358.00	358.00	358.00	358.00	833.00
4	累计所得税前净现金流量	1727.20	-380.00	-780.00	-729.40	-371.40	-13.40	344.60	702.60	1060.60	1893.60
5	调整所得税	468.40						89.50	89.50	89.50	208.25
6	所得税后净现金流量（3-5）	1416.85	-380.00	-400.00	50.60	358.00	358.00	268.50	268.50	268.50	624.75
7	累计所得税后净现金流量	713.45	-380.00	-780.00	-729.40	-371.40	-13.40	255.10	523.60	792.10	1416.85

5. 计算财务净现值、内部收益率和动态投资回收期

根据表 9-15，得到：

1）财务净现值。

项目投资财务净现值（所得税前）为 652.24 万元；项目投资财务净现值（所得税后）为 387.75 万元。

2）财务内部收益率。

项目投资财务内部收益率（所得税前）为 21.98%；项目投资财务内部收益率（所得税后）为 17.52%。

3）动态投资回收期。

项目投资回收期（所得税前）= [(6-1)+|-13.40|÷358.00]年 = 5.04 年；项目投资回收期（所得税后）= [(6-1)+|-13.4|÷268.5]年 = 5.05 年。

6. 分析该项目的财务盈利能力、偿债能力和生存能力

（1）盈利能力分析

由上述计算可得到利润与利润分配的相关数据，填入表 9-16。

表 9-16 利润与利润分配表　　　　（单位：万元）

序号	项目	合计	投产期	运营期 达到设计生产能力期					
			3	4	5	6	7	8	9
	生产负荷		70%	100%	100%	100%	100%	100%	100%
1	营业收入	4690.00	490.00	700.00	700.00	700.00	700.00	700.00	700.00
2	销售税金及附加	281.40	29.40	42.00	42.00	42.00	42.00	42.00	42.00
3	总成本费用	2723.30	335.90	417.50	409.10	400.70	392.30	383.90	383.90
4	利润总额（1-2-3）	1685.30	124.70	240.50	248.90	257.30	265.70	274.10	274.10
5	弥补以前年度亏损								
6	应纳税所得额	1685.30	124.70	240.50	248.90	257.30	265.70	274.10	274.10
7	所得税	421.33	31.18	60.13	62.23	64.33	66.43	68.53	68.53
8	净利润（4-7）	1263.98	93.53	180.38	186.68	192.98	199.28	205.58	205.58
9	可供分配的利润	1263.98	93.53	180.38	186.68	192.98	199.28	205.58	205.58
10	提取法定盈余公积金								
11	未分配利润	1263.98	93.53	180.38	186.68	192.98	199.28	205.58	205.58
12	息税前利润（利润总额+利息支出）	1873.6	175.60	283.00	283.00	283.00	283.00	283.00	283.00
13	息税折旧摊销前利润（息税前利润+折旧+摊销）	2398.6	250.60	358.00	358.00	358.00	358.00	358.00	358.00

1) 总投资收益率。

① 项目总投资。计算如下:

$$项目总投资 = 建设投资 + 建设期利息 + 流动资金$$
$$= (380 + 400 + 20 + 200) 万元 = 1000 万元$$

② 达产前年平均息税前利润。计算如下:

$$达到设计生产能力的年平均息税前利润 = [(283.00 + 283.00 + 283.00 + 283.00 + 283.00 + 283.00) \div 6] 万元$$
$$= 283.00 万元$$

③ 总投资收益率。计算如下:

$$总投资收益率 = 达到设计生产能力的年平均息税前利润 \div 项目总投资$$
$$= 283.00 \div 1000 = 28.30\%$$

2) 净现值。

项目投资财务净现值(所得税前)652.24万元;项目投资财务净现值(所得税后)387.75万元。

3) 内部收益率。

项目投资财务内部收益率(所得税前)21.98%;项目投资财务内部收益率(所得税后)17.52%。

4) 净年值。

偿债项目投资财务净年值(所得税前)= $NPV(A/P, 10\%, 9)$ = 113.25 万元;

项目投资财务净年值(所得税后)= $NPV(A/P, 10\%, 9)$ = 67.33 万元。

(2) 偿债能力分析

偿债能力分析见表9-17。

表 9-17 偿债能力分析

项目	合计	运营期						
		投产期	达到设计生产能力期					
		3	4	5	6	7	8	9
息税前利润 (利润总额+利息支出)	1873.60	175.60	283.00	283.00	283.00	283.00	283.00	283.00
各种借款利息支付总和	188.30	50.90	42.50	34.10	25.70	17.30	8.90	8.90
利息备付率		3.45	6.66	8.30	11.01	16.36	31.80	31.80
偿债备付率		1.63	2.35	2.50	2.68	2.88	32.53	32.53

1) 利息备付率。

$$利息备付率 = 息税前利润 \div 当期应付利息费用$$

2) 偿债备付率。

$$偿债备付率 = 可用于还本付息资金 \div 应还本付息金额$$

(3) 生存能力分析

以净现金流量简化分析，见表 9-18。

表 9-18 项目投资净现金流量表　　　　　　　　　　　（单位：万元）

序号	项目	合计	建设期			运营期						
			0	1	2	3	4	5	6	7	8	9
	生产负荷					70%	100%	100%	100%	100%	100%	100%
1	现金流入	5165.00	0.00	0.00	0.00	490.00	700.00	700.00	700.00	700.00	700.00	1175.00
2	现金流出	3271.40	380.00	400.00	200.00	239.40	342.00	342.00	342.00	342.00	342.00	342.00
3	所得税前净现金流量（1-2）	1893.60	-380.00	-400.00	-200.00	250.60	358.00	358.00	358.00	358.00	358.00	833.00
4	累计所得税前净现金流量		-380.00	-780.00	-980.00	-729.40	-371.40	-13.40	344.60	702.60	1060.60	1893.60
5	调整所得税	468.40				43.90	70.75	70.75	70.75	70.75	70.75	70.75
6	所得税后净现金流量（3-5）	1425.20	-380.00	-400.00	-200.00	206.70	287.25	287.25	287.25	287.25	287.25	762.25
7	累计所得税后净现金流量		-380.00	-780.00	-980.00	-773.30	-486.05	-198.80	88.45	375.70	662.95	1425.20

7. 分别对该项目的投资额和销售收入进行敏感性分析

对该项目的投资额和销售收入进行敏感性分析，见表 9-19。

表 9-19 不确定因素变化对内部收益率的影响

不确定因素	变化率								
	-20%	-15%	-10%	-5%	0%	5%	10%	15%	20%
投资额	26.64%	25.35%	24.15%	23.04%	21.98%	21.00%	20.06%	19.18%	18.34%
销售收入	12.47%	15.05%	17.48%	19.79%	21.98%	24.08%	26.09%	28.02%	29.88%

建设投资平均敏感度：$|18.34-26.64| \div 21.98 \div 40\% \times 100\% = 94\%$

年销售收入平均敏感度：$|12.47-29.88| \div 21.98 \div 40\% \times 100\% = 198\%$

9.6.4 分析结论

1. 盈利能力分析

1）财务净现值所得税前为 652.24 万元，所得税后为 387.75 万元，大于 0。
2）内部收益率所得税前为 21.98%，所得税后为 17.52%，大于基准收益率 10%。
3）净年值所得税前为 113.25 万元，所得税后为 67.33 万元，大于 0。
因此从财务净现值、内部收益率、净年值分析，该项目可行。
总投资收益率为 28.30%，若高于行业投资收益率，则该项目值得投资。

2. 偿债能力分析

利息备付率均大于 2，表明该项目付息能力有保障。
偿债备付率大于 1.3，表明该项目能够满足债权人要求。
故该项目偿债能力满足要求，项目可行。

3. 生存能力分析

该项目投产后的年净现金流量均大于 0，且累计所得税前和所得税后的净现金流量均在第 6 年为正，因此认为该项目具备生存能力。

4. 敏感度分析

建设投资平均敏感度为 0.94，年销售收入平均敏感度为 1.98，由此可见，建设投资对内部收益率的影响更大。

本章小结

项目的财务评价有特定的方法、流程及指标体系，只有通过规范的财务评价，才能给出科学的工程经济决策。财务评价的科学体系强调三方面的并行工作：静态与动态评价；全部投资评价与资本金评价；确定性分析与不确定性及风险分析。财务评价的完备性在评价过程、评价内容及评价结果方面均要有所体现。财务评价活动涉及的关键概念有评价参数、评价指标、评价报表、评价分析。

财务评价是工程经济分析的主要内容之一，也是工程商业分析的重要内容，其利用工程经济要素的基本数据，运用财务指标评价模型，利用财务报表的工具，最终形成对工程经济可行性的商务分析。财务评价的过程体现了极好的数据思维范式，即从数据出发提供定量决策依据，是工程方案决策支持系统的重要组成内容。通过本章学习应当能够从指标中分析项目的经济变化规律，如净现值改变的原因及其关键影响因素，能够针对项目的条件改变做出积极的判断，也就是说提高根据数据进行项目决策分析的能力，能够通过财务评价看懂数据背后反映的问题。

Excel 为计算经济评价指标提供了相应的函数，如 NPV、IRR 等，在项目经济评价时应充分利用信息化的手段工具提高评价的效率。

习题

1. 什么是财务评价？财务评价的主要目的是什么？
2. 财务评价的基本步骤有哪些？
3. 建设项目盈利能力分析的主要指标有哪些？
4. 财务评价的报表主要有哪几类？
5. 偿债能力分析主要包括哪些指标？
6. 某项投资方案的净现金流量见表9-20，基准投资回收期为6年。试问，如果采用投资回收期作为评价指标，该方案是否可行。

表9-20 某项投资方案的净现金流量表

年份	1	2	3	4	5	6
净现金流量（万元）	-275	320	500	550	610	700

7. 假定已知某拟建项目达到设计生产能力后，全场定员500人，工资和福利费按照每人每年1.2万元估算。每年的其他费用为600万元。年外购原材料、燃料动力费估算为18000万元。年经营成本为24000万元，年修理费占年经营成本的10%。各项流动资金的最低周转天数均为30天。用分项详细估算法对该项目的流动资金进行估算。

8. 某项目建设期为2年，第1年投资700万元，第2年投资1050万元。投资均在年初支付。项目第3年达到设计生产能力的90%，第4年达到100%。正常年份销售收入为1500万元，销售税金为销售收入的12%，年经营成本为400万元。项目经营期为6年，项目基准收益率为10%。试判断该项目在财务上是否可行？

9. 某水泥厂项目设计生产能力为300万t，已知类似项目年产量为200万t，项目建设投资为5000万元，拟建项目所选设备功能和效率均比所参考的类似项目优良，可取生产能力指数为0.7，物价调整系数为1~2。试确定该项目的建设投资。

10. 某套装置的设备购置费为15000万元，根据以往资料，与设备配套的建筑工程、安装工程和其他费用占设备费用的百分比分别为43%、18%和10%。假定各种工程费用的上涨与设备费用上涨同步，试估算该工程的建设投资。

11. 某建设项目寿命期为7年，各年现金流量见表9-21，基准收益率为10%。

表9-21 某项目财务现金流量表 （单位：万元）

年份	1	2	3	4	5	6	7
CI	0	0	900	1200	1200	1200	1200
CO	800	700	500	600	600	600	600

（1）该项目的财务净现值为多少万元？
（2）在运用线性内插法计算该项目财务内部收益率过程中，经试算得到：FNPV(18%)= 45万元，FNPV(21%)=-53万元，则财务内部收益率为多少？
（3）若基准收益率为15%，方案是否可行？

12. 某建设项目固定资产投资为5000万元，流动资金为450万元，项目投产期年利润总额为900万元，达到设计生产能力的正常年份利润总额为1200万元，则该项目正常年份的总投资收益率为多少？

13. 某市一家房地产开发公司以BOT方式投资11700万元，获得某学校新校区公寓园区的20年经营使用权，20年后返还给学校。预计当公寓在第3年正常运营后，每年的纯收益为2000万元，从第3年起，纯收益每5年增长5%。该公寓园区的建设期为2年，总投资分2年投入：一期为6000万元，二期为5700万元。试计算项目的财务净现值、财务内部收益率和动态投资回收期，并判断项目的财务可行性（假设投资发生在年初，其他收支发生在年末，基准收益率取12%）。

14. 某企业在第2个会计期间的营业收入为600万元，期初应收账款为70万元，期末应收账款为130万元，则该企业应收账款周转率为多少？

15. 某技术方案总投资1500万元，其中，债务资金700万元，技术方案在正常年份年利润总额400万元，所得税100万元，年折旧费80万元。则该方案的资本金净利润率为多少？

16. 拟建某工业项目，建设期2年，生产期10年，第1年、第2年固定资产投资分别为2100万元、1200万元；第3年、第4年流动资金注入分别为550万元、1200万元。预计正常生产年份的年销售收入为3500万元，经营成本为1800万元，税金及附加为260万元，所得税为3100万元。预计投产的当年达产率为70%，投产后的第2年开始达产率为100%，投产当年的销售收入、经营成本、税金及附加、所得税均按正常生产年份的70%计，固定资产余值回收为600万元，流动资金全部回收。上述数据均假设发生在期末。

问题：

（1）编制该项目的现金流量表。

（2）计算动态投资回收期。

17. 某项目建设期2年，运营期6年，建设投资2000万元，预计全部形成固定资产。项目资金来源为自有资金和贷款。建设期内，每年均衡投入自有资金和贷款各500万元，贷款年利率为6%。流动资金全部用项目资本金支付，金额为300万元，于投产当年投入。固定资产使用年限为8年，采用直线法计提折旧，残值为100万元。项目贷款在运营期的6年间，按照等额还本、利息照付的方法偿还。项目投产第1年的营业收入和经营成本分别为700万元和250万元，第2年的营业收入和经营成本分别为900万元和300万元，以后各年的营业收入和经营成本分别为1000万元和320万元。不考虑项目的维持运营投资及补贴收入。企业所得税税率为25%，税金及附加税率为6%。

问题：

（1）列式计算建设期贷款利息。

（2）计算各年还本、付息额，并编制借款还本付息计划表。

18. 某项目建设投资3000万元，建设期2年，运营期8年。建设贷款本金1800万元，年利率6%，建设期均衡投入，全部形成固定资产，折旧年限8年，按直线计提折旧，残值率5%。贷款运营期前4年等额还本付息。运营期第一年投入资本金流动资金300万元。正常年份营业收入1500万元，经营成本680万元，第1年按80%计算。所得税税率25%，税金及附加税率6%。

问题：

（1）计算年折旧。

（2）分别计算运营期第1、2年的还本付息额。

（3）分别计算运营期第1、2年的总成本费用。

（4）第1年能否归还贷款？计算并说明。

（5）计算正常年份的总投资收益率。

19. 某企业拟建一个生产市场急需产品的工业项目。建设期1年，运营期6年。项目建成当年投产。当地政府决定扶持该产品生产，启动经费为100万元。其他基本数据如下：

（1）建设投资1000万元，预计全部形成固定资产，固定资产使用年限10年，按直线法计提折旧，期末残值100万元。投产当年又投入资本金200万元作为运营期的流动资金。

（2）正常年份年营业收入800万元，经营成本为300万元，产品税及附加税率为6%，所得税税率为

25%,行业基准收益率为10%,基准投资回收期为6年。

（3）投产第一年仅达到设计生产能力的80%,预计这一年的营业收入、经营成本和总成本均按正常年份的80%计算,以后各年均达到设计生产能力。

（4）运营3年后,预计需花费20万元购置新型自动控制设备配件,才能维持以后的正常运营,该维持运营投资按当期费用计入年度总成本。

问题：

1）编制拟建项目投资现金流量表。
2）计算项目的静态投资回收期。
3）计算项目的财务净现值。
4）计算项目的财务内部收益率。
5）从财务角度分析拟建项目的可行性。

第10章

工程项目国民经济评价

本章概要

1. 国民经济评价
2. 国民经济评价参数和指标
3. 国民经济评价报表

重点提示

国民经济评价的概念、适用范围和内容；国民经济评价与财务评价的联系和区别；国民经济费用与效益识别的要求、直接效果、外部效果；转移支付；影子价格的概念和确定方法；国民经济评价的基本报表与指标计算。

学习目标

掌握国民经济评价的概念；国民经济评价与财务评价的联系与区别；掌握影子价格的概念和确定方法。

相关知识

工程项目国民经济评价是工程经济学经济评价的一种方法，是依据国家对建设项目的管理要求，针对特定类型项目开展的工程经济分析，具有广泛的应用价值。国民经济评价与财务评价既有区别又有联系，它自成体系。本章主要内容包括国民经济评价概述、费用与效益识别与应用案例。

10.1 国民经济评价概述

工程在投入费用后，其目标是产生经济效益。效益是某种活动所产生的有益效果及其达到的程度，是效果和利益的总称。它可以分为经济效益和社会效益两类。其中，经济效益是人们在社会经济活动中所取得的收益性成果，社会效益则是在经济效益之外的对社会生活有益的效果。经济效益可以运用若干经济指标来计算，而社会效益则难以计量，必须借助其他形式间接考核。对于只考虑经济效益的项目可采用财务效益分析，即财务评价；而一些特殊性工程，即既要考虑经济效益又要考虑社会利益的项目，则必须采用国民经济评价。

国民经济评价是指通过比较项目的全部成本和效益来评估项目投资价值的一种方法。国民经济评价作为一种经济决策方法，在投资决策上寻求以最小的成本获得最大的效益或效果。国民经济评价强调"经济"，即费用与产出均可以货币化测量，用于评估需要量化社会效益的公共事业项目。

工程的一次性特征决定了在分析工程的经济性时，每个项目都具有独一无二的经济分析过程。尽管采用的经济评价原理相同，但具体的经济评价内容之间存在差异性。这种差异性的主要来源之一是由于每个工程的建设目标不同、建设环境不同，如水电站产出物为水电产品，而汽车制造厂的产出物为出口型汽车产品，因此项目全寿命期内投入及产出要素及其对应的费用效益不同。对于经济效益明显的工程应采用国民经济评价，这些特殊工程包括核电站、大型医院、地区电网、水电站等跨地区、跨领域甚至跨国界的固定资产投资项目；对于那些因为财务价格局限，不能真实反映项目产出的经济价值，财务成本不能包括项目对资源的全部消耗，财务效益又不能包含项目产出的全部经济效果的项目等均可以采用国民经济评价。在新的投资体制下，国家对项目的审批和核准的重点在于项目的间接效果和公共性方面。国民经济评价强调从资源配置的经济效率角度分析项目的间接效果，通过国民经济评价的方法判断建设项目的经济合理性，为政府审批或核准项目提供重要依据。

10.1.1 国民经济评价的概念

国民经济评价又称为费用效益分析，是项目经济评价的重要组成部分。国民经济评价按照资源合理配置的原则，从国家整体角度考查和确定项目的费用和效益，用货物影子价格、影子工资、影子汇率和社会折现率等经济参数，分析与计算项目对国民经济的净贡献，以评价项目经济上的合理性。

10.1.2 国民经济评价的项目类型

在进行投资可行性论证时，对于以下项目应采用国民经济评价。

1）自然垄断项目，如电力、电信、交通等行业项目，这类项目存在规模效应递增的产业特征。这类项目不存在明显的市场竞争，涉及国家、社会战略发展，影响广泛，一旦建成则会有效增加市场供给，随着经济发展，其规模效应递增。

2）公共产品项目。这类项目提供的产品或服务在同一时间内被公共消费，具有消费的非排他性，存在众多项目使用者，并不为某一个组织或个人提供服务，而是为公众所共享，如博物馆、医院等。

3）具有明显间接效果的项目，这类项目涉及国家控制的战略性资源开发及涉及国家经济安全，如能源类项目等。

4）政府预算内投资的用于国家安全、市场不能有效配置资源的项目，公共基础设施项目，重大战略项目，各类专项建设基金投资，交通、水利、战略产业等国家基础设施项目。

5) 利用国际金融组织和外国贷款,需用政府主权提供信用担保的建设项目。
6) 企业投资但需政府核准的关系国家安全、公共利益,存在垄断性质的投资项目。
7) 投资人或发起人特别要求需进行国民经济评价的项目。

10.1.3 国民经济评价与财务评价

国民经济评价是在财务评价基础上的增量分析,是对财务评价一定程度的调整。调整的基本原则是对相同之处借鉴保留,对不同之处进行更新迭代,对有联系之处进行比对修订。

1. 两者的相同点

1) 评价目的相同,均是为实现工程项目经济可行性的论证所开展的经济分析活动,论证结果均可为工程投资提供定量决策依据。
2) 评价基础相同,均在项目建设之前,收集项目基本建设条件资料,运用预测或估算方法估算工程经济要素的值后进行经济评价。
3) 评价思路相同,均是采用估算工程经济要素、构建经济评价报表、计算经济评价指标的策略来开展的经济评价工作。
4) 计算期相同,均需开展工程项目全寿命期的评价,包括项目建设期和生产运营期的全部经济活动。

2. 两者的区别

1) 评价的角度不同。财务评价站在企业的角度,是从项目投资人主体角度进行的经济分析活动;国民经济评价站在国家的角度,是包含多个利益相关主体的经济分析活动。
2) 费用、效益的含义及划分不同。由于评价角度不同,财务评价经济分析以项目为边界进行投入产出测算,国民经济评价从国家整体角度进行项目投入产出分析。
3) 评价采用的价格不同。财务评价采用国内市场价格,国民经济评价采用影子价格或国际市场价格。
4) 主要评价参数不同。财务评价使用行业基准折现率,不同行业有差异;而国民经济评价使用社会折现率,适用于所有项目。
5) 评价的组成内容不同。财务评价中有盈利、偿债和生存三种能力的评价,应开展不确定性及风险分析;而国民经济评价中仅需完成盈利能力的评价、敏感性分析与风险分析。

3. 两者的联系

1) 对于财务评价与国民经济评价结论均可行的项目,应予通过。
2) 对于财务评价与国民经济评价结论均不可行的项目,应予否定。
3) 对于财务评价结论可行,而国民经济评价结论不可行的项目,一般应予否定。
4) 对于财务评价不可行,而国民经济评价可行的项目,一般应予通过,或重新考虑方案使之具有财务上的生存能力。

国民经济评价需要在财务评价的基础上进行增量或调整,内容包括经济费用与经济效益的识别、国民经济评价参数、国民经济评价报表及评价指标等。

延伸思考

工程项目国民经济评价是工程经济学中的重要内容,它通过对工程项目进行经济分析,评估其对国民经济的贡献和影响。这一评价过程不仅涉及工程项目的直接经济效益,还包括其对社会、环境等方面的间接影响。

【案例】某地计划建设一座大型水库,该水库位于某河流上游,建成后可控制流域面积达 $1262km^2$。该项目不仅能够缓解当地旱季缺水的问题,还能通过调节水流减轻下游的洪水威胁,承担防洪、灌溉、供水等多重功能。该项目预计总投资较大,且对当地生态环境和社会生活都将产生重大影响。通过具体的项目经济评价与分析过程,可帮助学生理解工程项目与国民经济之间的联系,并激发爱国情怀和民族自豪感。

10.2 国民经济费用与效益识别

10.2.1 费用与效益识别

国民经济费用与效益识别

在项目的财务评价中,由于项目可被视为一个相对独立的封闭系统,货币在这个系统中的流入和流出较容易被识别,且大多可以与相应的会计核算科目对应,因此,在财务评价中,费用和效益识别的重要性未能充分表现出来。在项目的国民经济评价中,费用和效益的划分与财务评价相比发生了质的变化,通常识别起来比较困难。例如,烟草行业一方面给政府提供了巨额税收,增加了大量的就业岗位,有时甚至成为一个地区的支柱产业;另一方面,烟草对消费者的健康造成了很大的损害,极大地增加了国家和消费者个人的医疗负担。显然对国民经济整体而言,烟草行业带来的究竟是费用还是效益,仅仅从项目的财务收支上是无法进行判别的。

正确地识别费用与效益是保证国民经济评价准确的前提。费用与效益识别的基本要求如下:

1)对费用与效益进行全面的识别。应当考虑关联效果,对项目涉及的所有社会成员的有关费用和效益进行全面识别。

2)遵循有无对比的原则。有无对比是国际上项目评价中通用的费用与效益识别的基本原则,是指把"有项目"与"无项目"时的费用与效益进行对比,来衡量项目新增效益的一种方法。该方法把建设某个项目和没有建设某个项目预计的状况进行比较,两者的差额就是项目投资所产生的净效益。

3)遵循费用与效益识别和计算口径对应一致的原则。计算口径主要是指评算方法、计量单位。识别和计算费用与效益时,如果计算方法不一致,效益按产品的实物量计算,费用按价值计算,或效益按小时计算,费用按实际工作日计算,这样费用与效益显然没有可比性,不能正确反映费用与效益的实际价值和关系。

4)合理确定费用与效益识别的时间跨度。项目所产生的全部费用和重要效益不完全受财务分析计算期的限制。

5) 正确处理"转移支付"。将不增加社会资源和不增加社会资源消耗的财务收入与支出视作社会成员之间的"转移支付",在国民经济评价中不作为效益与费用。

6) 遵循以本国社会成员作为分析对象的原则。对于跨越国界的项目,应重点分析项目给本国社会成员带来的费用和效益,对于项目对国外社会成员所产生的效果应予以单独陈述。

国民经济评价从国家整体角度测算投入产出结果。在国家范围内,影响效果以项目为边界,分为项目直接效果(内部效果)和项目间接效果(外部效果),如图10-1所示。

工程项目直接效果体现为项目直接投入物和产出物的内部效果,称为直接费用与直接效益。项目间接效果体现为国民经济相邻部门及社会的外部效果,称为项目的间接费用和间接效益,见表10-1。

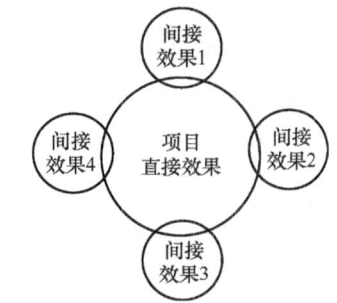

图 10-1 项目的直接效果、间接效果

表 10-1 工程项目直接效果、间接效果及相关费用、效益

工程效果	费用	效益
直接效果(内部效果)	直接费用	直接效益
间接效果(外部效果)	间接费用	间接效益

10.2.2 直接效果

1. 直接效益

工程项目直接效益是指由项目产出物产生的并在项目范围内计算的经济效益,一般表现为项目为社会生产提供的物质产品、科技文化成果和各种各样的服务所产生的效益。

工程项目直接效益的确定可分为以下几种情况。

1) 当项目产出物满足国内新增需求时,表现为国内新增需求的支付意愿。

2) 当项目产出物替代其他厂商的产品或服务时,使被替代者减产或停产,这种效益表现为国家有用资源的节省。

3) 当项目的产出物导致国家增加出口或减少进口时,这种效益表现为外汇收入的增加或支出的减少。

4) 工程项目直接效益还包括不能体现在财务分析的营业收入中的特殊效益,如交通运输项目产生的效益体现为时间的节约,教育项目、医疗卫生和卫生保健等项目产生的效益体现为对人力资本、生命延续或疾病预防等方面的影响。

2. 直接费用

工程项目直接费用是在项目范围内计算的,是指项目使用投入物所产生的经济费用,一般表现为投入项目的人工、资金、物料、技术及自然资源等带来的社会资源的消耗。

工程项目直接费用的确定也可分为以下几种情况:

1) 当社会扩大生产规模用以满足项目对投入物的需求时,项目直接费用表现为社会扩大生产规模所增加耗用的社会资源价值。

2）当社会不能增加供给，导致其他人被迫放弃使用项目投入的资源来满足项目的需要时，项目直接费用表现为社会因其他人被迫放弃使用这些资源而损失的效益。

3）当项目的投入物导致国家增加进口或减少出口时，项目直接费用表现为国家外汇支出的增加或外汇收入的减少。

10.2.3 间接效果

间接效果是指项目的产出或投入给他人（生产者和消费者之外的第三方）带来了效益或费用，但项目本身却未因此获得收入或付出代价。习惯上也把间接效果分为间接效益和间接费用。

1）间接效益又称为外部效益，是指项目对国民经济做出了贡献，而项目自身并未得益的那部分效益。例如，果农栽种果树在客观上使养蜂者得益，这部分效益即为果农生产的间接效益。

2）间接费用又称为外部费用，是指国民经济为项目付出了代价，而项目本身却不必实际支付的那部分费用，例如，一项耗能巨大的工业项目投产可能导致当地其他项目用电紧张，其他项目因此而减少的效益即为该项目的间接费用。

计算间接效果时，必须同时满足两个条件：相关性条件和不计价条件。所谓相关性条件，是指工程项目的经济活动会影响与本项目没有直接关系的其他生产者和消费者的生产水平或消费质量。所谓不计价条件，是指这种效果不计价或无须补偿。例如，烟草公司生产的香烟使得烟民的健康受到损害，这是一种间接费用。如果烟草公司给烟民以相应的赔偿，就不再是间接费用了。

间接效果的计算通常是比较困难的。为了减少计算上的困难，可以适当地扩大计算范围并调整价格，从而使许多间接效果内部化，扩大项目的范围，将一些相互关联的项目合并在一起作为一个联合体进行评价，从而使一些间接费用和间接效益转化为直接费用和直接效益。在用影子价格计算项目的费用和效益时，已在一定程度上使项目的间接效果在项目内部得到了体现。必须注意的是，在国民经济评价中，既要充分考虑项目的间接效果，又要防止间接效果扩大化。

经过上述处理后，可能还有一些间接效果需要单独考虑和计算。这些间接效果主要包括以下几个方面。

1. 价格间接效果

价格间接效果一般又称为价格连锁效果，分为逆连锁效果和顺连锁效果。

逆连锁效果是由项目使用投入物引起的，项目对投入物的使用可能会使投入物的价格上升，这样，一方面会使这些投入物生产企业的净收入增加；另一方面，会使其他使用这些投入物企业的净收入下降。

顺连锁效果是由项目使用产出物引起的。例如，某生产机床的项目的投产可能会使机床的价格下降，从而使需求增加。这样，一方面生产机床配件的企业可以因机床需求的增加而提高配件的价格，即使不增产也能使净收入增加；另一方面，其他生产类似机床的企业由于替代效应不得不降低价格以维持产量，从而导致净收入减少。

2. 产业关联效果

间接效果包括产业关联效果。例如，建设一个水电站，除具有供水、发电和防洪灌溉等一般功能，还会带来养殖业和水上运动的发展及旅游业的繁荣等间接效益。但同时也会带来一些间接费用，如农田被淹没会给农牧业带来一定的损失。

3. 环境和生态效果

工程项目会对自然环境和生态环境造成污染和破坏。例如，发电厂排放的烟尘会使附近田园作物的产量减少，质量下降；化工厂排放的污水会使附近江河的鱼类资源骤减。这些都是项目产生的间接费用。这种间接费用定量计算比较困难，一般可按同类企业所造成的损失或者按恢复环境质量所需的费用来近似估算，若难以定量计算则应做定性说明。此外，某些工程项目如环境治理项目，对环境产生的影响是正面的，在国民经济评价中也应估算其相应的间接效益。

4. 乘数效果

乘数效果是指由于项目的投产使其上下游企业的闲置资源得到有效利用，进而产生一系列的连锁反应，带动某个行业、地区或全国的经济发展所带来的外部净效益。例如，当国内钢材生产能力过剩时，国家投资修建铁路干线需要大量钢材，就会使原来闲置的生产能力得到启用，使钢铁厂的成本下降，效益提高；同时由于钢铁厂的生产扩大，使得炼铁、炼焦及采矿等部门原来剩余的生产能力得以利用，效益增加，由此产生一系列的连锁反应。在进行扶贫工作时，可以优先选择乘数效果大的项目。

乘数效果发挥作用的条件是拟建项目的"上下游企业"确实存在生产能力闲置。

5. 技术扩散和示范效果

技术扩散和示范效果是指建设技术先进的项目会培养和造就大量技术和管理人员。他们除了为本项目服务，由于人才流动、技术推广和扩散等原因，本项目以外的行业或部门都将受益。但这类间接效益通常难以识别和定量计算，因此在国民经济评价中一般只做定性说明。

注意，为防止间接效果计算扩大化，项目的间接效果一般只计算一次相关效果，不应连续计算。

10.2.4 转移支付

对于仅涉及资源使用权的转移，而没有造成社会最终产品增减的项目，在国民经济评价中不计入费用与效益，如国家对项目的补贴、项目向国家缴纳的税金、国内借贷利息等。这些在财务评价中作为实际收支，但从国民经济的整体角度来看，这些收支并不影响社会最终产品的增减，并未造成资源的实际耗用和增加，仅仅是资源使用权在不同的社会实体之间的一种转移，是政府调节分配和调节供求关系的手段。

项目组织与政府、借贷机构之间的这种并不伴随资源增减的纯粹货币性转移，称为项目的转移支付，它有以下几种形式。

1. 税金

税金是财务上的"转移性"支出，从企业的项目收入中转移到国家。税金是企业的支出，计入财务分析中的费用；但从国家角度，税金并没有增加国民收入，也并未减少国民收入，只是资源的分配使用权从企业转移到政府手中，所以在国民经济评价中，它既不是收益，也不形成费用。

2. 补贴

补贴是指国家为了鼓励使用某些资源或扶植某项建设投资而给予的价格补贴。它使项目的财务支出减少，企业获得了一定的财务收益，资源的使用权从国家转移到企业，但没有增加或减少国民收入，整个社会资源也没有耗费，因此补贴也不计入国民经济评价的费用与效益。

3. 国内贷款利息

国内贷款利息在项目财务评价资本金财务现金流量表中是一项费用。对于国民经济评价来说，它表示项目对国民经济的贡献一部分转移到了政府或国内贷款机构中。项目对国民经济所做贡献的大小与所支付的国内贷款利息多少无关。因此，在国民经济评价中，它也不是费用或效益。

4. 国外贷款和还本付息

在国民经济评价中，国外贷款和还本付息根据分析的角度不同，有两种不同的处理原则。

1）在项目国民经济效益费用流量表中的处理。在项目国民经济效益费用流量表中，把国外贷款看作国内投资，以项目的全部投资作为计算基础对拟建项目使用的全部资源的使用效果进行评价。随着国外贷款的发放，国外相应的实际资源的支配权力同时转移到了国内。这些国外贷款资源与国内资源同样存在合理配置的问题。因此，在项目国民经济效益费用流量表中，国外贷款和还本付息与国内贷款和还本付息同样既不作为效益，也不作为费用。

2）在国内投资国民经济效益费用流量表中的处理。为了考查国内投资对国民经济的实际贡献，应以国内投资作为计算的基础，因此在国内投资国民经济效益费用流量表中，把国外贷款和还本付息视为费用。

5. 折旧是会计意义上的生产成本要素

折旧费不论上缴还是留归企业自用，都不能计入国民经济的收益或费用。由于在计算中已对相对于总投资的资源投入造成的国民收入损失做了充分估价（即把投资作为费用），因此不能把折旧作为费用，否则属于重复计算。

10.3 国民经济评价参数

国民经济评价参数有社会折现率、影子汇率、影子工资。

10.3.1 社会折现率

社会折现率是用来衡量资金时间价值的重要参数，是社会资金被占用时应获得的最低收费率，也是换算不同年份间资金时间价值时需要使用的折现率。

社会折现率是建设项目国民经济评价中衡量经济内部收益率评价指标的基准值，也是计算项目经济净现值指标的折现率，是项目经济可行性和方案比选的主要判据参数。

社会折现率由国家根据经济发展情况调整测定，是国家层面的参数，如测定值为6%、8%。对于不同类型的具体项目，应当视项目性质采取具体的社会折现率，但不同于财务内部收益率，社会折现率不存在行业差异或企业差异。

10.3.2 影子汇率

影子汇率（Shadow Exchange Rate，SER）也称外汇的影子价格，是指能正确反映国家外汇经济价值的汇率，即能反映外汇增加或减少对国民经济贡献或损失的汇率，体现了从国家角度对外汇价格的估量。影子汇率可在外汇牌价基础上，利用影子汇率换算系数计算国民经济评价的人民币价格：

$$\text{影子汇率} = \text{外汇牌价} \times \text{影子汇率换算系数} \tag{10-1}$$

其中，影子汇率换算系数为 1.08。据此可计算投入物或产出物的影子价格：

$$\text{投入物或产出物的影子价格} = \text{影子汇率} \times \text{货物外币价格} \tag{10-2}$$

【例 10-1】 若 2018 年 8 月 10 日国家外汇牌价中人民币对美元的比值为 687.01÷100，则该日人民币对美元的影子汇率为多少？若项目产出物外币单价为 30 美元，计算项目产出物的人民币单价。

【解】 根据式 (10-1)，计算影子汇率。

$$\text{影子汇率} = \text{外汇牌价} \times \text{影子汇率换算系数}$$
$$= 687.01 \div 100 \times 1.08 = 7.4197$$

根据式 (10-2)，计算产出物的人民币单价。

$$\text{产出物单价} = \text{影子汇率} \times \text{产出物外币单价}$$
$$= (7.4197 \times 30) \text{元} = 222.59 \text{元}$$

【例 10-2】 若已知项目产出物的人民币价格为 222.59 元，国家给出的该货物的影子汇率为 7.4197，求该产出物的外币价格。

【解】 根据式 (10-2)，可反算该货物的外币价格。

$$\text{产出物外币单价} = \text{产出物单价} \div \text{影子汇率}$$
$$= (222.59 \div 7.4197) \text{美元} = 30 \text{美元}$$

从以上两个计算实例可以看出，计算货物影子价格的方式有两种：一种是采用外汇牌价的影子汇率进行换算；另一种可以直接用该货物的影子汇率计算，即货物的影子汇率等于货物的人民币价格与其外币价格的比值。

10.3.3 影子工资

影子工资是劳动力的影子价格，具体是指建设项目使用劳动力，国家和社会为此付出的代价。影子工资一般是用财务评价的工资及提取的职工福利基金之和乘以影子工资换算系数求得。影子工资换算系数中，技术性工种劳动力取值 1，非技术性工种劳动力取值小于 1，通常来讲，其具体取值范围为 0.25~0.8，应依据当地的非技术性工种劳动力供给状况决定，劳动力供给相对充足的地区可取较低值，劳动力供给不充足的地区则可取较高值，中间状况可取 0.5 等值。

【例 10-3】 某水利枢纽建设项目投资中的人工费用为 5 亿元，其中 70% 为非技术性工种工资。在国民经济评价中，若技术性工种影子工资换算系数为 1，非技术性工种影子工资换算系数为 0.8，该项目的人工费用应调整为多少亿元？

【解】 国民经济评价时，人工费用应进行调整：

调整后人工费 = (30%×5×1+70%×5×0.8) 亿元 = 4.3 亿元

10.3.4 影子价格的确定

国民经济评价中投入物或产出物使用的计算价格称为影子价格。影子价格应是能够真实反映项目投入物和产出物的真实经济价值的计算价格。影子价格是在完善的市场经济条件下，在社会最优的生产组织情况下，资源的分配和利用达到最优状态，即供求平衡时的均衡价格。世界银行将其定义为"资源要素被占用的机会成本"。

投资项目的投入物和产出物可以分为三类：外贸货物、非外贸货物、特殊投入物与政府调控价格货物。确定影子价格，对于投入物与产出物，可根据货物的定价规则分为市场定价货物、政府调控价格货物、特殊投入物和非市场定价货物四大类。

1. 市场定价货物的影子价格

（1）外贸货物的影子价格

外贸货物的影子价格以实际可能发生的口岸价格为基础确定，计算时先乘以影子汇率换算成人民币价格，再适当加减国内运输费用和贸易费用，相关计算公式如下：

进口投入物的影子价格(到厂价格) = 到岸价(CIF)×影子汇率+国内运杂费用+贸易费用

(10-3)

出口产出物的影子价格(出厂价格) = 离岸价(FOB)×影子汇率+国内运杂费用+贸易费用

(10-4)

1) 离岸价（Free On Board，FOB），也称船上交货价格，是指卖方在合同规定的港口把货物装到买方指定的运载工具上，负担货物装上运载工具为止的一切费用和风险的价格。

2) 到岸价（Cost Insurance Freight，CIF），表示到达货物进口国港口的价格，是在离岸价的基础上增加海外运杂费及保险费等。

3) 贸易费用指为进出口货物而花费的，根据影子价格计算的流通费用，涵盖货物的储藏与运送、包装、短距离运输、装卸、国内保险、检验等环节的费用花费，以及资金占用的机会成本，但不包括长途运输费用。

（2）非外贸货物的影子价格

非外贸货物的影子价格应按其对国民经济的实际价值和供求关系，并依据财务价格来确定。可以分为以下三种形式：

1) 非外贸产出物的影子价格。

2) 非外贸投入物的影子价格。

3) 非外贸货物的成本分解法，是指货物生产所消耗的资源中，部分来自外贸货物，部分来自非外贸货物，需要根据成本组成分别进行调整后确定货物的最终影子价格。

2. 政府调控价格货物的影子价格

为保证效率和公平，某些货物或服务的价格不完全由市场机制形成，而是受政府调控。政府调控价格的主要手段有：政府定价、政府指导价、政府限价。因此，这些货物或服务的价格不能完全反映其真实的经济价值。在项目国民经济评价中，这些受政府调控的货物或服务的影子价格在确定时遵守的原则有：投入物按机会成本分解定价，产出物按对经济增长的边际贡献率或消费者支付意愿定价。

1) 电力的影子价格。电力作为项目投入物时，一般按完全成本分解定价，电力充足的地区按可变成本分解定价。电力作为项目产出物时，它的影子价格可按电力对当地经济的边际贡献率定价。

2) 铁路运输的影子价格。作为项目投入物时，铁路运输的影子价格一般按完全成本分解定价，运送能力过剩的地区按可变成本分解定价。铁路运输作为项目产出物时，其影子价格可按铁路运输对国民经济的边际贡献率定价。

3. 特殊投入物的影子价格

项目的特殊投入物主要包括三类：劳动力、土地和自然资源。计算这些特殊投入物发生的经济费用，需要采取特定的方法确定其影子价格。

（1）劳动力的影子价格

$$\text{劳动力的影子价格} = \text{劳动力的机会成本} + \text{新增资源消耗} \tag{10-5}$$

1) 劳动力的机会成本是指项目投入的劳动力因被本项目占用而不能再投入其他地方使用或享受闲暇时间而被迫放弃的价值。

2) 新增资源消耗是指项目所需劳动力从原来的岗位转移到本项目而发生的经济资源消耗，包括培训费、搬迁费、新增的城市运输与城市基础设施配套等相关投资和费用。

（2）土地的影子价格

我国目前取得土地使用权的方式主要包括：拍卖、招标投标、协商议价、行政划拨等。项目使用了土地，无论是否实际存在财务费用，都应根据机会成本或消费者支付意愿确定土地影子价格。项目占用的土地的地理位置、项目情况、取得方式等都是影响土地影子价格的重要因素，如城镇与农村土地影子价格存在差异。

1) 非生产性用地。对于住宅、休闲等非生产性用地，市场完善的，应以土地市场交易价格计算土地影子价格，如土地出让金、拆迁补偿费、居民安置费等；市场不完善或无市场交易价格的，应按消费者支付意愿确定土地的影子价格。

2) 生产性用地。对于农业、牧业、林业、渔业等生产性用地，项目占用土地的影子价格为土地的机会成本（土地被该工程项目占用而放弃的最大潜在贡献）及因改变土地用途而新增加的资源消耗（拆迁费、居民安置费等）之和。

$$\text{土地的影子价格} = \text{土地机会成本} + \text{新增资源消耗} \tag{10-6}$$

（3）自然资源的影子价格

对于矿产等不可再生资源，其影子价格应当按该资源的机会成本计算；水和森林等可再生资源的影子价格则按资源再生费用计算。

为方便测算，自然资源的影子价格也可以根据投入物替代方案的费用确定。投入的不可再生矿产资源的影子价格可以按市场价格作为其影子价格的最低值。

4. 非市场定价货物的影子价格

当项目产出的服务或产品不存在市场价格，或者其市场价格难以反映其真实经济价值时，可以采用假设成本法、显示偏好法、陈述偏好法等方法对项目的产出效果的影子价格进行测算。

10.4 国民经济评价指标

10.4.1 经济净现值（ENPV）

经济净现值是指项目按照社会折现率将计算期内各年的经济净效益流量折现到建设期期初的现值之和：

$$\text{ENPV} = \sum_{t=1}^{n} (\text{ECI} - \text{ECO})_t (1+i_c)^{-t} \tag{10-7}$$

式中 ECI——经济现金流入；
  ECO——经济现金流出；
  n——项目计算期；
  i_c——社会折现率。

该指标评价标准为 ENPV≥0。

10.4.2 经济内部收益率（EIRR）

经济内部收益率是指项目在计算期内经济净效益流量的现值累计等于 0 时的折现率：

$$\text{ENPV}(\text{EIRR}) = 0 \tag{10-8}$$

该指标评价标准为经济内部收益率应大于或等于社会折现率，即当 EIRR $= i_c$ 或 EIRR$>i_c$ 时项目可行。

10.4.3 效益费用比（R_{BC}）

项目在计算期内效益流量的现值与费用流量的现值的比率：

$$R_{BC} = \frac{B}{C} \tag{10-9}$$

式中 B——效益现值；
  C——费用现值。

该指标评价标准为 $R_{BC} \geq 1$。

以下两式是以现值或年值表示的效益费用比：

$$R_{BC} = \frac{\sum_{t=1}^{n} \text{ECI}(1+i_c)^{-t}}{\sum_{t=1}^{n} \text{ECO}(1+i_c)^{-t}} \tag{10-10}$$

$$R_{BC}=\frac{B_{AV}}{C_{AV}}=效益年等值÷费用年等值 \tag{10-11}$$

【例 10-4】 项目 A 的总投资、年运营维护成本及年收益见表 10-2，假设社会折现率为 6%，项目计算期为 20 年，用年效益费用比评价该项目经济可行性。

表 10-2 项目 A 的效益、费用表 （单位：万元）

项目	总投资	年运营维护成本	年收益
A	7381	839	2516

【解】 以年效益费用比作为评价指标计算：

项目总投资的年等值 = 7381×(A/P,6%,20) = (7381×0.0872)万元 = 644 万元

效益费用比 = 效益年等值÷费用年等值 = 2516÷(644+839) = 1.70

$R_{BC}>1$，所以该项目国民经济评价可行。

10.4.4　增量效益费用比（ΔR_{BC}）

增量效益费用比用于对多方案进行增量效果的评价，增量效益费用比即增量效益与增量费用的比：

$$\Delta R_{BC}=\frac{\Delta B}{\Delta C} \tag{10-12}$$

式中　ΔR_{BC}——增量效益费用比；
　　　ΔB——增量效益；
　　　ΔC——增量费用。

该指标评价标准 $\Delta R_{BC} \geqslant 1$，表示增量费用获得了正向收益。

【例 10-5】 有 3 个可行项目 A、B、C 的总投资、年运营维护成本、年收益及期末残值见表 10-3。假设社会折现率为 6%，项目计算期为 20 年，用增量效益费用比选择投资项目。

表 10-3 项目 A、B、C 的效益、费用表 （单位：万元）

项目	总投资	年运营维护成本	年收益	期末残值
A	57035	5033	8388	14427
B	67100	4865	11743	15198
C	80520	4697	13420	16775

【解】
（1）根据已知条件判断 A、B、C 项目均可行，可参与方案比较。
（2）计算各方案的费用现值：

$PC_A = [57035+5033×(P/A,6\%,20)-14427×(P/F,6\%,20)]$ 万元 = 110264 万元

$PC_B = [67100+4865×(P/A,6\%,20)-15198×(P/F,6\%,20)]$ 万元 = 118162 万元

$PC_C = [80520+4697×(P/A,6\%,20)-16775×(P/F,6\%,20)]$ 万元 = 129163 万元

(3) 将方案按照费用大小，从小到大排序为 A、B 和 C，用费用大的方案与费用小的方案进行依次比较，首先是 B 与 A 比较，计算增量效益费用比。

$$\Delta R_{B-A} = (11743-8388) \div (118162-110264) = 0.42 < 1$$

由于增量指标小于 1，因此淘汰 B，留下 A，再进行 C 与 A 的增量比较。

$$\Delta R_{C-A} = (13420-8388) \div (129163-110264) = 0.27 < 1$$

由于增量指标依然小于 1，因此淘汰 C，留下 A。

(4) 结论：应将 A 方案作为最终投资方案。

10.5 国民经济评价报表

项目国民经济评价的基本报表是项目投资经济效益费用流量表（表10-4），用于计算经济评价指标。辅助报表包括投资费用估算调整表、经营费用估算调整表、项目间接费用估算表等，用于估算效益费用基本报表中相应的工程经济要素。

表 10-4 项目投资经济效益费用流量表

序号	项目	合计	计算期		
			1	...	n
1	效益流量				
1.1	直接效益				
1.2	资产余值回收				
1.3	间接效益				
2	费用流量				
2.1	建设投资				
2.2	维持运营投资				
2.3	流动资金				
2.4	经营费用				
2.5	间接费用				
3	净效益流量（1-2）				

计算指标：
经济内部收益率（%）
经济净现值（i_c = %）

10.6 国民经济评价案例

10.6.1 案例背景及项目建设条件分析

某河流的水电站具有发电、防洪、航运、灌溉和供水、兼顾湿地生态与河网生态环境保护等综合利用功能。该水电站正常蓄水位398m，总装机容量772MW。本工程经济计算期36年，其中建设期6年，生产期30年，社会折现率8%。项目投资主要指标见表10-5。

表 10-5 项目投资主要指标

项目	单位	投资指标	占总投资比例（%）
1. 枢纽建筑物投资	万元	554434	56.27
2. 建设征地和移民安置	万元	106235	10.78
3. 独立费用	万元	116277	11.80
合计（1+2+3）	万元	776946	
4. 基本预备费	万元	39367	4.00
工程静态投资（1+2+3+4）	万元	816313	
5. 价差预备费	万元	38681	3.93
6. 建设期贷款利息	万元	130309	13.23
工程总投资（1+2+3+4+5+6）	万元	985303	100
第一台机组发电静态投资	万元	711809	
第一台机组发电总投资	万元	834996	
单位千瓦静态投资	元	10574	
单位千瓦投资	元	12763	

10.6.2 项目效益测算

1. 发电效益

水电站装机容量772MW，替代火电站容量系数1.05，则可替代火电容量为772×1.05＝811MW，替代电量314021万kW·h。

发电效益按替代火电站年费用法计算，替代火电站单位指标如下：

1）火电站投资。已知替代火电站单位千瓦投资4200元，投资费用为（4200×811×10^3÷10^4）万元＝340620万元。该替代火电站的工期为3年，各年投资分配比例为30%、40%、30%，计算如下：

第一年：（340620×30%）万元＝102186万元。

第二年：（340620×40%）万元＝136248万元。

第三年：（340620×30%）万元＝102186万元。

2）替代火电站年燃料费用。替代火电站单位煤耗330g/kW·h，煤价800元/t，则替代火电站的年燃料费用为（330×800×314021÷10^6）万元＝82902万元。

3）替代火电站年运行费费率为4.5%，按投资基数计算，年运行费用为（340620×4.5%）万元＝15328万元。

4）火电站年发电效益为（82902+15328）万元＝98230万元。

2. 防洪效益

该水电站防洪采用左岸长副坝加防洪堤形式，多年平均防洪效益按有无该项目对比可减免的洪灾损失计算，包括直接防洪效益和间接防洪效益。直接防洪效益为 2702 万元，间接防洪效益为 540 万元。该工程在计算期内的洪灾损失动态增长率采用 3.0%，最终折算的多年平均防洪效益为 4272 万元。

3. 航运效益

航运效益采用有无项目进行增量对比测算。

（1）有项目

有项目时，本工程实施后，水利枢纽航道将达到 V 级航道标准，常年可通行 300t 级船舶。经济运量预测初期和 20 年后年过坝运量分别为 73 万 t 和 105 万 t，全部可通过水运完成。与无项目对比，项目航运效益主要体现在公路运输转移到水路运输带来的国民经济效益方面。

（2）无项目

无项目时，现有航道仅中洪水期能通行小吨位船舶，根据货物流量流向，货物从公路运输至码头下水，公路运输费用、水路运输费用的计算见表 10-6。

表 10-6 运输费用计算表

序号	项目	运距（km）	单价（元/t·km）	运输费用（万元）	
				运营期第 1 年	运营期第 20 年
1	无项目	60	0.45	1971.0	2835.0
2	有项目	52	0.12	455.5	655.2
3	运输节约	8	0.33	1515.5	2179.8

经计算，运输费用节约带来的国民经济效益当年为 1515.5 万元，20 年后为 2179.8 万元。

4. 城市环境旅游效益

该水电站距城市仅 15km。该水电站建设对促进新农村建设、城乡一体化建设将起到积极作用，也将促进旅游业的发展。经初步估算，每年旅游效益为 1200 万元。

10.6.3 项目费用测算

1. 工程投资

该水电站的投资采用工程静态投资加价差预备费的方式进行国民经济评价计算。表 10-7 为年度投资计划。

表 10-7 水电站年度投资计划表　　　　　　　　　（单位：万元）

建设期	1	2	3	4	5	6	合计
静态投资	110676	182587	189064	161047	125579	47360	816313
价差预备费		3165	8505	11371	11434	4206	38681
固定资产投资	110676	185752	197569	172418	137013	51566	854994

2. 经营成本

水电站的经营成本包括修理费、保险费、工资及福利保险、材料费、库区维护费、水资源费、其他费用等。各项费用计算见表 10-8。

根据以上资料进行计算，水电站年经营成本为 12226.62 万元。

表 10-8 水电站年经营成本

序号	项目	计算	结果（万元）
1.1	修理费	固定资产投资的 1.0%	8550
1.2	保险费	固定资产投资的 0.25%	2137.5
1.3	工资及福利保险	职工工资按 50000 元/人计算，电站定员按编制概算为 124 人，职工福利费包括劳保统筹费、住房基金、养老保险、医疗保险、失业保险等，按工资 41%计	874.2
1.4	材料费	2.2 元/kW	169.84
1.5	库区维护费	按 0.008 元/kW 提取	0.6176
1.6	水资源费	按 0.005 元/kW 提取	0.386
1.7	其他费用	6.4 元/kW	494.08
		合计	12226.62

其中：固定资产为 854994 万元，水电站装机容量为 772MW

10.6.4 基本报表及评价指标

编制该水电站的项目费用效益流量，见表 10-9，表中忽略火电与水电项目建设的时间差。

表 10-9 项目费用效益流量表　　　　　　　　　　（单位：万元）

序号	项目	合计	建设期						生产运营期	
			1	2	3	4	5	6	7~19	20~36
1	效益流量	3508438.1	0.00	0.00	0.00	102186	136248	102186	105217.5	105881.8
1.1	发电效益	3287520				102186	136248	102186	98230	98230
1.2	防洪效益	128160							4272	4272
1.3	航运效益	56758.1							1515.5	2179.8
1.4	城市环境旅游效益	36000							1200.00	1200.00
2	费用流量	1221792.6	110676	185752	197569	172418	137013	51566	12226.62	12226.62
2.1	固定资产投资	854994	110676	185752	197569	172418	137013	51566		
2.2	年运行费（经营成本）	366798.6							12226.62	12226.62
3	净效益流量	2286645.5	-110676	-185752	-197569	-70232	-765	50620	92990.88	93655.18

结论：根据项目的净效益流量计算的经济净现值 ENPV(8%)= 222285.72 万元，经济内部收益率 EIRR = 11.38%，ENPV>0，EIRR>8%，项目费用效益可行。

该水电项目使用有无项目进行项目经济效益测算，同时外部效果的测算包括通航、旅游及渔业等反映水电项目的基本特点，其费用测算重点考虑工程费用和水电站的运营费用，但在一些水电项目费用计算时，还应重点考虑项目的移民安置费用计算。

就水电工程投资及火电工程投资的变化对工程经济指标的影响进行敏感性分析，计算结果见表 10-10。

表 10-10 敏感性分析表

项目	经济净现值（万元）	经济内部收益（%）
1. 基本方案	222285.72	11.38
2. 水电投资变化（+10%）	155180.89	10.07
3. 火电投资变化（-10%）	199062.48	10.96

计算结果表明，各不确定因素变化时，项目经济净现值均大于零，经济内部收益率均大于社会折现率 8%，说明本电站在经济上具有较强的抗风险能力。

10.6.5 经济评价结果与分析

根据表 10-10，以替代电站的费用作为本电站的效益，考虑一定的综合利用效益，本工程的经济内部收益率为 11.38%，大于社会折现率 8%，经济净现值 222285.72 万元，远大于 0，效益费用比大于 1，各项经济指标均满足国家有关规定；经济敏感性分析表明，本电站具有较强的抗风险能力，说明本电站在经济上是合理的。

其他分析方面，该水电站在发电、防洪、航运、灌溉和供水等功能上的充分发挥，有助于推进新农村建设，实现国民经济各部门综合效益。另外，工程开发任务与国民经济要求及工程本身的开发条件是相适应的，总体评价该项目经济可行。

本章小结

针对不同的项目投资决策问题，可以根据工程经济分析的基本原理给出相应的经济评价方法。国民经济评价是针对公共建设项目等特殊类型项目的经济评价方法。对于多方案的国民经济评价，依然秉持增量投资分析的思路，通过两两比较，最终确定最优投资方案。

项目在国家范围内涉及的利益相关体既复杂又多，运用国民经济评价存在效益及费用的划分范围不确定、确定难的问题，因此还必须根据项目所在领域的特点，结合国家发展的基本要求，考虑其他要素和原则来进行此类项目的共同投资决策。随着国际化项目的开展，国民经济评价将协同其他评价方法在项目投资中扮演越来越重要的角色，通过不断的国际项目实践形成国家标准体系是未来需要关注的重点问题。

习题

1. 什么是建设项目的国民经济评价？它与财务评价有何异同？
2. 什么是影子价格？其经济含义是什么？
3. 什么是转移支付？哪些收支属于转移支付？
4. 在国民经济评价中采用的参数主要有哪些？如何确定这些参数？
5. 国民经济评价的指标主要有哪些？它们的判别标准各是什么？
6. 某投资项目正式投产运营时要购置两台机器设备，一台可在国内购得，其国内市场价格为300万元，影子价格与国内市场价格的换算系数为1.3；另一台设备必须进口，到岸价格（CIF）为60万美元，影子汇率换算系数为1.08，外汇牌价为6.45元人民币/美元，进口设备的国内运杂费和贸易费用分别为10万元和5万元。试求该种产品进行生产时，两台设备的影子价格和所需设备的总成本。

第11章 工程项目后评价

本章概要

1. 工程项目后评价内容与程序
2. 工程项目后评价方法

重点提示

工程项目后评价概述；工程项目后评价内容和方法；工程项目后评价的指标和工程项目后评价报告的编写。

学习目标

熟悉工程项目后评价的基本概念、特点、基本原则；了解工程项目后评价的作用和不同分类；理解工程项目后评价与前评价的区别；掌握工程项目后评价的基本内容和评价方法、指标体系；熟悉工程项目后评价报告的编写程序和内容。

相关知识

工程项目后评价是工程项目寿命周期评价中的重要组成部分，是在项目实际建成运维后的项目评价，可以测量项目理想目标与现实情况、项目期望指标与真实指标之间的差距，对提高项目自身及未来项目管理具有理论与现实意义。本章介绍项目后评价的内涵、作用、特点、流程与方法。

11.1 工程项目后评价概述

11.1.1 项目后评价的概念

项目评价分为事前、事中及事后评价。前面介绍的投资项目财务评价、费用效益效果评价都属于前评价，而投资项目后评价包括事中及事后评价。项目后评价是指在投资项目建成投产并运行一段时间后，对项目立项、准备、决策、实施到投产运营的全过程投资活动进行的综合评价,以判别项目建设对投资目标的实现程度。

工程项目后评价又称事后评价,它是指对已实施或完成的项目(或规划)的目标、执行过程、效益和影响进行系统、客观的分析、检查和总结,检验项目或规划是否合理和有效,从而作为判别项目投资目标实现程度的一种方法。通过收集可靠、有用的信息资料,事后评价可以为未来的决策提供经验和教训。

具体来讲,项目后评价是一种活动,它对未来的、正在进行的或过去的一个或一组活动中评价结果并吸取经验,并将经验教训反馈到将来的项目中作为参考和借鉴。基于项目自身资料丰富的优势及项目运营、经济发展的客观要求,项目后评价应从微观到宏观、从空间到时间角度全面评价项目绩效。

从微观角度,项目后评价与单个或多个项目,或者某个规划有关,通过对整个投资项目建设过程各阶段工作的回顾,重点考查项目自身所带来的多方面绩效。项目后评价被许多国家及世界银行、亚洲开发银行等双边和多边援助组织等广泛地重视和应用。在使用过程中,评价应从项目及项目群的角度出发,将评价结果作为项目后续进一步合作的依据。

从宏观角度,项目后评价可以是对某个部门的经济、经济中某个方面的活动或整个经济情况进行的审查。项目后评价考查的项目目标范围更加广泛,如项目环境生态影响、社会影响甚至政治影响等。项目后评价结果也成为国家治理依据中一个重要的组成部分。项目后评价作为一种衡量项目对国民经济效益和社会效益的影响的重要工具,其提供的信息为制订经济服务政策、政府投资计划和宏观管理提供依据。项目后评价应将资金预算、监测、审计和评价结合在一起,形成一个完整有效的管理循环系统和评价体系,与国民经济、社会发展形成互动局面,同时应该体现不同层次的目标要求。

从空间角度,项目后评价可以对某个地区发展趋势进行评价。项目后评价应当反映项目所在地区或区域的生产、供应及其他方面的空间布局与协调能力,针对同期项目群进行比较与分析。

从时间角度,项目后评价是指在项目启动一定的时间后,对其进行全面综合的评价,分析项目实际经济效果和影响力,以论证项目可持续能力,判断最初的决策是否合理,为以后的决策提供经验和参考。项目后评价要求能体现时间维度上前、后两个节点的项目动态变化规律,需要引入新的评价方法与手段。

项目后评价以前评价为基准,对项目投资全过程的实际情况,包括施工、建设、投产经营等阶段与投资预期情况进行比较研究,衡量和分析实际情况与预测情况的偏离程度,解释项目成功与失败的原因,全面总结投资项目管理的经验和教训,一方面为该项目以后管理工作的改善提供重要依据,另一方面将总结的经验和教训反馈到将来的项目投资决策中,作为参考和借鉴,从而达到提高未来项目投资决策水平、管理水平和投资成功度。工程项目后评价不仅是工程项目建设程序中的一个重要工作阶段,还是项目管理工作中不可缺少的组成部分和重要环节。

虽然近年来我国的项目后评价工作发展较快,但与经济社会发展的需求之间仍存在差距,尚未形成完整的后评价体系,对后评价的意义、内容、方法与体系仍然缺乏深入的研究。为适应经济高质量发展的要求,投资项目后评价可在现有基础上,通过不断的应用日益完善、规范系统。

11.1.2 项目后评价的特点

项目后评价用以确定项目预期目标的达成度和主要经济、社会效益指标的实现度，查找项目成败的原因，总结经验和教训，并及时反馈有效信息，提高项目及未来新项目的管理水平。因此在工作目标上，不同于项目决策前的可行性研究和项目评价，工程项目后评价主要考查后效性。项目后评价具有如下特点：

1. 评价过程客观现实性

工程项目后评价是对工程项目投产后一段时间内所发生的情况的一种总结评价。它从现实出发，对项目在建设、投产、运营状况中存在的问题进行总结、分析、研究和评价。项目前评价研究的是项目的预测情况，所采用的数据都是预测数据，带有一定的主观性，而工程项目后评价的现实性决定了其评价结论的客观可靠性。项目后评价采用组织"参与"的原则，要求项目执行者和管理者参与项目后评价，以利于收集资料和查明情况。项目后评价只反映项目在此时、此组织、此环境下的执行情况，这也是其现实性的一个重要方面。

2. 评价内容全面性

工程项目后评价的内容具有全面性，即不仅要分析项目的投资过程，还要分析其生产经营过程；不仅要分析项目的投资经济效益，还要分析其社会效益、环境效益等；不仅要总结项目决策、建设和运营中成功的经验，更要发现问题，找出差距，分析成因，提出对策建议。另外，通过后评价结果还要分析项目经营管理水平和项目发展的后劲与潜力。

3. 评价结果客观依据性

项目后评价分析所依据的数据资料是现实发生的真实数据或根据实际情况重新预测的数据，反映了项目实际情况，总结了现实存在的经验和教训，提出了切实可行的对策措施，因此评价结果具有客观性。为增强评价者的责任感和可信度，评价报告要注明评价者的名称或姓名。评价报告要说明所用资料的来源或出处，报告的分析和结论应有充分可靠的依据。

4. 评价成果公开性

项目后评价成果往往需要向社会公开，引起公众的关注，接受对投资决策活动及其效益和效果实施的社会监督，提高决策的公众参与性。从项目后评价成果的扩散和反馈的效果来看，知识成果及其扩散的公开度越大越好，在知识共享中，应使更多人借鉴过去的经验和教训。

5. 评价结论的反馈性

工程项目后评价的目的在于通过对现有项目的准备过程、建设过程和运营过程的回顾总结和分析研究，总结成功的工作方法、技巧，将其分类后形成项目成功评价体系，同时识别项目不成功的原因并给出应对策略，在知识规范的基础上，将项目建设及运维阶段的先验知识作为价值信息反馈给有关组织，形成知识库，以提高未来项目决策水平和管理水平。从应用角度出发，反馈性是项目后评价最主要的特点，项目后评价结论的扩散及反馈机制和方法成为决定项目后评价成败的关键环节之一。

6. 评价知识的可积累性

通过建立"项目管理信息平台"，收集项目周期各阶段的信息交流和反馈，系统地为项目后评价提供资料并向决策机构提供项目决策支持甚至智能决策支持。

11.1.3 项目后评价的对象与作用

1. 项目后评价的对象

工程项目后评价的目的是全面总结工程项目的决策、实施和运营情况，分析项目的技术、经济、社会和环境效益的影响，为投资决策和项目管理提供经验和教训，改进并完善建成项目，提高其运维的可持续性。就工程项目渠道和管理体制而言，项目后评价可分为以下几类：

1）国家重点建设项目。国家重点建设项目是指由国家主管部门委托第三方工程咨询公司实施的项目后评价工作。国家重点建设项目后评价有多种类型，包括项目后评价、项目效益调查、项目跟踪评价、行业专题研究等。

2）国际金融组织贷款项目。国际金融组织贷款项目主要是指世界银行和亚洲开发银行等国际金融组织在国内的贷款项目。国际金融组织贷款项目按规定开展项目后评价，即按相应原则、方法和程序，由国际金融组织进行分析评价。中方项目的管理和执行机构主要做项目后评价的准备和资料收集工作。多数国际金融组织的贷款项目也是国家的重点项目，其中部分项目国家主管机构也要安排进行国内的后评价工作。

3）国家商业银行贷款项目。国家商业银行是工程项目主要融资服务主体，其盈利能力保障是项目建成后的维持运行能力，因此需要对该类型的贷款项目进行后评价，将评价结果作为后期贷款发放的重要依据，并纳入企业的诚信体系。

4）国家审计项目。审计署主持对国家工程和利用外资的大中型项目的正规审计工作。对这些主要项目的审计由审计署来完成，包括项目开工、实施和竣工的财务方面的审计。目前审计署正在积极开拓绩效审计等与项目后评价相关的业务。

5）行业部门和地方项目。这些项目包括与国家产业政策密切相关的项目，特别是带有引导发展方向的项目；有特点的项目，如采用新技术、新融资渠道、新政策的项目；国家急需了解的项目。由行业部门和地方政府安排的工程建设项目一般由部门和地方政府安排相关部门进行后评价。

2. 项目后评价的作用

从上述工程项目后评价的定义可以看出，工程项目后评价的主要目的是根据项目的实际成果和效益来检查项目预期的目的是否达到，项目是否合理有效，项目的主要效益是否实现，给出评价结论，同时通过分析评价结果找出失败的原因，总结经验教训并为未来新项目的决策提供建议。工程项目后评价的具体作用主要表现在以下几个方面：

1）项目投资决策层面。项目后评价可以提高项目投资决策的科学化水平，有利于降低项目的工程风险程度。项目后评价是对工程项目实施结果的全面评价，通过项目后评价可以检验项目前评价的理论和方法的选择是否合理，决策是否科学。通过建立和完善项目的后评价制度和科学的方法体系，一方面可以增强前评价决策者和执行者的责任感，促使评价决策人员努力做好前评价工作，提高项目预测的科学性和准确性；另一方面可以通过项目的后评价的反馈信息，及时纠正项目决策中存在的问题，并为今后同类型工程项目的评估和决策提供参照和分析依据，防止和减少可行性研究和项目决策的随意性，从而提高未来工程项目决策的准确程度和科学化水平。

2) 项目自身建设管理层面。项目后评价可以总结工程项目建设管理的经验教训，提高项目自身管理水平，对项目本身有监督和促进作用。投资项目管理是一项十分复杂的综合性工作，项目能否顺利完成并取得预期的工程经济效果不仅取决于自身因素，还需要计划部门、主管部门、物资供应部门、勘察设计部门、银行等金融机构、施工单位和有关地方行政管理部门等较多单位的相互协调和密切合作，以便保质保量地完成各项任务和工作。对这些部门完成项目协同能力的建设、系统经验的积累、系统知识的留痕可以通过项目后评价过程进行分类管理。

工程项目后评价可以对项目建设全过程（从项目的立项、准备、决策、设计实施和投产经营）各阶段存在的问题提出切实可行的改进措施和建议，改进项目运营状况，使项目尽快实现预期的效益目标。也可以对一些因决策失误、投产后经营管理不善、环境变化等原因造成生产、技术或经济状况处于困境的项目进行后评价，重新找到生存和发展途径。同时，项目后评价可以向项目决策者、实施者和承担项目可行性研究、项目前评估及设计、监理的单位提供项目绩效反馈，给出各阶段相互影响的关联关系，使得项目参与者能从主观及客观上重新认识所开展的项目服务工作，提高决策科学性、预测准确性。后评价在进行项目监督的同时起到了促进相互学习的作用。

3) 项目运维管理层面。项目后评价可以对项目建成后的经营管理进行诊断，提出完善而有针对性的建议方案。项目后评价是在项目运营阶段进行的，因此应当分析和比较项目投产初期和达产时期的具体情况，比较实际情况与前期预估情况的偏差幅度，找出偏差产生的现实原因，提出切实可行的具体措施，从而保障项目的正常化可持续运营，可靠实现项目的经济效益与社会效益。

4) 宏观管理层面。多个项目的后评价结果可以为政府制订工程规划、产业政策和技术经济参数提供依据，对国家层面的工程管理工作起到系统强化和完善的作用。由于工程项目后评价能够发现工程建设及运维中存在的某些宏观性问题，国家基于项目发生的现实情况可以及时调整某些不适合经济发展的技术经济政策及某些已经过时的指标参数。同时，项目后评价所反馈的信息可以为国家合理确定工程规模增长和工程资金流向，协调各产业、各部门之间及其内部的各种合作关系提供依据。此外，国家还可以充分运用法律、经济和行政手段，建立必要的法律法规，设立相应的机构，促进工程管理的良性循环，引导投资有效促进国家发展。

11.1.4 项目后评价与前评价比较

项目后评价与前评价不同，项目后评价具有自身的特点，其独特的特点使其与前评价有一定的差异。主要表现在以下几个方面：

1. 评价目的不同

工程项目前评价以定量指标为主，侧重分析项目建设的必要性和可能性，评价项目经济上的合理性，其作用是直接为项目投资决策提供依据。而工程项目的后评价则要结合行政和法律、经济和社会、建设和生产、决策和实施等方面的内容对项目投资全过程的实际情况进行综合评价,并与预期情况进行比较评价。它是以现有事实为依据,以提高经济效益为目的,对项目实施结果进行鉴定,并间接作用于未来项目的投资决策。

2. 评价主体不同

工程项目前评价是由项目发起者、投资主体、贷款决策机构或项目审批部门组织实施的;工程项目后评价则是以投资运行的监督管理机构、单设的后评价机构或决策的上一级机构为主,由主管部门会同计划、财政、审计、银行、设计、质量等有关部门进行。按照项目单位自我评价、行业主管部门评价和国家评价的实施方法,一方面可以保证工程项目后评价的全面性,另一方面可以确保后评价工作的公正性和客观性。

3. 评价依据不同

工程项目前评价主要依据历史资料和经验性数据,按照国家和有关部门发布的定额标准、经济评价方法和参数进行评价;项目后评价则主要以项目实施中和投产后的实际数据和项目后续年限的预测数据为依据进行评价。

4. 评价内容不同

工程项目前评价主要是对项目的市场需求,建设的必要性、可行性、合理性及工程技术方案和建设条件等进行评价,并对未来的经济效益和社会效益进行科学预测;后评价除了对上述内容进行再评价,还要对项目决策、项目实施效率、项目实际运营状况、影响效果、可持续性等进行深入细致的分析。与前评价相比,后评价内容更加丰富。

5. 评价阶段不同

工程项目前评价是在项目决策前工作阶段进行的,是项目前期工作的重要内容之一,是为项目的决策进行服务的评价;后评价通常在项目建成投产并运行一段时间后,对项目全过程(包括项目的工程实施期和生产期)的总体情况进行评价。

工程项目后评价不是对项目前评价的简单重复,而是依据国家政策和制度规定,对工程项目的决策水平、管理水平和实施结果进行的严格检验和评价。它在与前评价比较分析的基础上,总结经验教训,发现存在的问题并提出对策措施,促使项目更快、更好地发挥效益和健康发展。

11.1.5 项目后评价的类型

尽管因项目规模、复杂程度不同,每个项目后评价的种类和具体的工作程序有所区别,但从总的情况来看,一般项目的后评价都应遵循客观和循序渐进的原则与规律展开进行。

一般来说,从项目开始即项目投资发生之后,由监督部门所进行的所有评价活动都属于项目后评价的范畴。项目后评价可以延伸到项目全寿命期的各个阶段直至期末。因此,根据项目后评价的不同时点,项目后评价可以分为跟踪评价、影响评价、完成评价。

1. 跟踪评价

跟踪评价又称中间评价或过程评价,它是指项目开工到项目竣工以前任何一个时点所进行的评价。这种由独立机构进行的评价的主要目的是检查、评价项目的实施状况;评价项目建设过程中的重大变更，如项目的产品市场发生变化、概算调整、重大方案调整等，及其对项目效益的作用与影响；判断项目发生的重大困难和问题，寻求对策和出路等。

2. 影响评价

影响评价又称事后评价，它主要是指在项目效益得到充分发挥后（一般是投资完成 5~10 年后），直到项目报废为止的整个运营阶段中任何一个时点对项目所产生的影响进行的评价。影响评价侧重对项目长期目标的评价，通过调查项目的实际运营情况，衡量项目的实际投资效益，评价项目的自身发展趋势和对社会与环境的外部性影响；发现项目运营过程中的经营和管理方面的问题，提出改进措施，挖掘项目发展潜力。

3. 完成评价

完成评价也叫总结评价或终期评价，它是指在项目投资结束、各项工程建设竣工、项目的生产效果已初步显现时所进行的一次较全面的评价。完成评价是对项目建设全过程的总结和对项目效益实现程度的评判。它的主要内容包括项目决策的准确性及其经验、教训的分析，项目的目标制定是否合理、适当，项目组织机构和管理是否有效，项目采取的技术是否适用，项目财务和经济分析是否符合实际，项目市场分析是否充分、全面，预期目标的实现情况，预期目标的有效程度，项目产生的社会影响等。

跟踪评价是对项目自身问题的评价；影响评价主要目的在于挖掘项目的潜力，更好地发挥效益；完成评价是对项目的全面评价，涉及决策、技术、经济、社会、组织、市场等各个方面的总结评价，目的是实现事实基础上的价值判断。

11.2 项目后评价内容与程序

11.2.1 项目后评价的内容

项目后评价是指对已经完成的项目或规划的目的、执行过程、效益、作用和影响进行的系统、客观的分析。通过对投资活动实践的分析总结，确定投资预期的目标是否达到，项目或规划是否合理有效，项目的主要效益指标是否实现，项目技术是否先进，项目市场是否形成，通过分析评价找出项目成败的原因，总结经验教训，并通过及时有效的信息反馈，为未来项目的决策和提高完善投资决策管理水平提出建议，同时也为被评价项目实施运营中出现的问题提出改进建议，从而达到提高投资效益的目的。

依据项目寿命期的 4 个时间维度，项目后评价可以分为前期工作后评价、建设后评价、营运后评价及综合后评价。由于项目的类型、规模、复杂程度及后评价目的的不同，因此对每个项目进行后评价的内容可依据实际情况进行选择。

1. 项目前期工作后评价

根据国民经济发展规划和国家制定的产业政策及区域经济优势，结合项目的实际情况，检验项目建议书、可行性研究报告和项目评估报告的编制是否坚持了实事求是的原则。如果项目实施结果偏离预测目标较远，要分析产生偏差的原因，并提出相应的补救措施。建设项目前期工作是指从项目的酝酿到开工建设以前进行的各种工作。它是项目建设中的一个重要组成部分。因此，项目前期工作后评价是项目后评价的重要组成部分。它主要包括项目决策后评价、项目筹备工作评价、项目选择评价等几个部分。

2. 项目建设后评价

着重分析项目实施过程的建设条件、建成投产后的生产条件与当初项目评估决策时主要条件的变动，做出定性与定量分析，剖析重要差别的产生原因，并提出诊断建议。项目建设是指项目从开工到竣工的整个过程。在项目建设过程中投资集中发生，因此项目潜在的投资风险较大。同时，这个阶段项目实施工作的好坏直接影响未来项目运行的安全性、可靠性、稳定性和运行效益。所以，建设项目后评价是项目后评价中一个十分重要的环节，其主要内容包括施工项目管理后评价、工程项目监理后评价。其中，施工项目管理后评价主要包括项目管理班子、工作职责、程序、制度等评价内容。工程项目监理后评价主要内容有：监理人资质、委托方式及委托合同；监理人分工准备审查，开工令签发，施工组织设计及进度计划审查、监督、执行，停工复工等工期控制；监理人质量保证体系的审查及监督执行，材料检验等的评价。

3. 项目营运后评价

项目营运阶段是指项目从投产到项目后评价的整个过程。项目营运后评价主要包括生产准备工作后评价、项目管理后评价、项目持续性后评价、项目营运效益后评价几个方面。

4. 项目综合后评价

项目综合后评价是指综合上述评定项目预定目标的实现程度，并在此基础上预测项目实施对区域和国民经济、生态环境、社会发展进步等方面的影响。它是项目后评价的主要任务之一，其主要内容包括项目后评价、项目可持续性后评价、项目影响后评价。项目影响后评价主要考查项目对国民经济、生态环境、社会发展进步等方面的影响，主要包括项目对资源配置、产业结构的调整、能源开发和综合利用、技术进步、生产力布局结构等影响的评价，以及项目实施后对大气、土地、水等生态环境影响的评价。

依据项目管理要素的维度，项目后评价基本内容包括项目目标评价、项目实施过程评价、项目效益评价、项目影响评价和项目持续性评价。

11.2.2 项目后评价的基本程序

由于项目规模、复杂程度不同，因此每个项目后评价的具体工作程序也有所区别，一般项目的后评价过程可以概括为以下几个步骤：

1. 组织项目后评价机构

组织项目后评价机构实际上是指确定由谁来组织项目后评价工作。根据项目后评价的概念、特点和职能，我国项目后评价的组织机构应符合以下两个方面的基本要求：

1）满足客观性、公正性要求。客观性和公正性是由项目后评价本身的特点和要求决定的。项目后评价机构必须具有客观性、公正性，才能保证项目后评价的客观性、公正性。要求项目后评价机构排除人为干扰，能独立地对项目实施及其结果做出评价。

2）具有反馈检查功能。项目后评价的作用主要是通过项目全过程的再评价并反馈信息，为投资决策科学化服务。开展项目后评价的机构应具有反馈检查功能，后评价组织机构与计划决策部门之间应具有通畅的反馈回路机制，以使后评价有关信息迅速地反馈到决策部门。

实施项目后评价首先要解决谁来组织评价工作的问题。在我国，不允许项目原可行性研究单位和项目前评价单位与项目实施过程中的项目管理机构作为项目后评价的组织机构，通常由政府委托独立的第三方机构进行项目后评价工作。

2. 选择项目后评价的对象

原则上，对所有竣工投产的投资项目都要进行后评价，项目后评价应纳入项目管理程序之中。但实际工作中，往往由于各方面条件的限制，可以有选择地确定评价对象。现阶段，我国在选择进行项目后评价对象时应优先考虑以下类型项目：

1）投产后本身经济效益明显不好的项目。例如，投产后一直亏损或主要技术经济指标明显低于同行业平均水平，或生产一直开工不足、生产能力得不到正常发挥的项目等。

2）国家急需发展的短线产业部门的投资项目，其中主要是国家重点投资项目，如能源、通信、交通运输、农业等项目。

3）国家限制发展的长线产业部门的投资项目，如某些家用电器投资项目等。

4）一些投资额巨大、对国计民生有重大影响的项目，如宝钢、京九铁路等项目。

5）一些特殊项目，如国家重点投资的新技术开发项目、技术引进项目等。

3. 收集资料和选取数据

项目后评价是以大量的数据、资料为依据的，这些数据和资料的来源要可靠，一般应由项目后评价者亲自调查整理。需要收集的数据和资料有：

1）档案资料。主要有建设项目的规划方案、项目建议书（预可行性研究）和批文、可行性研究报告、评估报告、设计任务书、初步设计材料和批文、施工图设计和批文、竣工验收报告、工程大事记、各种协议书和合同及有关厂址选择、工艺方案选择、设备方案选择的论证材料等。

2）项目生产经营资料。主要是生产、销售、供应、技术、财务、劳动工资等部门的统计年度报告。

3）分析预测用基础资料。主要是建设项目开工以来有关利率、汇率、价格、税种、税率、物价指数变化的资料。

4）与项目有关的其他资料。如国家及地方的产业结构调整政策、发展战略和长远规划，国家和地方颁布的规定和法律文件等。

4. 分析和加工收集的资料

对所收集的数据和资料进行汇总、加工、分析和整理，对需要的数据和资料进行调整。此时往往需要进一步补充测算有关资料，以满足验证的需要。

5. 评价及编制后评价报告

编制各种评价报表及计算评价指标，并与前评价进行对比分析，找出差异及其原因。由评价组编制后评价报告。

6. 上报后评价报告

把编制的正式后评价报告和其重点内容摘要上报给组织后评价的部门。

11.3 项目后评价方法

项目后评价方法的基础理论是现代系统工程与反馈控制的管理理论。项目后评价的方法包括前后对比法、有无对比法、逻辑框架法、成功度法。前后对比法主要帮助实现项目评价指标的前后对比；有无对比法是对项目所产生的影响进行评价的方法；逻辑框架法是考查项目从微观向宏观发展的分析方法；成功度法是多维度的项目综合评价方法。

11.3.1 前后对比法

前后对比法是指将项目实施之前与完成之后的情况加以对比，以确定项目的作用与效益的差异性的一种对比方法。在项目后评价中，具体是指将项目前期所进行的可行性研究及评估的预测结论与项目后期的实际运行结果加以比较，识别指标的变化水平并分析产生变化的原因。这种对比主要用于衡量项目计划、决策和实施的质量，发现评价项目过程中的关键问题。

【例 11-1】 某项目前后对比的结果见表 11-1。该表主要比较工程经济要素，如投资、收益及成本等，以及经济评价指标，如内部收益率、投资回收期、资本金内部收益率等的差异。

表 11-1 某项目的主要经济指标目标值与后评价结果对比

序号	项目	投资可研数据	后评价结果
1	总投资（万元）	815	797
2	年营业收入（万元）	1350	1456
3	年总成本费用（万元）	1275	1402
4	总投资收益率（%）	11	9
5	项目内部收益率（%）	12	9
6	投资回收期（年）	8	10
7	资本金内部收益率（%）	16	14

11.3.2 有无对比法

有无对比法是指将项目实际发生的情况与假如没有该项目可能发生的情况进行对比，以衬托及度量项目的真实影响和作用。有无对比的重点在于分清项目作用的影响与项目外作用的影响。这种对比主要用于项目的效益评价和影响评价。

有无对比中的"有"和"无"是针对评价对象而言的，即项目的有无。评价是通过将项目的实施所付出的资源代价与项目实施后产生的效果进行对比以得出项目业绩是好还是坏的结论。比较的关键是要求投入的代价与产出的效果口径一致，也就是说，度量的效果要真正归因于所评价的项目，而排除其他因素的影响。按照有无项目情况下的不同假定，具体可以划分为四种对比方法。

1. 项目实施前与实施后数据对比

项目实施前与实施后数据对比是将项目实施前的情况与项目实施一段时间之后的情况加以对比。这样做有一个隐含的假设，即在没有项目的情况下，项目实施之前的情况将保持不变。而事实上，由于项目本身的发展趋势和其他项目的影响，即使没有项目，评价对象也可能变好或变差。该方法适用于实施前就有后评价计划的项目，因为这样可以收集特殊数据来提供足够的评价依据。这种前后数据对比比较简单易行，成本较低；不足之处是很有可能高估或低估项目的作用，准确性较差。所以，该方法适用于在实践中时间和人力都受限制的情形。

2. 项目实施前的时间序列数据的预测结果与项目实施后的结果对比

这种方法根据评价标准将项目实施后的实际数据与根据项目实施前的时间序列数据进行的预测结果进行比较。这种方法适用于历史数据充足，预计无项目并且数据具有并保持较明显的趋势（上升或下降）的情况。如果实施的数据不稳定，那么预测结果的意义便不明显，同时，如果有充分的理由相信实施前几年的数据发生了变化，则再早的历史数据就不能再使用。

3. 准随机实验设计

准随机实验设计是将受项目直接影响的地区数据与其他地区的数据进行对比，具体包括以下内容：

1) 将受项目影响的地区与某个类似的地区或没有受项目影响的地区的同类指标进行比较。

2) 将受项目影响的区域内受益于项目的人群与没有受益的人群进行对比。

由于很难确定一个可比较的类似对象，因此在确定比较对象和解释对比结果时需十分谨慎。同样，由于没有进行随机抽样，对象群可能不平均，这是准随机实验设计方法的最大缺陷。这种方法只在可以找到一个与项目对象具有可比性的比较对象时适用。当随机对照实验设计方法不可行时，可考虑采用这种方法。另外，尽管本方法有助于控制一些较重要的外部因素，但由于上述局限，它不能作为项目结果评价的一种完全可靠的方法，最好与其他方法一起使用。

4. 随机对照实验设计

随机对照实验设计是最有效的，同时也是最困难和成本最高的方法。该方法需要事先选择两组对象，其中一组受益于被评价项目，而另外一组没有从中受益。随机对照实验设计最关键的是比较对象是科学地随机抽取的，除了受项目影响这点不同，两组对象之间要尽可能相似。这种方法可以用来评价项目的某个变量变化时所引起的整体上的变化，并据此确定哪些变量最有效。这种比较方法也适用于衡量政策（如扶贫政策）、计划等的实施效果。它能准确地衡量项目效果，但成本相对其他方法较高。

选择哪种评价方法主要取决于评价开始的时间、可获得的及所期望的精确度。上述这些方法并不一定单独使用，前几种方法中的一种或几种通常一起使用。在实际应用时尽量使用最精确的评价方法。如果衡量使个人受益的项目，最好采用随机对照实验设计方法。当不能使用随机对照实验设计方法时，并应结合前三种方法一起使用，即评价应比较指标的前后值，根据项目实施之前的时间序列数据做出预测，寻找没有从实施该项目中受益的对象。综合前三种方法的结果可以得出比较完备的结论。另外，因项目实施前后数据对比法不是一个有效的工具，尽量避免单独使用。但无论最开始时选择哪种方法，若以后的情况证明有更好的方法时都应及时修正。

11.3.3 逻辑框架法

逻辑框架法是指在投入、产出、直接目的、宏观目标四个层面对项目进行分析和总结的综合评价方法。1970 年，美国国际开发署开发并使用了一种设计、计划和评价工具，即逻辑框架法。目前已有 2/3 的国际组织把逻辑框架法作为援助项目的计划管理和后评价的主要方法。它可以对关键因素进行系统的选择和分析。逻辑框架法可以用来总结一个项目的诸多因素（包括投入、产出、目的和宏观目标）之间的因果关系（如资源、活动、产出的关系），同时可以评价项目的发展方向（如目的、宏观目标）。该方法有助于评价者进行"思考和策划"，侧重于分析项目的运作，如项目的对象、目的、进行时间和方式等。

1. 逻辑框架法的含义

逻辑框架法不是数据模型化的方法，而是概念模式化的分析方法，即用一张简单的思维框图来清晰地分析一个复杂项目的内涵和要素关系，以达到理解项目从微观向宏观发展的目的。逻辑框架法为项目计划者和评价者提供了一种分析框架，用以确定评价工作的范围和任务，并对项目目标和达到目标所需要的手段进行逻辑关系的分析，从而实现从概念层面到项目层面的层层分解与关联分析。

2. 逻辑框架法的模式

逻辑框架法的模式由 4×4 的矩阵组成，矩阵中，横行代表项目目标的层次（垂直逻辑），竖行代表如何验证这些目标是否达到（水平逻辑）。

（1）垂直逻辑

垂直逻辑用于分析项目计划做什么，弄清项目手段与结果之间的关系，确定项目本身和项目所在地的社会、物质、政治环境中的不确定因素。垂直逻辑关系划分为四个层次。

1）目标。目标通常是指高层次的目标，可由数个项目来实现，如提高农业产出、扩大就业、改善老年人的生活状况、生态保护等。

2）目的。目的是指确定"为什么"要实施这个项目，也就是说，确定项目将为受益目标带来什么。例如，确定某个项目的实施可以使某个地区的就业率提高的百分比等。

3）产出。通常用产出描述项目"要取得什么"，即项目提供的可计量的直接结果。例如，水利灌溉项目的产出是建立供水和灌溉网络。项目的产出并不直接实现上一层次的目标（增加稻米产出），它只提供实现目标的手段及条件。

4）投入与活动。投入与活动描述项目是"怎样"被执行的，包括资源投入的量和时间。

以上四个层次包含三级逻辑关系：第一级是如果保证一定的资源投入，并加以很好地管理，则预计有怎样的产出；第二级是项目的产出与社会或经济变化之间的关系；第三级是项目的目的对整个地区甚至整个国家更高层次目标的贡献的关联性。上述这种关系在逻辑框架方法中称为垂直逻辑关系，其方向是自下而上的，即4)→3)→2)→1)。垂直逻辑关系能体现一个项目活动在什么条件下可以达到项目的直接目的，以及达到这一目的后在什么条件下可以达到项目的宏观目标。

(2) 水平逻辑

每个层次的目标应该有客观验证指标、验证方法和重要假设条件，这些构成水平方向的逻辑关系。

1) 客观验证指标。客观验证指标用来界定达到目标的程度。各层次目标应尽可能地有客观的可度量的验证指标，包括数量、质量、实现（或提供）时间及负责实施的人员。

2) 验证方法。验证方法是指用什么方法来检查项目是否达到目标，如农业项目的目标是增加农民收入，那么需要收集当地农民收入变化的数据，可以从当地统计部门收集所需材料，或通过抽样调查获得数据；验证是否达到增加农业部门的收入的宏观目标，则要从国家统计部门收集资料。一般验证方法主要包括资料的来源渠道和数据资料的采集方法。

3) 重要假设条件。重要假设条件是指可能对项目的进展或结果产生影响，而项目管理者无法控制的那些条件，这些条件一旦发生变化或未能如期实现，可能会导致项目风险增加、进度延误、成本超支或质量不达标等问题。至于失控的原因有多方面：首要原因是项目所在地的特定自然环境及其变化；其次，政府在政策、计划、发展战略方面的失误或变化也会产生不良影响；最后，管理部门体制发生变化，使项目的投入、产出与目的、目标分割开来。水平逻辑的目的是衡量项目的资源和结果，确立客观的验证指标及其指标的验证方法。水平逻辑要求对垂直逻辑四个层次上的结果做出详细说明，其基本模式见表11-2。

表11-2 逻辑框架法的基本模式

层次描述	客观验证指标	验证方法	重要外部条件
目标	目标指标	监测和监督手段及方法	实现目标的主要条件
目的	目的指标	监测和监督手段及方法	实现目的的主要条件
产出	产出物定量指标	监测和监督手段及方法	实现产出的主要条件
投入	投入物定量指标	监测和监督手段及方法	实现投入的主要条件

3. 项目后评价的逻辑框架

项目后评价通过应用逻辑框架法来分析项目原定的预期目标、各种目标的层次、目标实现的程度和原因，用以评价其效果、作用和影响。表11-3给出一个投资项目后评价的逻辑框架。

表11-3 项目后评价的逻辑框架

层次描述	预计目标	实际结果	原因分析	可持续条件
宏观目标				
项目目的				
项目产出				
项目投入				

11.3.4 成功度法

建设项目投产一段时间后（一般为竣工验收1~3年后），通常需要对项目进行项目后评价，成功度法是建设项目后评价通常采用的综合评价方法。项目成功度法是指依靠评价专家或专家组的经验，以逻辑框架法分析的项目目标的实现程度和经济效益的结论为基础，以项目的目标和收益为核心，对建设项目进行全面系统的评价。项目成功度评价可以从全局角度系统地、客观地评价项目，分析发展趋势，总结经验教训，为后续改进和提升管理水平奠定坚实的基础。

1. 成功度的标准

一般来说，成功度可分为五个等级。各个等级的标准如下：

（1）完全成功的

用AA表示，表明项目的各项目标都已全部实现或超过原定目标；相对资源投入而言，项目取得了巨大的效益和影响。

（2）成功的

用A表示，表明项目的各项目标都已全部实现；相对资源投入而言，项目达到了预期的效益和影响。

（3）部分成功的

用B表示，表明项目实现了原定的部分目标；相对资源投入而言，项目取得了一定的效益和影响。

（4）不成功的

用C表示，表明项目实现的目标非常有限；相对资源投入而言，项目几乎没有取得什么效益和影响。

（5）失败的

用D表示，表明项目的目标是不现实的，根本无法实现；相对资源投入而言，项目完全失败。

表11-4为常用的项目成功度评价表。

表11-4 项目成功度评价表

序号	项目执行指标	相关重要度	成功度
1	宏观经济影响		
2	扩大或增加生产能力		
3	良好的管理		
4	对扶贫的影响		
5	教育		
6	卫生与健康		
7	对妇女、儿童的影响		
8	环境影响		

（续）

序号	项目执行指标	相关重要度	成功度
9	社会影响		
10	对机构组织的影响		
11	技术的成功		
12	进度管理		
13	预算内费用管理		
14	项目依托条件		
15	成本与效益		
16	财务内部收益率		
17	经济内部收益率		
18	财务持续性		
19	机构持续性		
20	项目总持续能力		
21	项目总成功度		

2. 成功度评价的步骤和方法

（1）构建指标体系

评价指标体系的建立是项目后评价内容的基础和关键，直接影响评价结果的合理性。进行项目综合评价时，以项目后评价理论方法、规范、现有资料为基础，结合建设项目特点及专家组意见，科学地构建成功度评价指标体系。

（2）确定指标权重

在指标体系的基础上，结合项目的实际情况，采用定量与定性相结合的方法确定指标权重。常用的方法有主观经验赋权法、德尔菲法、两两对比法、环比评分法、层次分析法等。

（3）实施成功度评价

根据评定等级标准，结合实际执行情况对各项目逐一进行打分，分别用 A、B、C、D 表示或打上具体分数。通过综合指标重要性权重分析和单项成功度结论，可以得到整个项目的成功度指标。该指标用 A、B、C、D 表示，填在表的最后一行（总成功度）的成功度栏内。同时编写后评价报告。

项目后评价成功度法简单易行、操作性强、结论明确、能使决策者较快、较容易地掌握项目的整体评价结论。但成功度容易受到预定目标合理性及项目实施过程中特殊情况的影响，因此在评价时要十分注意项目原定目的合理性、实际性及环境条件变化带来的影响，以便根据实际情况评价项目的成功度。

11.4 项目后评价报告的编写

项目后评价报告是对项目后评价工作进行的总结，是项目后评价的最终成果，是项目后评价成果的交付物。项目后评价要求做到公正、客观、全面、系统，以实现项目后评价的目标。项目后评价的内容与格式主要取决于项目的类型与规模。这里主要介绍我国有关机构关于一般工业项目后评价报告的编写。

项目后评价是对工程项目取得的经济效益、社会效益和环境效益进行的综合评价。项目财务后评价要求编制有关财务后评价表格，计算有关财务评价指标；项目国民经济后评价应该编制有关经济后评价表格，计算有关国民经济指标。

1. 总论

报告总论主要内容包括：项目后评价的目的；项目后评价工作的组织管理；项目后评价报告的编制单位；项目后评价报告的编写依据；项目后评价方法；项目基本情况；项目设计单位；项目可行性研究报告及评价报告的编写单位等。

2. 项目前期工作后评价

项目前期工作后评价主要包括以下内容：项目筹备工作评价；项目筹建单位及其工作效率；项目决策工作评价；项目厂址选择的科学性；项目征地拆迁工作评价；项目委托设计和施工工作评价；项目配套工作；项目物资与资金落实状况等。

3. 项目建设后评价

项目建设后评价主要包括以下内容：项目开工手续情况；开工时间是否与计划时间一致，若不一致，则应分析原因及对项目总体效益产生的影响；项目设计是否发生变更，若发生变更，分析其对建设期及总体效益有何影响；筹资方案是否符合国家有关规定；工程项目额是否超支；资金供应是否及时；工程项目质量是否与计划要求一致，若不一致，分析其对生产期及运营状况有何影响；项目建设期是否与计划期相一致，若不一致，分析其对项目总体效益有何影响；项目竣工验收程序是否符合国家有关规定等。

4. 项目运营后评价

项目运营后评价主要包括以下内容：项目投产后的产品方案评价；项目投产后的经营管理水平评价；项目投产后实际达到的技术水平评价；项目投产期是否与预期值一致，若不一致，则应分析其原因，并提出积极建议等。理论上讲，财务评价和国民经济评价应包括在项目运营后评价之中，但由于其内容较多，大多数项目后评价报告将其单独列出。

5. 项目财务后评价

根据实际资料得出的预测数据及现行的财税制度或项目运行的实际数据，编制相关的财务后评价表格，并计算相关的财务评价指标。

6. 项目国民经济后评价

根据实际资料得出的预测数据及国家有关部门公布的有关参数或项目运行的实际数据，编制相关的国民经济后评价表格，并计算相关的国民经济后评价指标。

7. 综合结论和建议

综合结论和建议主要包括以下内容：总结项目决策、准备、实施和营运各阶段的主要成果和不足；预测项目未来发展前景；总结经验和教训；提出改进和完善措施；提出项目提高经济效益的途径和可持续发展的战略。

某自来水厂建设-经营-转让（BOT，Build-Operate-Transfer）项目后评价报告基本框架

1. BOT 项目概况
(1) 项目背景（发起、审批、建设）
(2) 项目内容（范围：取水工程、净水厂、排水渠、主输水管道）
(3) 项目企业（成都自来水公司、法通水务、九红供水）
(4) 后评价意义（信息反馈、改善投资、提高对策效益、服务后续建设）
2. BOT 项目后评价依据
(1) 后评价方法（对比分析法、逻辑框架法、因素分析法、层次分析法）
(2) 后评价依据（建设项目经济评价方法与参数、给排水工程概算与经济评价手册）
3. BOT 项目实施过程评价
(1) 项目决策工作评价
- 可行性研究后评价（建设、市场、生产）
- 决策效率后评价（批准建设机会）

(2) 前期工作评价
- 项目组织机构评价（聘请专门咨询机构）
- 项目开发周期及评价（资格预审、投标、评标、审批融资）
- 政策保证（供水价格、供水量、风险分担）
- 特许权协议的分析与评价（合同）
- 风险评价（政治、政策法规、招投标、信用、经济、建设、运营、不可抗力、安全与环境）
- 厂址选择后评价
- 勘测设计后评价（国家标准）
- 施工单位资质后评价（多个一级资质单位）

(3) 前期工作总评（因素矩阵法，表 11-5）

表 11-5 前期工作总评（因素矩阵法）

序号	验证指标	评分					平均分值	权重值（%）	加权评分值
		最差		一般		最好			
1	BOT 融资模式	1	2	3	4	5	2.9	3	0.087
2	厂址选择	1	2	3	4	5	5	4	0.2
3	勘测设计	1	2	3	4	5	4.6	5	0.23
4	项目可行性研究	1	2	3	4	5	2.4	5	0.12
5	项目决策	1	2	3	4	5	3.8	10	0.38
6	项目公司选择	1	2	3	4	5	4.7	10	0.47
7	项目公司	1	2	3	4	5	4.6	10	0.46

(续)

序号	验证指标	评分 最差		一般		最好	平均分值	权重值（%）	加权评分值
8	特训协议	1	2	3	4	5	3.9	25	0.98
9	投资回报率	1	2	3	4	5	3.9	10	0.39
10	风险	1	2	3	4	5	3.1	10	0.31
11	施工单位资质	1	2	3	4	5	4.3	5	0.22
12	征地拆迁	1	2	3	4	5	2.9	3	0.087

项目前期工作后评价最终加权分 = 3.93

（4）项目实施建设的管理评价
- 组织结构及关系
- 逻辑框架法评价管理工作
- 不足之处

（5）项目验收评价（时间、质量）
- 项目总体完成情况
- 净水厂建设完成情况
- 输水管道建设完成情况
- 工程验收及评价
- 项目运营及效益现状
- 项目运营情况
- 项目运营效益（水量、水价、收益）

4. BOT 项目的经济效益评价

（1）特许经营期的财务效益评价
- 资金投入和运营情况
- 贷款利率（浮动）
- 供水成本分析（总成本费用）
- 供水价格和销售税金分析（汇率）
- 利润与税金分析
- 财务盈利能力分析（投资收益率）
- 贷款清偿能力分析（借款偿还期）
- 财务效益总评

（2）政府建设 BOT 项目的财务效益分析
- 财务效益分析
- 直接贷款与 BOT 方式的投资成本比较

（3）国民经济效益后评价
- 供水效益分析

- 其他效益分析
- 直接贷款与BOT的经济费用
- BOT方式经济效益评价
- 直接贷款与BOT方式的经济指标比较

5. BOT项目的影响与可持续评价

(1) 经济影响评价（区域经济、产业结构）

(2) 环境影响评价（自然、生态、社会）

(3) 社会影响评价（就业环境、利益群体、居民生活、基础设施、资源利用）

(4) 项目可持续性分析

- 经济可持续分析
- 社会发展对项目可持续影响
- 科技发展对项目可持续影响
- 资源对项目可持续影响
- 项目可持续性总评（因素矩阵法）

6. BOT项目的目标评价

(1) 宏观目标实现评价

(2) 具体目标实现评价

(3) 附属目标实现评价

- 技术水平评价
- 管理水平评价

(4) 项目目标总评（表11-6）

表11-6　项目目标总评

维度	原定指标	实际结果	原因分析	可持续条件
宏观目标	研究和探索BOT项目投融资模式	为税务融资提供了经验，为城市设施所有权与经营权分离提供了基础	BOT成本高于其他融资方式，对BOT认识不足	聘请专业咨询、提高成功度
项目目的	建设新水厂	出现供需偏差	需求预测偏高	维护协议
项目产出	日供水能力40万 m^3 及其输水管道	已经移交	已签订协议	维护协议
项目投入	政府放弃特许经营期内的净水收益33.95亿元（15.5年），项目公司总投资12亿元，建设期2年零6个月	市政府投入31.27亿元，项目公司投资8.8亿元，建设期2年零3个月，政府用财政补贴价格差	采用高技术，降低了成本，BOT水价高于公益性水价	采用公开招标，加快城市水价改革

本章小结

项目后评价是工程在建设完成后,运营到一定阶段而开展的项目评价活动。后评价包括项目的事中、事后评价,重点回答项目做得如何、怎么做更好的问题,同时也为后续项目管理提供依据。不同于项目前评价,项目后评价的方法比较综合,角度丰富,包括管理、经济、组织、生态等多个方面。

项目后评价的方法主要有有无对比法、前后对比法、逻辑框架法、成功度法等,根据项目后评价内容及需要选择确定。项目后评价没有绝对固定的格式,可以根据行业习惯给出后评价格式,编写后评价报告,或根据业主需求进行个性化服务,以客观评价项目建设运营的关键效果为根本目标。随着信息化管理要求的提高,后评价成为积累项目数据的最佳手段之一,应不断积累后评价中的相关数据并与其他信息平台互动,以实现后评价工作的效用最大化。当然,这一目标的实现需要新的数据分析方法、新的后评价方法来辅助实现。

习题

1. 项目后评价的概念是什么?
2. 收集项目后评价的相关案例,分析所采用的方法内容和评价过程。
3. 项目后评价有什么特点?
4. 项目前评价与后评价有什么区别?
5. 项目后评价的重要作用是什么?
6. 项目后评价的基本程序包括哪几个步骤?

附录
资金时间价值系数表

附录 A　复利终值系数表 $(F/P, i, n)$

期数	利率									
	1%	2%	3%	4%	5%	6%	7%	8%	9%	10%
1	1.0100	1.0200	1.0300	1.0400	1.0500	1.0600	1.0700	1.0800	1.0900	1.1000
2	1.0201	1.0404	1.0609	1.0816	1.1025	1.1236	1.1449	1.1664	1.1881	1.2100
3	1.0303	1.0612	1.0927	1.1249	1.1576	1.1910	1.2250	1.2597	1.2950	1.3310
4	1.0406	1.0824	1.1255	1.1699	1.2155	1.2625	1.3108	1.3605	1.4116	1.4641
5	1.0510	1.1041	1.1593	1.2167	1.2763	1.3382	1.4026	1.4693	1.5386	1.6105
6	1.0615	1.1262	1.1941	1.2653	1.3401	1.4185	1.5007	1.5869	1.6771	1.7716
7	1.0721	1.1487	1.2299	1.3159	1.4071	1.5036	1.6058	1.7138	1.8280	1.9487
8	1.0829	1.1717	1.2668	1.3686	1.4775	1.5938	1.7182	1.8509	1.9926	2.1436
9	1.0937	1.1951	1.3048	1.4233	1.5513	1.6895	1.8385	1.9990	2.1719	2.3579
10	1.1046	1.2190	1.3439	1.4802	1.6289	1.7908	1.9672	2.1589	2.3674	2.5937
11	1.1157	1.2434	1.3842	1.5395	1.7103	1.8983	2.1049	2.3316	2.5804	2.8531
12	1.1268	1.2682	1.4258	1.6010	1.7959	2.0122	2.2522	2.5182	2.8127	3.1384
13	1.1381	1.2936	1.4685	1.6651	1.8856	2.1329	2.4098	2.7196	3.0658	3.4523
14	1.1495	1.3195	1.5126	1.7317	1.9799	2.2609	2.5785	2.9372	3.3417	3.7975
15	1.1610	1.3459	1.5580	1.8009	2.0789	2.3966	2.7590	3.1722	3.6425	4.1772
16	1.1726	1.3728	1.6047	1.8730	2.1829	2.5404	2.9522	3.4259	3.9703	4.5950
17	1.1843	1.4002	1.6528	1.9479	2.2920	2.6928	3.1588	3.7000	4.3276	5.0545
18	1.1961	1.4282	1.7024	2.0258	2.4066	2.8543	3.3799	3.9960	4.7171	5.5599
19	1.2081	1.4568	1.7535	2.1068	2.5270	3.0256	3.6165	4.3157	5.1417	6.1159
20	1.2202	1.4859	1.8061	2.1911	2.6533	3.2071	3.8697	4.6610	5.6044	6.7275
21	1.2324	1.5157	1.8603	2.2788	2.7860	3.3996	4.1406	5.0338	6.1088	7.4002
22	1.2447	1.5460	1.9161	2.3699	2.9253	3.6035	4.4304	5.4365	6.6586	8.1403
23	1.2572	1.5769	1.9736	2.4647	3.0715	3.8197	4.7405	5.8715	7.2579	8.9543
24	1.2697	1.6084	2.0328	2.5633	3.2251	4.0489	5.0724	6.3412	7.9111	9.8497

(续)

期数	利率									
	1%	2%	3%	4%	5%	6%	7%	8%	9%	10%
25	1.2824	1.6406	2.0938	2.6658	3.3864	4.2919	5.4274	6.8485	8.6231	10.8347
26	1.2953	1.6734	2.1566	2.7725	3.5557	4.5494	5.8074	7.3964	9.3992	11.9182
27	1.3082	1.7069	2.2213	2.8834	3.7335	4.8223	6.2139	7.9881	10.2451	13.1100
28	1.3213	1.7410	2.2879	2.9987	3.9201	5.1117	6.6488	8.6271	11.1671	14.4210
29	1.3345	1.7758	2.3566	3.1187	4.1161	5.4184	7.1143	9.3173	12.1722	15.8631
30	1.3478	1.8114	2.4273	3.2434	4.3219	5.7435	7.6123	10.0627	13.2677	17.4494

期数	利率									
	11%	12%	13%	14%	15%	16%	17%	18%	19%	20%
1	1.1100	1.1200	1.1300	1.1400	1.1500	1.1600	1.1700	1.1800	1.1900	1.2000
2	1.2321	1.2544	1.2769	1.2996	1.3225	1.3456	1.3689	1.3924	1.4161	1.4400
3	1.3676	1.4049	1.4429	1.4815	1.5209	1.5609	1.6016	1.6430	1.6852	1.7280
4	1.5181	1.5735	1.6305	1.6890	1.7490	1.8106	1.8739	1.9388	2.0053	2.0736
5	1.6851	1.7623	1.8424	1.9254	2.0114	2.1003	2.1924	2.2878	2.3864	2.4883
6	1.8704	1.9738	2.0820	2.1950	2.3131	2.4364	2.5652	2.6996	2.8398	2.9860
7	2.0762	2.2107	2.3526	2.5023	2.6600	2.8262	3.0012	3.1855	3.3793	3.5832
8	2.3045	2.4760	2.6584	2.8526	3.0590	3.2784	3.5115	3.7589	4.0214	4.2998
9	2.5580	2.7731	3.0040	3.2519	3.5179	3.8030	4.1084	4.4355	4.7854	5.1598
10	2.8394	3.1058	3.3946	3.7072	4.0456	4.4114	4.8068	5.2338	5.6947	6.1917
11	3.1518	3.4786	3.8359	4.2262	4.6524	5.1173	5.6240	6.1759	6.7767	7.4301
12	3.4985	3.8960	4.3345	4.8179	5.3503	5.9360	6.5801	7.2876	8.0642	8.9161
13	3.8833	4.3635	4.8980	5.4924	6.1528	6.8858	7.6987	8.5994	9.5964	10.6993
14	4.3104	4.8871	5.5348	6.2613	7.0757	7.9875	9.0075	10.1472	11.4198	12.8392
15	4.7846	5.4736	6.2543	7.1379	8.1371	9.2655	10.5387	11.9737	13.5895	15.4070
16	5.3109	6.1304	7.0673	8.1372	9.3576	10.7480	12.3303	14.1290	16.1715	18.4884
17	5.8951	6.8660	7.9861	9.2765	10.7613	12.4677	14.4265	16.6722	19.2441	22.1861
18	6.5436	7.6900	9.0243	10.5752	12.3755	14.4625	16.8790	19.6733	22.9005	26.6233
19	7.2633	8.6128	10.1974	12.0557	14.2318	16.7765	19.7484	23.2144	27.2516	31.9480
20	8.0623	9.6463	11.5231	13.7435	16.3665	19.4608	23.1056	27.3930	32.4294	38.3376
21	8.9492	10.8038	13.0211	15.6676	18.8215	22.5745	27.0336	32.3238	38.5910	46.0051
22	9.9336	12.1003	14.7138	17.8610	21.6447	26.1864	31.6293	38.1421	45.9233	55.2061
23	11.0263	13.5523	16.6266	20.3616	24.8915	30.3762	37.0062	45.0076	54.6487	66.2474
24	12.2392	15.1786	18.7881	23.2122	28.6252	35.2364	43.2973	53.1090	65.0320	79.4968
25	13.5855	17.0001	21.2305	26.4619	32.9190	40.8742	50.6578	62.6686	77.3881	95.3962
26	15.0799	19.0401	23.9905	30.1666	37.8568	47.4141	59.2697	73.9490	92.0918	114.4755
27	16.7387	21.3249	27.1093	34.3899	43.5353	55.0004	69.3455	87.2598	109.5893	137.3706
28	18.5799	23.8839	30.6335	39.2045	50.0656	63.8004	81.1342	102.9666	130.4112	164.8447
29	20.6237	26.7499	34.6158	44.6931	57.5755	74.0085	94.9271	121.5005	155.1893	197.8136
30	22.8923	29.9599	39.1159	50.9502	66.2118	85.8499	111.0647	143.3706	184.6753	237.3763

工程经济学

(续)

期数	利率									
	21%	22%	23%	24%	25%	26%	27%	28%	29%	30%
1	1.2100	1.2200	1.2300	1.2400	1.2500	1.2600	1.2700	1.2800	1.2900	1.3000
2	1.4641	1.4884	1.5129	1.5376	1.5625	1.5876	1.6129	1.6384	1.6641	1.6900
3	1.7716	1.8158	1.8609	1.9066	1.9531	2.0004	2.0484	2.0972	2.1467	2.1970
4	2.1436	2.2153	2.2889	2.3642	2.4414	2.5205	2.6014	2.6844	2.7692	2.8561
5	2.5937	2.7027	2.8153	2.9316	3.0518	3.1758	3.3038	3.4360	3.5723	3.7129
6	3.1384	3.2973	3.4628	3.6352	3.8147	4.0015	4.1959	4.3980	4.6083	4.8268
7	3.7975	4.0227	4.2593	4.5077	4.7684	5.0419	5.3288	5.6295	5.9447	6.2749
8	4.5950	4.9077	5.2389	5.5895	5.9605	6.3528	6.7675	7.2058	7.6686	8.1573
9	5.5599	5.9874	6.4439	6.9310	7.4506	8.0045	8.5948	9.2234	9.8925	10.6045
10	6.7275	7.3046	7.9259	8.5944	9.3132	10.0857	10.9153	11.8059	12.7614	13.7858
11	8.1403	8.9117	9.7489	10.6571	11.6415	12.7080	13.8625	15.1116	16.4622	17.9216
12	9.8497	10.8722	11.9912	13.2148	14.5519	16.0120	17.6053	19.3428	21.2362	23.2981
13	11.9182	13.2641	14.7491	16.3863	18.1899	20.1752	22.3588	24.7588	27.3947	30.2875
14	14.4210	16.1822	18.1414	20.3191	22.7374	25.4207	28.3957	31.6913	35.3391	39.3738
15	17.4494	19.7423	22.3140	25.1956	28.4217	32.0301	36.0625	40.5648	45.5875	51.1859
16	21.1138	24.0856	27.4462	31.2426	35.5271	40.3579	45.7994	51.9230	58.8079	66.5417
17	25.5477	29.3844	33.7588	38.7408	44.4089	50.8510	58.1652	66.4614	75.8621	86.5042
18	30.9127	35.8490	41.5233	48.0386	55.5112	64.0722	73.8698	85.0706	97.8622	112.4554
19	37.4043	43.7358	51.0737	59.5679	69.3889	80.7310	93.8147	108.8904	126.2422	146.1920
20	45.2593	53.3576	62.8206	73.8641	86.7362	101.7211	119.1446	139.3797	162.8524	190.0496
21	54.7637	65.0963	77.2694	91.5915	108.4202	128.1685	151.3137	178.4060	210.0796	247.0645
22	66.2641	79.4175	95.0413	113.5735	135.5253	161.4924	192.1683	228.3596	271.0027	321.1839
23	80.1795	96.8894	116.9008	140.8312	169.4066	203.4804	244.0538	292.3003	349.5935	417.5391
24	97.0172	118.2050	143.7880	174.6306	211.7582	256.3853	309.9483	374.1444	450.9756	542.8008
25	117.3909	144.2101	176.8593	216.5420	264.6978	323.0454	393.6344	478.9049	581.7585	705.6410
26	142.0429	175.9364	217.5369	268.5121	330.8722	407.0373	499.9157	612.9982	750.4685	917.3333
27	171.8719	214.6424	267.5704	332.9550	413.5903	512.8670	634.8929	784.6377	968.1044	1192.5333
28	207.9651	261.8637	329.1115	412.8642	516.9879	646.2124	806.3140	1004.3363	1248.8546	1550.2933
29	251.6377	319.4737	404.8072	511.9516	646.2349	814.2276	1024.0187	1285.5500	1611.0225	2015.3813
30	304.4816	389.7579	497.9129	634.8199	807.7936	1025.9267	1300.5030	1645.5040	2078.2190	2619.9956

附录 B 复利现值系数表 ($P/F, i, n$)

期数	利率									
	1%	2%	3%	4%	5%	6%	7%	8%	9%	10%
1	0.9901	0.9804	0.9709	0.9615	0.9524	0.9434	0.9346	0.9259	0.9174	0.9091
2	0.9803	0.9612	0.9426	0.9246	0.9070	0.8900	0.8734	0.8573	0.8417	0.8264
3	0.9706	0.9423	0.9151	0.8890	0.8638	0.8396	0.8163	0.7938	0.7722	0.7513
4	0.9610	0.9238	0.8885	0.8548	0.8227	0.7921	0.7629	0.7350	0.7084	0.6830

（续）

期数	利率									
	1%	2%	3%	4%	5%	6%	7%	8%	9%	10%
5	0.9515	0.9057	0.8626	0.8219	0.7835	0.7473	0.7130	0.6806	0.6499	0.6209
6	0.9420	0.8880	0.8375	0.7903	0.7462	0.7050	0.6663	0.6302	0.5963	0.5645
7	0.9327	0.8706	0.8131	0.7599	0.7107	0.6651	0.6227	0.5835	0.5470	0.5132
8	0.9235	0.8535	0.7894	0.7307	0.6768	0.6274	0.5820	0.5403	0.5019	0.4665
9	0.9143	0.8368	0.7664	0.7026	0.6446	0.5919	0.5439	0.5002	0.4604	0.4241
10	0.9053	0.8203	0.7441	0.6756	0.6139	0.5584	0.5083	0.4632	0.4224	0.3855
11	0.8963	0.8043	0.7224	0.6496	0.5847	0.5268	0.4751	0.4289	0.3875	0.3505
12	0.8874	0.7885	0.7014	0.6246	0.5568	0.4970	0.4440	0.3971	0.3555	0.3186
13	0.8787	0.7730	0.6810	0.6006	0.5303	0.4688	0.4150	0.3677	0.3262	0.2897
14	0.8700	0.7579	0.6611	0.5775	0.5051	0.4423	0.3878	0.3405	0.2992	0.2633
15	0.8613	0.7430	0.6419	0.5553	0.4810	0.4173	0.3624	0.3152	0.2745	0.2394
16	0.8528	0.7284	0.6232	0.5339	0.4581	0.3936	0.3387	0.2919	0.2519	0.2176
17	0.8444	0.7142	0.6050	0.5134	0.4363	0.3714	0.3166	0.2703	0.2311	0.1978
18	0.8360	0.7002	0.5874	0.4936	0.4155	0.3503	0.2959	0.2502	0.2120	0.1799
19	0.8277	0.6864	0.5703	0.4746	0.3957	0.3305	0.2765	0.2317	0.1945	0.1635
20	0.8195	0.6730	0.5537	0.4564	0.3769	0.3118	0.2584	0.2145	0.1784	0.1486
21	0.8114	0.6598	0.5375	0.4388	0.3589	0.2942	0.2415	0.1987	0.1637	0.1351
22	0.8034	0.6468	0.5219	0.4220	0.3418	0.2775	0.2257	0.1839	0.1502	0.1228
23	0.7954	0.6342	0.5067	0.4057	0.3256	0.2618	0.2109	0.1703	0.1378	0.1117
24	0.7876	0.6217	0.4919	0.3901	0.3101	0.2470	0.1971	0.1577	0.1264	0.1015
25	0.7798	0.6095	0.4776	0.3751	0.2953	0.2330	0.1842	0.1460	0.1160	0.0923
26	0.7720	0.5976	0.4637	0.3607	0.2812	0.2198	0.1722	0.1352	0.1064	0.0839
27	0.7644	0.5859	0.4502	0.3468	0.2678	0.2074	0.1609	0.1252	0.0976	0.0763
28	0.7568	0.5744	0.4371	0.3335	0.2551	0.1956	0.1504	0.1159	0.0895	0.0693
29	0.7493	0.5631	0.4243	0.3207	0.2429	0.1846	0.1406	0.1073	0.0822	0.0630
30	0.7419	0.5521	0.4120	0.3083	0.2314	0.1741	0.1314	0.0994	0.0754	0.0573

期数	利率									
	11%	12%	13%	14%	15%	16%	17%	18%	19%	20%
1	0.9009	0.8929	0.8850	0.8772	0.8696	0.8621	0.8547	0.8475	0.8403	0.8333
2	0.8116	0.7972	0.7831	0.7695	0.7561	0.7432	0.7305	0.7182	0.7062	0.6944
3	0.7312	0.7118	0.6931	0.6750	0.6575	0.6407	0.6244	0.6086	0.5934	0.5787
4	0.6587	0.6355	0.6133	0.5921	0.5718	0.5523	0.5337	0.5158	0.4987	0.4823
5	0.5935	0.5674	0.5428	0.5194	0.4972	0.4761	0.4561	0.4371	0.4190	0.4019
6	0.5346	0.5066	0.4803	0.4556	0.4323	0.4104	0.3898	0.3704	0.3521	0.3349
7	0.4817	0.4523	0.4251	0.3996	0.3759	0.3538	0.3332	0.3139	0.2959	0.2791

(续)

期数	利率									
	11%	12%	13%	14%	15%	16%	17%	18%	19%	20%
8	0.4339	0.4039	0.3762	0.3506	0.3269	0.3050	0.2848	0.2660	0.2487	0.2326
9	0.3909	0.3606	0.3329	0.3075	0.2843	0.2630	0.2434	0.2255	0.2090	0.1938
10	0.3522	0.3220	0.2946	0.2697	0.2472	0.2267	0.2080	0.1911	0.1756	0.1615
11	0.3173	0.2875	0.2607	0.2366	0.2149	0.1954	0.1778	0.1619	0.1476	0.1346
12	0.2858	0.2567	0.2307	0.2076	0.1869	0.1685	0.1520	0.1372	0.1240	0.1122
13	0.2575	0.2292	0.2042	0.1821	0.1625	0.1452	0.1299	0.1163	0.1042	0.0935
14	0.2320	0.2046	0.1807	0.1597	0.1413	0.1252	0.1110	0.0985	0.0876	0.0779
15	0.2090	0.1827	0.1599	0.1401	0.1229	0.1079	0.0949	0.0835	0.0736	0.0649
16	0.1883	0.1631	0.1415	0.1229	0.1069	0.0930	0.0811	0.0708	0.0618	0.0541
17	0.1696	0.1456	0.1252	0.1078	0.0929	0.0802	0.0693	0.0600	0.0520	0.0451
18	0.1528	0.1300	0.1108	0.0946	0.0808	0.0691	0.0592	0.0508	0.0437	0.0376
19	0.1377	0.1161	0.0981	0.0829	0.0703	0.0596	0.0506	0.0431	0.0367	0.0313
20	0.1240	0.1037	0.0868	0.0728	0.0611	0.0514	0.0433	0.0365	0.0308	0.0261
21	0.1117	0.0926	0.0768	0.0638	0.0531	0.0443	0.0370	0.0309	0.0259	0.0217
22	0.1007	0.0826	0.0680	0.0560	0.0462	0.0382	0.0316	0.0262	0.0218	0.0181
23	0.0907	0.0738	0.0601	0.0491	0.0402	0.0329	0.0270	0.0222	0.0183	0.0151
24	0.0817	0.0659	0.0532	0.0431	0.0349	0.0284	0.0231	0.0188	0.0154	0.0126
25	0.0736	0.0588	0.0471	0.0378	0.0304	0.0245	0.0197	0.0160	0.0129	0.0105
26	0.0663	0.0525	0.0417	0.0331	0.0264	0.0211	0.0169	0.0135	0.0109	0.0087
27	0.0597	0.0469	0.0369	0.0291	0.0230	0.0182	0.0144	0.0115	0.0091	0.0073
28	0.0538	0.0419	0.0326	0.0255	0.0200	0.0157	0.0123	0.0097	0.0077	0.0061
29	0.0485	0.0374	0.0289	0.0224	0.0174	0.0135	0.0105	0.0082	0.0064	0.0051
30	0.0437	0.0334	0.0256	0.0196	0.0151	0.0116	0.0090	0.0070	0.0054	0.0042

期数	利率									
	21%	22%	23%	24%	25%	26%	27%	28%	29%	30%
1	0.8264	0.8197	0.8130	0.8065	0.8000	0.7937	0.7874	0.7813	0.7752	0.7692
2	0.6830	0.6719	0.6610	0.6504	0.6400	0.6299	0.6200	0.6104	0.6009	0.5917
3	0.5645	0.5507	0.5374	0.5245	0.5120	0.4999	0.4882	0.4768	0.4658	0.4552
4	0.4665	0.4514	0.4369	0.4230	0.4096	0.3968	0.3844	0.3725	0.3611	0.3501
5	0.3855	0.3700	0.3552	0.3411	0.3277	0.3149	0.3027	0.2910	0.2799	0.2693
6	0.3186	0.3033	0.2888	0.2751	0.2621	0.2499	0.2383	0.2274	0.2170	0.2072
7	0.2633	0.2486	0.2348	0.2218	0.2097	0.1983	0.1877	0.1776	0.1682	0.1594
8	0.2176	0.2038	0.1909	0.1789	0.1678	0.1574	0.1478	0.1388	0.1304	0.1226
9	0.1799	0.1670	0.1552	0.1443	0.1342	0.1249	0.1164	0.1084	0.1011	0.0943
10	0.1486	0.1369	0.1262	0.1164	0.1074	0.0992	0.0916	0.0847	0.0784	0.0725

(续)

期数	利率									
	21%	22%	23%	24%	25%	26%	27%	28%	29%	30%
11	0.1228	0.1122	0.1026	0.0938	0.0859	0.0787	0.0721	0.0662	0.0607	0.0558
12	0.1015	0.0920	0.0834	0.0757	0.0687	0.0625	0.0568	0.0517	0.0471	0.0429
13	0.0839	0.0754	0.0678	0.0610	0.0550	0.0496	0.0447	0.0404	0.0365	0.0330
14	0.0693	0.0618	0.0551	0.0492	0.0440	0.0393	0.0352	0.0316	0.0283	0.0254
15	0.0573	0.0507	0.0448	0.0397	0.0352	0.0312	0.0277	0.0247	0.0219	0.0195
16	0.0474	0.0415	0.0364	0.0320	0.0281	0.0248	0.0218	0.0193	0.0170	0.0150
17	0.0391	0.0340	0.0296	0.0258	0.0225	0.0197	0.0172	0.0150	0.0132	0.0116
18	0.0323	0.0279	0.0241	0.0208	0.0180	0.0156	0.0135	0.0118	0.0102	0.0089
19	0.0267	0.0229	0.0196	0.0168	0.0144	0.0124	0.0107	0.0092	0.0079	0.0068
20	0.0221	0.0187	0.0159	0.0135	0.0115	0.0098	0.0084	0.0072	0.0061	0.0053
21	0.0183	0.0154	0.0129	0.0109	0.0092	0.0078	0.0066	0.0056	0.0048	0.0040
22	0.0151	0.0126	0.0105	0.0088	0.0074	0.0062	0.0052	0.0044	0.0037	0.0031
23	0.0125	0.0103	0.0086	0.0071	0.0059	0.0049	0.0041	0.0034	0.0029	0.0024
24	0.0103	0.0085	0.0070	0.0057	0.0047	0.0039	0.0032	0.0027	0.0022	0.0018
25	0.0085	0.0069	0.0057	0.0046	0.0038	0.0031	0.0025	0.0021	0.0017	0.0014
26	0.0070	0.0057	0.0046	0.0037	0.0030	0.0025	0.0020	0.0016	0.0013	0.0011
27	0.0058	0.0047	0.0037	0.0030	0.0024	0.0019	0.0016	0.0013	0.0010	0.0008
28	0.0048	0.0038	0.0030	0.0024	0.0019	0.0015	0.0012	0.0010	0.0008	0.0006
29	0.0040	0.0031	0.0025	0.0020	0.0015	0.0012	0.0010	0.0008	0.0006	0.0005
30	0.0033	0.0026	0.0020	0.0016	0.0012	0.0010	0.0008	0.0006	0.0005	0.0004

附录C 年金终值系数表 $(F/A, i, n)$

期数	利率									
	1%	2%	3%	4%	5%	6%	7%	8%	9%	10%
1	1.0000	1.0000	1.0000	1.0000	1.0000	1.0000	1.0000	1.0000	1.0000	1.0000
2	2.0100	2.0200	2.0300	2.0400	2.0500	2.0600	2.0700	2.0800	2.0900	2.1000
3	3.0301	3.0604	3.0909	3.1216	3.1525	3.1836	3.2149	3.2464	3.2781	3.3100
4	4.0604	4.1216	4.1836	4.2465	4.3101	4.3746	4.4399	4.5061	4.5731	4.6410
5	5.1010	5.2040	5.3091	5.4163	5.5256	5.6371	5.7507	5.8666	5.9847	6.1051
6	6.1520	6.3081	6.4684	6.6330	6.8019	6.9753	7.1533	7.3359	7.5233	7.7156
7	7.2135	7.4343	7.6625	7.8983	8.1420	8.3938	8.6540	8.9228	9.2004	9.4872
8	8.2857	8.5830	8.8923	9.2142	9.5491	9.8975	10.2598	10.6366	11.0285	11.4359
9	9.3685	9.7546	10.1591	10.5828	11.0266	11.4913	11.9780	12.4876	13.0210	13.5795
10	10.4622	10.9497	11.4639	12.0061	12.5779	13.1808	13.8164	14.4866	15.1929	15.9374
11	11.5668	12.1687	12.8078	13.4864	14.2068	14.9716	15.7836	16.6455	17.5603	18.5312

(续)

期数	利率									
	1%	2%	3%	4%	5%	6%	7%	8%	9%	10%
12	12.6825	13.4121	14.1920	15.0258	15.9171	16.8699	17.8885	18.9771	20.1407	21.3843
13	13.8093	14.6803	15.6178	16.6268	17.7130	18.8821	20.1406	21.4953	22.9534	24.5227
14	14.9474	15.9739	17.0863	18.2919	19.5986	21.0151	22.5505	24.2149	26.0192	27.9750
15	16.0969	17.2934	18.5989	20.0236	21.5786	23.2760	25.1290	27.1521	29.3609	31.7725
16	17.2579	18.6393	20.1569	21.8245	23.6575	25.6725	27.8881	30.3243	33.0034	35.9497
17	18.4304	20.0121	21.7616	23.6975	25.8404	28.2129	30.8402	33.7502	36.9737	40.5447
18	19.6147	21.4123	23.4144	25.6454	28.1324	30.9057	33.9990	37.4502	41.3013	45.5992
19	20.8109	22.8406	25.1169	27.6712	30.5390	33.7600	37.3790	41.4463	46.0185	51.1591
20	22.0190	24.2974	26.8704	29.7781	33.0660	36.7856	40.9955	45.7620	51.1601	57.2750
21	23.2392	25.7833	28.6765	31.9692	35.7193	39.9927	44.8652	50.4229	56.7645	64.0025
22	24.4716	27.2990	30.5368	34.2480	38.5052	43.3923	49.0057	55.4568	62.8733	71.4027
23	25.7163	28.8450	32.4529	36.6179	41.4305	46.9958	53.4361	60.8933	69.5319	79.5430
24	26.9735	30.4219	34.4265	39.0826	44.5020	50.8156	58.1767	66.7648	76.7898	88.4973
25	28.2432	32.0303	36.4593	41.6459	47.7271	54.8645	63.2490	73.1059	84.7009	98.3471
26	29.5256	33.6709	38.5530	44.3117	51.1135	59.1564	68.6765	79.9544	93.3240	109.1818
27	30.8209	35.3443	40.7096	47.0842	54.6691	63.7058	74.4838	87.3508	102.7231	121.0999
28	32.1291	37.0512	42.9309	49.9676	58.4026	68.5281	80.6977	95.3388	112.9682	134.2099
29	33.4504	38.7922	45.2189	52.9663	62.3227	73.6398	87.3465	103.9659	124.1354	148.6309
30	34.7849	40.5681	47.5754	56.0849	66.4388	79.0582	94.4608	113.2832	136.3075	164.4940

期数	利率									
	11%	12%	13%	14%	15%	16%	17%	18%	19%	20%
1	1.0000	1.0000	1.0000	1.0000	1.0000	1.0000	1.0000	1.0000	1.0000	1.0000
2	2.1100	2.1200	2.1300	2.1400	2.1500	2.1500	2.1700	2.1800	2.1900	2.2000
3	3.3421	3.3744	3.4069	3.4395	3.4725	3.5056	3.5389	3.5724	3.6061	3.6400
4	4.7097	4.7793	4.8498	4.9211	4.9934	5.0665	5.1405	5.2154	5.2913	5.3680
5	6.2278	6.3528	6.4803	6.6101	6.7424	6.8771	7.0144	7.1542	7.2966	7.4416
6	7.9129	8.1152	8.3227	8.5355	8.7537	8.9775	9.2068	9.1420	9.6830	9.9299
7	9.7833	10.0890	10.4047	10.7305	11.0668	11.4139	11.7720	12.1415	12.5227	12.9159
8	11.8594	12.2997	12.7573	13.2328	13.7268	14.2401	14.7733	15.3370	15.9020	16.4991
9	14.1640	14.7757	15.4157	16.0853	16.7858	17.5185	18.2847	19.6859	19.9234	20.7989
10	16.7220	17.5487	18.4197	19.3373	20.3037	21.3215	22.3931	23.5213	24.7089	25.9587
11	19.5614	20.6546	21.8143	23.0445	24.3493	25.7329	27.1999	28.7551	30.4035	32.1504
12	22.7132	24.1331	25.6502	27.3707	29.0017	30.8502	32.8239	34.9311	37.1802	39.5805
13	26.2116	25.0291	29.9847	32.0887	34.3519	36.7862	39.4040	42.2187	45.2445	48.4966
14	30.0949	32.3926	34.8827	37.5811	40.5047	43.6720	47.1027	50.8180	54.8409	59.1959

(续)

期数	利率									
	11%	12%	13%	14%	15%	16%	17%	18%	19%	20%
15	34.4054	37.2797	40.4175	43.8424	47.5804	51.6595	56.1101	60.9653	66.2607	72.0351
16	39.1899	12.7533	45.6717	50.9804	55.7175	60.9250	66.6488	72.9390	79.8502	87.4421
17	44.5008	48.8837	53.7391	59.1176	65.0751	71.6730	78.9792	87.0680	96.0218	105.9306
18	50.3959	55.7497	61.7251	68.3941	75.8364	84.1407	93.4056	103.7403	115.2659	128.1167
19	56.9395	63.4397	70.7494	78.9692	88.2118	98.6032	110.2846	123.4135	138.1654	154.7400
20	54.2028	72.0524	80.9468	91.0249	102.4436	115.3797	130.6329	145.6280	165.4180	186.6880
21	72.2651	81.6987	92.4699	104.7684	118.8101	134.8405	153.1385	174.0210	197.8474	225.0256
22	81.2143	92.5026	105.4910	120.4360	137.6316	157.4150	180.1721	206.3448	236.4385	271.0307
23	91.1479	104.6029	120.2048	138.2970	159.2764	183.6014	211.8013	244.4868	282.3618	326.2369
24	102.1742	118.1552	136.8315	158.6586	184.1678	213.9776	248.8076	289.4945	137.0105	392.4842
25	114.4133	133.3339	155.6196	181.8708	212.7930	249.2140	292.1049	342.6035	402.0425	471.9811
26	127.9988	150.3339	176.8501	208.3327	245.7120	290.6883	342.7627	405.2721	479.4306	567.3773
27	143.0786	169.3740	200.8406	238.4993	283.5688	337.5024	402.0323	479.2211	571.5224	681.8528
28	159.8171	190.6989	227.9499	272.8892	327.1041	392.5028	471.3778	566.4809	681.1116	819.2213
29	178.3972	214.5828	258.5834	312.0937	377.1697	456.3032	552.5121	669.4475	811.5228	984.0580
30	199.0209	241.1327	293.1992	356.7868	434.7451	530.3117	647.4391	790.9480	966.7122	1181.6516

期数	利率									
	21%	22%	23%	24%	25%	26%	27%	28%	29%	30%
1	1.0000	1.0000	1.0000	1.0000	1.0000	1.0000	1.0000	1.0000	1.0000	1.0000
2	2.2100	2.2200	2.2300	2.2400	2.2500	2.2600	2.2700	2.2800	2.2900	2.3000
3	3.6741	3.7084	3.7429	3.7776	3.8125	3.8476	3.8829	3.9184	3.9541	3.9900
4	5.4457	5.5242	5.6038	5.6842	5.7656	5.8480	5.9313	6.0156	6.1008	6.1870
5	7.5892	7.7396	7.8926	8.0484	8.2070	8.3684	8.5327	8.6999	8.8700	9.0431
6	10.1830	10.4423	10.7079	10.9801	11.2588	11.5442	11.8366	12.1359	12.4423	12.7560
7	13.3214	13.7396	14.1708	14.6153	15.0735	15.5458	16.0324	16.5339	17.0506	17.5828
8	17.1189	17.7623	18.4300	19.1229	19.8419	20.5876	21.3612	22.1634	22.9953	23.8577
9	21.7139	22.6700	23.6690	24.7125	25.8023	26.9404	28.1287	29.3692	30.6639	32.0150
10	27.2738	28.6574	30.1128	31.6434	33.2529	34.9449	36.7235	38.5926	40.5564	42.6195
11	34.0013	35.9620	38.0388	40.2379	42.5661	45.0306	47.6388	50.3985	53.3178	56.4053
12	42.1416	44.8737	47.7877	50.8950	54.2077	57.7386	61.5013	65.5100	69.7800	74.3270
13	51.9913	55.7459	59.7788	64.1097	68.7596	73.7506	79.1066	84.8529	91.0161	97.6250
14	63.9095	69.0100	74.5280	80.4961	86.9495	93.9258	101.4654	109.6117	118.4108	127.9125
15	78.3305	85.1922	92.6694	100.8151	109.6868	119.3465	129.8611	141.3029	153.7500	167.2863
16	95.7799	104.9345	114.9834	126.0108	138.1085	151.3766	165.9236	181.8677	199.3374	218.4722
17	116.8937	129.0201	142.4295	157.2534	173.6357	191.7345	211.7230	233.7907	258.1453	285.0139

(续)

期数	利率									
	21%	22%	23%	24%	25%	26%	27%	28%	29%	30%
18	142.4413	158.4045	176.1883	195.9942	218.0446	242.5855	269.8882	300.2521	334.0074	371.5180
19	173.3540	194.2535	217.7116	244.0328	273.5558	306.6577	343.7580	385.3227	431.8696	483.9734
20	210.7584	237.9893	268.7853	303.6006	342.9447	387.3887	437.5726	494.2131	558.1118	630.1655
21	256.0176	291.3469	331.6059	377.4648	429.6809	489.1098	556.7173	633.5927	720.9642	820.2151
22	310.7813	356.4432	408.8753	469.0563	538.1011	617.2783	708.0309	811.9987	931.0438	1067.2796
23	377.0454	435.8607	503.9166	582.6298	673.6264	778.7707	900.1993	1040.3583	1202.0465	1388.4635
24	457.2249	532.7501	620.8174	723.4610	843.0329	982.2511	1144.2531	1332.6586	1551.6400	1806.0026
25	554.2422	650.9551	764.6054	898.0916	1054.7912	1238.6363	1454.2014	1706.8031	2002.6156	2348.8033
26	671.6330	795.1653	941.4647	1114.6336	1319.4890	1561.6818	1847.8358	2185.7079	2584.3741	3054.4443
27	813.6759	971.1016	1159.0016	1383.1457	1650.3612	1968.7191	2347.7515	2798.7061	3334.8426	3971.7776
28	985.5479	1185.7440	1426.5719	1716.1007	2063.9515	2481.5860	2982.6444	3583.3438	4302.9470	5164.3109
29	1193.5129	1447.6077	1755.6835	2128.9648	2580.9394	3127.7984	3788.9583	4587.6801	5551.8016	6714.6042
30	1445.1507	1767.0813	2160.4907	2640.9164	3227.1743	3942.0260	4812.9771	5873.2306	7162.8241	8729.9855

附录 D 年金现值系数表 ($P/A, i, n$)

期数	利率									
	1%	2%	3%	4%	5%	6%	7%	8%	9%	10%
1	0.9901	0.9804	0.9709	0.9615	0.9524	0.9434	0.9346	0.9259	0.9174	0.9091
2	1.9704	1.9416	1.9135	1.8861	1.8594	1.8334	1.8080	1.7833	1.7591	1.7355
3	2.9410	2.8839	2.8286	2.7751	2.7232	2.6730	2.6243	2.5771	2.5313	2.4869
4	3.9020	3.8077	3.7171	3.6299	3.5460	3.4651	3.3872	3.3121	3.2397	3.1699
5	4.8534	4.7135	4.5797	4.4518	4.3295	4.2124	4.1002	3.9927	3.8897	3.7908
6	5.7955	5.6014	5.4172	5.2421	5.0757	4.9173	4.7665	4.6229	4.4859	4.3553
7	6.7282	6.4720	6.2303	6.0021	5.7864	5.5824	5.3893	5.2064	5.0330	4.8684
8	7.6517	7.3255	7.0197	6.7327	6.4632	6.2098	5.9713	5.7466	5.5348	5.3349
9	8.5660	8.1622	7.7861	7.4353	7.1078	6.8017	6.5152	6.2469	5.9952	5.7590
10	9.4713	8.9826	8.5302	8.1109	7.7217	7.3601	7.0236	6.7101	6.4177	6.1446
11	10.3676	9.7868	9.2526	8.7605	8.3064	7.8869	7.4987	7.1390	6.8052	6.4951
12	11.2551	10.5753	9.9540	9.3851	8.8633	8.3838	7.9427	7.5361	7.1607	6.8137
13	12.1337	11.3484	10.6350	9.9856	9.3936	8.8527	8.3577	7.9038	7.4869	7.1034
14	13.0037	12.1062	11.2961	10.5631	9.8986	9.2950	8.7455	8.2442	7.7862	7.3667
15	13.8651	12.8493	11.9379	11.1184	10.3797	9.7122	9.1079	8.5595	8.0607	7.6061
16	14.7179	13.5777	12.5611	11.6523	10.8378	10.1059	9.4466	8.8514	8.3126	7.8237
17	15.5623	14.2919	13.1661	12.1657	11.2741	10.4773	9.7632	9.1216	8.5436	8.0216
18	16.3983	14.9920	13.7535	12.6593	11.6896	10.8276	10.0591	9.3719	8.7556	8.2014
19	17.2260	15.6785	14.3238	13.1339	12.0853	11.1581	10.3356	9.6036	8.9501	8.3649
20	18.0456	16.3514	14.8775	13.5903	12.4622	11.4699	10.5940	9.8181	9.1285	8.5136

（续）

期数	利率									
	1%	2%	3%	4%	5%	6%	7%	8%	9%	10%
21	18.8570	17.0112	15.4150	14.0292	12.8212	11.7641	10.8355	10.0168	9.2922	8.6487
22	19.6604	17.6580	15.9369	14.4511	13.1630	12.0416	11.0612	10.2007	9.4424	8.7715
23	20.4558	18.2922	16.4436	14.8568	13.4886	12.3034	11.2722	10.3711	9.5802	8.8832
24	21.2434	18.9139	16.9355	15.2470	13.7986	12.5504	11.4693	10.5288	9.7066	8.9847
25	22.0232	19.5235	17.4131	15.6221	14.0939	12.7834	11.6536	10.6748	9.8226	9.0770
26	22.7952	20.1210	17.8768	15.9828	14.3752	13.0032	11.8258	10.8100	9.9290	9.1609
27	23.5596	20.7069	18.3270	16.3296	14.6430	13.2105	11.9867	10.9352	10.0266	9.2372
28	24.3164	21.2813	18.7641	16.6631	14.8981	13.4062	12.1371	11.0511	10.1161	9.3066
29	25.0658	21.8444	19.1885	16.9837	15.1411	13.5907	12.2777	11.1584	10.1983	9.3696
30	25.8077	22.3965	19.6004	17.2920	15.3725	13.7648	12.4090	11.2578	10.2737	9.4269

期数	利率									
	11%	12%	13%	14%	15%	16%	17%	18%	19%	20%
1	0.9009	0.8929	0.8850	0.8772	0.8696	0.8621	0.8547	0.8475	0.8403	0.8333
2	1.7125	1.6901	1.6681	1.6467	1.6257	1.6052	1.5852	1.5656	1.5465	1.5278
3	2.4437	2.4018	2.3612	2.3216	2.2832	2.2459	2.2096	2.1743	2.1399	2.1065
4	3.1024	3.0373	2.9745	2.9137	2.8550	2.7982	2.7432	2.6901	2.6386	2.5887
5	3.6959	3.6048	3.5172	3.4331	3.3522	3.2743	3.1993	3.1272	3.0576	2.9906
6	4.2305	4.1114	3.9975	3.8887	3.7845	3.6847	3.5892	3.4976	3.4098	3.3255
7	4.7122	4.5638	4.4226	4.2883	4.1604	4.0386	3.9224	3.8115	3.7057	3.6046
8	5.1461	4.9676	4.7988	4.6389	4.4873	4.3436	4.2072	4.0776	3.9544	3.8372
9	5.5370	5.3282	5.1317	4.9464	4.7716	4.6065	4.4506	4.3030	4.1633	4.0310
10	5.8892	5.6502	5.4262	5.2161	5.0188	4.8332	4.6586	4.4941	4.3389	4.1925
11	6.2065	5.9377	5.6869	5.4527	5.2337	5.0286	4.8364	4.6560	4.4865	4.3271
12	6.4924	6.1944	5.9176	5.6603	5.4206	5.1971	4.9884	4.7932	4.6105	4.4392
13	6.7499	6.4235	6.1218	5.8424	5.5831	5.3423	5.1183	4.9095	4.7147	4.5327
14	6.9819	6.6282	6.3025	6.0021	5.7245	5.4675	5.2293	5.0081	4.8023	4.6106
15	7.1909	6.8109	6.4624	6.1422	5.8474	5.5755	5.3242	5.0916	4.8759	4.6755
16	7.3792	6.9740	6.6039	6.2651	5.9542	5.6685	5.4053	5.1624	4.9377	4.7296
17	7.5488	7.1196	6.7291	6.3729	6.0472	5.7487	5.4746	5.2223	4.9897	4.7746
18	7.7016	7.2497	6.8399	6.4674	6.1280	5.8178	5.5339	5.2732	5.0333	4.8122
19	7.8393	7.3658	6.9380	6.5504	6.1982	5.8775	5.5845	5.3162	5.0700	4.8435
20	7.9633	7.4694	7.0248	6.6231	6.2593	5.9288	5.6278	5.3527	5.1009	4.8696
21	8.0751	7.5620	7.1016	6.6870	6.3125	5.9731	5.6648	5.3837	5.1268	4.8913
22	8.1757	7.6446	7.1695	6.7429	6.3587	6.0113	5.6964	5.4099	5.1486	4.9094
23	8.2664	7.7184	7.2297	6.7921	6.3988	6.0442	5.7234	5.4321	5.1668	4.9245
24	8.3481	7.7843	7.2829	6.8351	6.4338	6.0726	5.7465	5.4509	5.1822	4.9371
25	8.4217	7.8431	7.3300	6.8729	6.4641	6.0971	5.7662	5.4669	5.1951	4.9476
26	8.4881	7.8957	7.3717	6.9061	6.4906	6.1182	5.7831	5.4804	5.2060	4.9563

（续）

期数	利率									
	11%	12%	13%	14%	15%	16%	17%	18%	19%	20%
27	8.5478	7.9426	7.4086	6.9352	6.5135	6.1364	5.7975	5.4919	5.2151	4.9636
28	8.6016	7.9844	7.4412	6.9607	6.5335	6.1520	5.8099	5.5016	5.2228	4.9697
29	8.6501	8.0218	7.4701	6.9830	6.5509	6.1656	5.8204	5.5098	5.2292	4.9747
30	8.6938	8.0552	7.4957	7.0027	6.5660	6.1772	5.8294	5.5168	5.2347	4.9789

期数	利率									
	21%	22%	23%	24%	25%	26%	27%	28%	29%	30%
1	0.8264	0.8197	0.8130	0.8065	0.8000	0.7937	0.7874	0.7813	0.7752	0.7692
2	1.5095	1.4915	1.4740	1.4568	1.4400	1.4235	1.4074	1.3916	1.3761	1.3609
3	2.0739	2.0422	2.0114	1.9813	1.9520	1.9234	1.8956	1.8684	1.8420	1.8161
4	2.5404	2.4936	2.4483	2.4043	2.3616	2.3202	2.2800	2.2410	2.2031	2.1662
5	2.9260	2.8636	2.8035	2.7454	2.6893	2.6351	2.5827	2.5320	2.4830	2.4356
6	3.2446	3.1669	3.0923	3.0205	2.9514	2.8850	2.8210	2.7594	2.7000	2.6427
7	3.5079	3.4155	3.3270	3.2423	3.1611	3.0833	3.0087	2.9370	2.8682	2.8021
8	3.7256	3.6193	3.5179	3.4212	3.3289	3.2407	3.1564	3.0758	2.9986	2.9247
9	3.9054	3.7863	3.6731	3.5655	3.4631	3.3657	3.2728	3.1842	3.0997	3.0190
10	4.0541	3.9232	3.7993	3.6819	3.5705	3.4648	3.3644	3.2689	3.1781	3.0915
11	4.1769	4.0354	3.9018	3.7757	3.6564	3.5435	3.4365	3.3351	3.2388	3.1473
12	4.2784	4.1274	3.9852	3.8514	3.7251	3.6059	3.4933	3.3868	3.2859	3.1903
13	4.3624	4.2028	4.0530	3.9124	3.7801	3.6555	3.5381	3.4272	3.3224	3.2233
14	4.4317	4.2646	4.1082	3.9616	3.8241	3.6949	3.5733	3.4587	3.3507	3.2487
15	4.4890	4.3152	4.1530	4.0013	3.8593	3.7261	3.6010	3.4834	3.3726	3.2682
16	4.5364	4.3567	4.1894	4.0333	3.8874	3.7509	3.6228	3.5026	3.3896	3.2832
17	4.5755	4.3908	4.2190	4.0591	3.9099	3.7705	3.6400	3.5177	3.4028	3.2948
18	4.6079	4.4187	4.2431	4.0799	3.9279	3.7861	3.6536	3.5294	3.4130	3.3037
19	4.6346	4.4415	4.2627	4.0967	3.9424	3.7985	3.6642	3.5386	3.4210	3.3105
20	4.6567	4.4603	4.2786	4.1103	3.9539	3.8083	3.6726	3.5458	3.4271	3.3158
21	4.6750	4.4756	4.2916	4.1212	3.9631	3.8161	3.6792	3.5514	3.4319	3.3198
22	4.6900	4.4882	4.3021	4.1300	3.9705	3.8223	3.6844	3.5558	3.4356	3.3230
23	4.7025	4.4985	4.3106	4.1371	3.9764	3.8273	3.6885	3.5592	3.4384	3.3254
24	4.7128	4.5070	4.3176	4.1428	3.9811	3.8312	3.6918	3.5619	3.4406	3.3272
25	4.7213	4.5139	4.3232	4.1474	3.9849	3.8342	3.6943	3.5640	3.4423	3.3286
26	4.7284	4.5196	4.3278	4.1511	3.9879	3.8367	3.6963	3.5656	3.4437	3.3297
27	4.7342	4.5243	4.3316	4.1542	3.9903	3.8387	3.6979	3.5669	3.4447	3.3305
28	4.7390	4.5281	4.3346	4.1566	3.9923	3.8402	3.6991	3.5679	3.4455	3.3312
29	4.7430	4.5312	4.3371	4.1585	3.9938	3.8414	3.7001	3.5687	3.4461	3.3317
30	4.7463	4.5338	4.3391	4.1601	3.9950	3.8424	3.7009	3.5693	3.4466	3.3321

附录 E 资金回收系数表 $(A/P, i, n)$

期数	利率														
	1%	2%	3%	4%	5%	6%	7%	8%	9%	10%	11%	12%	13%	14%	15%
1	1.0100	1.0200	1.0300	1.0400	1.0500	1.0600	1.0700	1.0800	1.0900	1.1000	1.1100	1.1200	1.1300	1.1400	1.1500
2	0.5705	0.5150	0.5226	0.5302	0.5378	0.5454	0.5531	0.5608	0.5685	0.5762	0.5839	0.5917	0.5995	0.6073	0.6151
3	0.3400	0.3468	0.3535	0.3603	0.3672	0.3741	0.3811	0.3880	0.3951	0.4021	0.4092	0.4163	0.4235	0.4307	0.4380
4	0.2563	0.2626	0.2690	0.2755	0.2820	0.2886	0.2952	0.3019	0.3087	0.3155	0.3223	0.3292	0.3362	0.3432	0.3503
5	0.2060	0.2122	0.2184	0.2246	0.2310	0.2374	0.2439	0.2505	0.2571	0.2638	0.2706	0.2774	0.2843	0.2913	0.2983
6	0.1725	0.1785	0.1846	0.1908	0.1970	0.2034	0.2098	0.2163	0.2229	0.2296	0.2364	0.2432	0.2502	0.2572	0.2642
7	0.1486	0.1545	0.1605	0.1666	0.1728	0.1791	0.1856	0.1921	0.1987	0.2054	0.2122	0.2191	0.2261	0.2332	0.2404
8	0.1307	0.1365	0.1425	0.1485	0.1547	0.1610	0.1675	0.1740	0.1807	0.1874	0.1943	0.2013	0.2084	0.2156	0.2229
9	0.1167	0.1225	0.1284	0.1345	0.1407	0.1470	0.1535	0.1601	0.1668	0.1736	0.1804	0.1877	0.1949	0.2022	0.2096
10	0.1056	0.1113	0.1172	0.1233	0.1295	0.1359	0.1424	0.1490	0.1558	0.1627	0.1698	0.1770	0.1843	0.1917	0.1993
11	0.0965	0.1022	0.1081	0.1141	0.1204	0.1268	0.1334	0.1401	0.1469	0.1540	0.1611	0.1684	0.1758	0.1834	0.1911
12	0.0888	0.0946	0.1005	0.1066	0.1128	0.1193	0.1259	0.1327	0.1397	0.1468	0.1540	0.1614	0.1690	0.1767	0.1845
13	0.0824	0.0881	0.0940	0.1001	0.1065	0.1130	0.1197	0.1265	0.1336	0.1408	0.1482	0.1557	0.1634	0.1712	0.1791
14	0.0769	0.0826	0.0885	0.0947	0.1010	0.1076	0.1143	0.1213	0.1284	0.1357	0.1432	0.1509	0.1587	0.1666	0.1747
15	0.0721	0.0778	0.0838	0.0899	0.0963	0.1030	0.1098	0.1168	0.1241	0.1315	0.1391	0.1468	0.1547	0.1628	0.1710
16	0.0679	0.0737	0.0796	0.0858	0.0923	0.0990	0.1059	0.1130	0.1203	0.1278	0.1355	0.1434	0.1514	0.1596	0.1679
17	0.0643	0.0700	0.0760	0.0822	0.0887	0.0954	0.1024	0.1096	0.1170	0.1247	0.1325	0.1405	0.1486	0.1569	0.1654
18	0.0610	0.0667	0.0727	0.0790	0.0855	0.0924	0.0994	0.1067	0.1142	0.1219	0.1298	0.1379	0.1462	0.1546	0.1632
19	0.0581	0.0638	0.0698	0.0761	0.0827	0.0896	0.0968	0.1041	0.1117	0.1195	0.1276	0.1358	0.1441	0.1527	0.1613
20	0.0554	0.0612	0.0672	0.0736	0.0802	0.0872	0.0944	0.1019	0.1095	0.1175	0.1256	0.1339	0.1424	0.1510	0.1598
21	0.0530	0.0588	0.0649	0.0713	0.0780	0.0850	0.0923	0.0998	0.1076	0.1156	0.1238	0.1322	0.1408	0.1495	0.1584

（续）

期数	利率													
	1%	2%	3%	4%	5%	6%	7%	8%	9%	10%	11%	12%	13%	14%	15%
22	0.0509	0.0566	0.0627	0.0692	0.0760	0.0830	0.0904	0.0980	0.1059	0.1140	0.1223	0.1308	0.1395	0.1483	0.1573
23	0.0489	0.0547	0.0608	0.0673	0.0741	0.0813	0.0887	0.0964	0.1044	0.1126	0.1210	0.1296	0.1383	0.1472	0.1563
24	0.0471	0.0529	0.0590	0.0656	0.0725	0.0797	0.0872	0.0950	0.1030	0.1113	0.1198	0.1285	0.1373	0.1463	0.1554
25	0.0454	0.0512	0.0574	0.0640	0.0710	0.0782	0.0858	0.0937	0.1018	0.1102	0.1187	0.1275	0.1364	0.1455	0.1547
26	0.0439	0.0497	0.0559	0.0626	0.0696	0.0769	0.0846	0.0925	0.1007	0.1092	0.1178	0.1267	0.1357	0.1448	0.1541
27	0.0424	0.0483	0.0546	0.0612	0.0683	0.0757	0.0834	0.0914	0.0997	0.1083	0.1170	0.1259	0.1350	0.1442	0.1535
28	0.0411	0.0470	0.0533	0.0600	0.0671	0.0746	0.0824	0.0905	0.0989	0.1075	0.1163	0.1252	0.1344	0.1437	0.1531
29	0.0399	0.0458	0.0521	0.0589	0.0660	0.0736	0.0814	0.0896	0.0981	0.1067	0.1156	0.1247	0.1339	0.1432	0.1527
30	0.0387	0.0446	0.0510	0.0578	0.0651	0.0726	0.0806	0.0888	0.0973	0.1061	0.1150	0.1241	0.1334	0.1428	0.1523

附录 F 偿债基金系数表 $(A/F, i, n)$

期数	利率													
	1%	2%	3%	4%	5%	6%	7%	8%	9%	10%	11%	12%	13%	14%	15%
1	1.00	1.00	1.00	1.00	1.00	1.00	1.00	1.00	1.00	1.00	1.00	1.00	1.00	1.00	1.00
2	0.4975	0.4950	0.4926	0.4902	0.4878	0.4854	0.4831	0.4808	0.4785	0.4762	0.4739	0.4717	0.4695	0.4673	0.4651
3	0.3300	0.3268	0.3235	0.3203	0.3172	0.3141	0.3111	0.308	0.3051	0.3021	0.2992	0.2963	0.2935	0.2907	0.2880
4	0.2463	0.2426	0.2390	0.2355	0.2320	0.2286	0.2252	0.2219	0.2187	0.2155	0.2123	0.2092	0.2062	0.2032	0.2003
5	0.1960	0.1922	0.1884	0.1846	0.1810	0.1774	0.1739	0.1705	0.1671	0.1638	0.1606	0.1574	0.1543	0.1513	0.1483
6	0.1625	0.1585	0.1546	0.1508	0.1470	0.1434	0.1398	0.1363	0.1329	0.1296	0.1264	0.1232	0.1202	0.1172	0.1142
7	0.1386	0.1345	0.1305	0.1266	0.1228	0.1191	0.1156	0.1121	0.1087	0.1054	0.1022	0.0991	0.0961	0.0932	0.0904
8	0.1207	0.1165	0.1125	0.1085	0.1047	0.1010	0.0975	0.0940	0.0907	0.0874	0.0843	0.0813	0.0784	0.0756	0.0729

（续）

期数	利率														
	1%	2%	3%	4%	5%	6%	7%	8%	9%	10%	11%	12%	13%	14%	15%
9	0.1067	0.1025	0.0984	0.0945	0.0907	0.0870	0.0835	0.0801	0.0768	0.0736	0.0706	0.0677	0.0649	0.0622	0.0596
10	0.0956	0.0913	0.0872	0.0833	0.0795	0.0759	0.0724	0.069	0.0658	0.0627	0.0598	0.0570	0.0543	0.0517	0.0493
11	0.0865	0.0822	0.0781	0.0741	0.0704	0.0668	0.0634	0.0601	0.0569	0.0540	0.0511	0.0484	0.0458	0.0434	0.0411
12	0.0788	0.1746	0.0705	0.0666	0.0628	0.0593	0.0559	0.0527	0.0497	0.0468	0.0440	0.0414	0.0390	0.0367	0.0345
13	0.0724	0.0681	0.0640	0.0601	0.0565	0.0530	0.0497	0.0465	0.0436	0.0408	0.0382	0.0357	0.0334	0.0312	0.0291
14	0.0669	0.0626	0.0585	0.0547	0.0510	0.0476	0.0443	0.0413	0.0384	0.0357	0.0332	0.0309	0.0287	0.0266	0.0247
15	0.0621	0.0578	0.0538	0.0499	0.0463	0.0430	0.0398	0.0368	0.0341	0.0315	0.0291	0.0268	0.0247	0.0228	0.0210
16	0.0579	0.0537	0.0496	0.0458	0.0423	0.0390	0.0359	0.0330	0.0303	0.0278	0.0255	0.0233	0.0214	0.0196	0.0179
17	0.0543	0.0500	0.0460	0.0422	0.0387	0.0354	0.0324	0.0296	0.0270	0.0247	0.0225	0.0205	0.0186	0.0169	0.0154
18	0.0510	0.0467	0.0427	0.0390	0.0355	0.0324	0.0294	0.0267	0.0242	0.0219	0.0198	0.0179	0.0162	0.0146	0.0132
19	0.0481	0.0438	0.0398	0.0361	0.0327	0.0296	0.0268	0.0241	0.0217	0.0195	0.0176	0.0158	0.0141	0.0127	0.0113
20	0.0454	0.0412	0.0372	0.0336	0.0302	0.0272	0.0244	0.0219	0.0195	0.0175	0.0156	0.0139	0.0124	0.0110	0.0098
21	0.0430	0.0388	0.0349	0.0313	0.0280	0.0250	0.0223	0.0198	0.0176	0.0156	0.0138	0.0122	0.0108	0.0095	0.0084
22	0.0409	0.0366	0.0327	0.0292	0.0260	0.0230	0.0204	0.0180	0.0159	0.0140	0.0123	0.0108	0.0095	0.0083	0.0073
23	0.0389	0.0347	0.0308	0.0273	0.0241	0.0213	0.0187	0.0164	0.0144	0.0126	0.0110	0.0096	0.0083	0.0072	0.0063
24	0.0371	0.0329	0.0290	0.0256	0.0225	0.0197	0.0172	0.0150	0.0130	0.0113	0.0098	0.0085	0.0073	0.0063	0.0054
25	0.0354	0.0312	0.0274	0.0240	0.0210	0.0182	0.0158	0.0137	0.0118	0.0102	0.0087	0.0075	0.0064	0.0055	0.0047
26	0.0339	0.0297	0.0259	0.0226	0.0196	0.0169	0.0146	0.0125	0.1070	0.0092	0.0078	0.0067	0.0057	0.0048	0.0041
27	0.0324	0.0283	0.0246	0.0212	0.0183	0.0157	0.0134	0.0114	0.0097	0.0083	0.0070	0.0059	0.0050	0.0042	0.0035
28	0.0310	0.0270	0.0233	0.0200	0.0171	0.0146	0.0124	0.0105	0.0089	0.0075	0.0063	0.0052	0.0044	0.0037	0.0031
29	0.0299	0.0258	0.0220	0.0189	0.0160	0.0136	0.0114	0.0096	0.0081	0.0067	0.0056	0.0047	0.0039	0.0032	0.0027
30	0.0287	0.0246	0.0210	0.0178	0.0151	0.0126	0.0106	0.0088	0.0073	0.0061	0.0050	0.0041	0.0034	0.0028	0.0023

参考文献

[1] 张欣莉. 工程经济学 [M]. 北京：高等教育出版社，2019.

[2] 李利纳. 工程经济学 [M]. 西安：西北工业大学出版社，2017.

[3] 肖跃军. 工程经济学 [M]. 徐州：中国矿业大学出版社，2012.

[4] 刘晓君. 工程经济学 [M]. 4版. 北京：中国建筑工业出版社，2020.

[5] 全国一级建造师执业资格考试用书编写委员会. 建筑工程经济 [M]. 3版. 北京：中国建筑工业出版社，2011.

[6] 全国造价工程师职业资格考试培训教材编审委员会. 建筑工程造价管理 [M]. 北京：中国计划出版社，2013.

[7] 都沁军. 工程经济学 [M]. 北京：北京大学出版社，2012.

[8] 杨双全. 工程经济学 [M]. 武汉：武汉理工大学出版社，2012.